O HOMEM QUE AMAVA A CHINA

SIMON WINCHESTER

O homem que amava a China

A fantástica história do excêntrico cientista que desvendou os mistérios do Império do Centro

Tradução
Donaldson M. Garschagen

Copyright © 2008 by Simon Winchester
Todos os direitos mundiais reservados a Barnhill Press Ltd.

Fotografias cedidas pelo Needham Research Institute

*Grafia atualizada segundo o Acordo Ortográfico da Língua
Portuguesa de 1990, que entrou em vigor no Brasil em 2009.*

Título original
The man who loved China — The fantastic story of the eccentric
scientist who unlocked the mysteries of the Middle Kingdom

Capa
Kiko Farkas/ Máquina Estúdio
Mateus Valadares/ Máquina Estúdio

Imagem de capa
© Bettmann/Corbis/LatinStock

Preparação
Cacilda Guerra

Revisão
Veridiana Maenaka
Ana Luiza Couto

Dados Internacionais de Catalogação na Publicação (cip)
(Câmara Brasileira do Livro, sp, Brasil)

Winchester, Simon
      O homem que amava a China : a fantástica história do excêntrico
cientista que desvendou os mistérios do Império do Centro / Simon Winchester ; tradução Donaldson M. Garschagen — São Paulo : Companhia
das Letras, 2009.

      Título original : The man who loved China.
      Bibligrafia
      isbn 978-85-359-1551-8

      1. Cientistas - Grã-Bretanha - Biografia   2. Ciência - China - His-
tória 3. Needham, Joseph, 1900-1995 - Ciência e civilização na China
i. Título.

09-09281   CDD-509.2

Índice para catálogo sistemático:
1. Grá-Bretanha : Cientistas : Biografia   509.2

[2009]
Todos os direitos desta edição reservados à
EDITORA SCHWARCZ LTDA.
Rua Bandeira Paulista 702 cj. 32
04532-002 — São Paulo — sp
Telefone (11) 3707-3500
Fax (11) 3707-3501
www.companhiadasletras.com.br

Para Setsuko

Sumário

Nota do autor 9

Prólogo: 11

1. O bárbaro e o celestial 24

2. Trazendo calor no meio da nevasca 88

3. A descoberta da China. 134

4. As recompensas do desassossego 180

5. A realização da obra-prima 225

6. *Persona non grata*: a inevitável queda em desgraça 265

7. A Porta da Honra 288

Epílogo: Sem pressa, sem medo 335

Apêndice i: Invenções e descobertas chinesas com

    a data da primeira menção. 352

Apêndice ii: Estados, reinos e dinastias da China

    (Principais estados unificados em maiúsculas) 365

Agradecimentos.................................... 367

Sugestões de leitura 373

Índice remissivo................................... 383

Nota do autor

Em toda a obra *Science and civilisation in China* [Ciência e civilização na China], Joseph Needham usou os símbolos + e – para indicar, respectivamente, datas situadas depois e antes do nascimento de Cristo, ou durante a era cristã e antes dela. Neste livro, inclusive em todas as citações relevantes dos escritos de Needham, usamos, por conveniência, d. C. e a. C. O sistema Wade-Giles de transliteração era praticamente o único usado na China na época das viagens de Joseph Needham, que se valeu dele (ao lado de algumas modificações excêntricas) para escrever todos os seus livros. No entanto, esse sistema, que nos legou nomes como Pequim, Mao Tse-tung e Chungking, foi substituído oficialmente na China, e de modo abrangente, pelo sistema pinyin, que gera transliterações que as autoridades em linguística acreditam serem mais próximas da pronúncia-padrão dos chineses na atualidade — Beijing, Mao Zedong, Chongqing. Para evitar confusão, optei por usar o pinyin ao longo de todo o livro, exceto no pequeno número de casos em que julguei conveniente ser de um rigor absoluto numa citação de época.

Prólogo

SOBRE O VOO E A AERODINÂMICA

Alguém consultou o Mestre [Ge Hong] sobre os princípios usa-
dos pelo homem para elevar-se a alturas perigosas e viajar pelo
espaço imensurável. O Mestre disse: "Houve quem tenha feito
carros voadores da madeira obtida da parte interna da jujuba,
usando tiras de couro de boi presas a pás móveis, de modo a
pôr a máquina em movimento".

Bao Pu Zi, 320 d. C.
Science and civilisation in China, volume IV, parte 2

O maltratado Douglas C-47 Skytrain da China National
Aviation Corporation, com a fuselagem marrom cheia de cicatri-
zes de projéteis e mossas, desceu chacoalhando entre nuvens car-
regadas, com o piloto acompanhando as curvas suaves do rio
Yangzi até avistar à sua frente o campo de pouso numa língua de
areia e, à sua esquerda, as ribanceiras da capital da China.

O piloto perdeu altitude com rapidez, para o caso de haver caças japoneses à espreita atrás das nuvens escuras, determinou sua posição pelas baterias de canhões antiaéreos que protegiam a pista e alinhou o avião entre as fileiras de tambores de óleo, pintados de vermelho e branco, que serviam de balizas. Ajustou os flapes, reduziu a potência dos dois motores, fez uma careta quando o avião sacudiu um pouco devido a uma repentina tesoura de vento e, por fim, pousou pesadamente sobre o antigo leito de rio que funcionava como principal aeródromo do país. Freou, deu meia-volta e seguiu, passando por esquadrilhas de caças americanos e chineses, em direção aos fulgurantes galpões semicirculares de ferro galvanizado que serviam como terminal, diminuiu a velocidade e parou.

Um sargento do Exército britânico esperava, sozinho, ao lado do reboque de bagagem. Assim que as hélices pararam de girar, a porta traseira da aeronave se abriu e dois mecânicos puseram a escada improvisada no lugar, ele subiu para receber os dois passageiros do avião.

O primeiro a aparecer foi um militar fardado, tal como ele, embora fosse oficial e muito mais velho. O outro, visivelmente o mais importante da dupla e com certeza a pessoa que ele tinha sido incumbido de buscar, era um homem bem alto, de óculos, com ar de intelectual e muito sério, de cabelos castanho-escuros lisos e espessos. Saiu apertando os olhos por causa do sol forte, claramente surpreso com o calor repentino que envolvera a cidade nas duas semanas anteriores como uma manta fumegante.

Assim que o visitante, usando uma camisa cáqui e calção largo de uniforme de militar de faxina e levando algo como uma surrada pasta de couro, pisou na pista, o motorista se pôs em posição de sentido e bateu continência.

"Boa tarde, dr. Needham", gritou, sobre o ruído provocado

pelo descarregamento do avião. "Bem-vindo a Chungking. Bem-vindo ao centro da China."

Era o meio da tarde do domingo 21 de março de 1943, e Noël Joseph Terence Montgomery Needham, jovem e ousado cientista tão conhecido em seu país — a Inglaterra — quanto nos Estados Unidos por combinar o brilho acadêmico e importantes trabalhos como biólogo com uma estudada excentricidade, acabava de chegar a esse perigoso posto avançado para uma missão de guerra essencial.

Sua viagem tinha durado muito tempo. Três meses antes, ele dera a largada ao sair de Cambridge, a 13 mil quilômetros de distância, num trem a vapor. Depois seguira para leste num navio de carga que saiu de Tilbury, evitando ataques do Eixo o tempo todo, em direção ao Oriente via Lisboa, Malta, canal de Suez e Bombaim, e por fim dando uma volta em torno da Índia até o porto de Calcutá. Ali, no fim de fevereiro, tomara um avião da Força Aérea americana que o levou através das geleiras e picos do Himalaia até o coração da China.

Agora ele tinha chegado à capital — pelo menos a capital da parte do país que permanecia livre dos invasores japoneses — e estava ansioso para começar seu trabalho. A missão de Joseph Needham era importante o suficiente para que o governo britânico lhe garantisse uma escolta armada: o passageiro que viera com ele no avião, um homem chamado Pratt, era emissário do rei e tinha sido encarregado por Londres de fazer com que Needham chegasse são e salvo a seu destino final — a embaixada de Sua Majestade britânica na República da China.

A dupla começou a caminhada para a cidade. Primeiro atravessaram uma precária ponte flutuante estendida sobre botes ancorados no caudaloso Yangzi. Estavam acompanhados do motorista do embaixador e de um pequeno grupo de *ban-ban*, carregadores musculosos que penduraram os inúmeros volumes

13

que compunham a bagagem de Needham em grossos bambus carregados nos ombros. Depois, o pequeno grupo começou a galgar os degraus — cerca de quinhentos, feitos de paralelepípedos de granito, com uns trinta centímetros de altura, os mais baixos cobertos de lama e limo por causa das alterações no nível do rio; os mais altos quentes e poeirentos, animados pela presença de vendedores ambulantes, pedintes e vigaristas ansiosos para enganar qualquer pessoa ofegante recém-chegada da beira do rio.

Quando chegaram ao topo, e à mais baixa das ruas escalonadas de Chongqing, Needham suava em bicas. Fazia cerca de 35 graus naquela tarde, e a umidade era tão alta quanto a do Mississippi em julho: ele tinha sido avisado de que Chongqing era uma das três maiores "fornalhas" do país. Mas sabia mais ou menos o que esperar. "O homem escolhido para ir à China", dizia sua carta de indicação para a missão, "deve estar pronto para tudo."

O motorista abriu a porta do jipe e começou a carregar a tralha de Needham. Tendo cumprido seu dever, Pratt, o emissário do rei, apertou a mão do visitante, repetindo canhestramente que esperava que ele fosse feliz na China, e que tinha sido um privilégio acompanhar um homem de tanto destaque. Bateu continência e esgueirou-se por uma rua lateral, onde um carro esperava por ele.

Needham pegou um cigarro de uma cigarreira que trazia no bolso da camisa, acendeu-o, deu uma tragada e olhou para o rio lá embaixo. A cena era impressionante: juncos, barcaças de sal e sampanas seguiam seu caminho preguiçosamente pelo imenso curso, enquanto barcos armados de patrulha e navios-oficina da Marinha afrontavam com determinação a correnteza, empenhados em assuntos mais urgentes. O avião em que ele tinha chegado decolou com um rugido, subiu ligeiro e se distanciou, transformando-se num pontinho acima das montanhas que circundavam a cidade. Tudo que ele podia ver e ouvir debruçado sobre o terra-

ço — o apito da sirene de um navio cargueiro que passava, o inin-
terrupto som metálico das sinetas dos jinriquixás nas ruas próximas, a incessante algazarra de gritos e discussões vinda de dentro
das casas ao redor dele, e ainda os cheiros, de incenso, do escapa-
mento dos carros, de óleo de cozinha, de pimentas especialmente
fortes, de dejetos humanos, de espirradeira e jasmim —, tudo servia para lembrá-lo de uma realidade terrível e esmagadora: ele
finalmente estava ali, em plena China, com a qual tinha sonhado
durante tanto tempo.

Tudo era tremendamente diferente do mundo que ele conhecia. Poucos meses antes, estava confortavelmente instalado no
sossego de sua vida em Cambridge, onde passava os dias trabalhando em seu banco do laboratório ou estudando em seu pequeno conjunto de salas, no coração de uma universidade do século
xiv. O mundo que ele conhecia era um lugar de jardins floridos
ingleses, grama aparada, pátios cobertos de hera, uma velha capela, uma biblioteca com cheiro de couro e cera de abelhas e, vindos
da cidade do lado de fora das muralhas, os sons suaves de relógios
dando as horas e os quartos de hora em amigável discordância.
Era um paraíso de paz civilizada e reclusão acadêmica, de privilégio e privacidade.

E agora ele tinha sido levado para aquela cidade em ruínas,
devastada por anos de guerra, um lugar ainda turbulento e confu-
so. Sentou-se no banco da frente do jipe, e o motorista deu a partida para a viagem de meia hora até a embaixada. A tarde estava
no fim, o sol se punha atrás das colinas no céu escuro e enfuma-
çado e as lanternas se acendiam nas ruas mais escuras pelas quais
passavam. Por toda parte havia edifícios destruídos ou em ruínas
— os bombardeiros japoneses tinham atacado Chongqing mais
de duzentas vezes nos três anos anteriores. Poucos prédios estavam inteiros e incólumes, e dezenas de milhares de pessoas continuavam morando em cavernas que tinham sido usadas como

abrigos antiaéreos — Needham pôde ver os buracos que serviam de entrada para as ribanceiras que ladeavam o caminho e, do lado de fora, os moradores apinhados como vespas.

As ruas estreitas, fervilhantes de lanternas, estavam cheias de bancas de vendedores ambulantes e abarrotadas de seres humanos, uma massa que se acotovelava e se agitava, aparentemente ocupada sobretudo em comer, cuspir, agachar-se, brigar e esperar. No início parecia que a multidão era formada de pobres e soldados de diversos exércitos. Havia rios de camponeses rudes, refugiados vindos do campo. Havia jovens soldados cansados, com o uniforme do exército nacionalista, que pareciam ter acabado de chegar da frente de batalha. Havia pelotões de cadetes do Exército de Libertação Nacional, todos eles muito mais disciplinados que os nacionalistas e preocupados em ficar do outro lado da rua, notou Needham.

Abrindo caminho entre eles havia legiões de mulheres, com crianças aos berros amarradas nos punhos, avançando com dificuldade pela multidão com sacolas de verduras compradas nos mercados das margens do Yangzi. Algumas tinham moedas de cobre suficientes para pagar pela ajuda de um *ban-ban*, mas a maior parte carregava sozinha as compras, enquanto bandos de desempregados com suas varas de bambu e cordas jaziam inúteis ao lado delas, reunidos nas esquinas, buscando trabalho aos gritos.

De vez em quando, ouvia-se o som irritado de uma buzina, e uma enorme limusine americana abria caminho impiedosamente no meio da multidão. O motorista era um chinês de expressão impassível e óculos escuros, e a passageira, invariavelmente, uma mulher jovem, bela, elegante, muito à vontade em seu *qipao* de seda justo, fumando um cigarro numa piteira de prata, indo ao encontro, quem sabe, de algum chinês rico que morava no alto das colinas da cidade. A multidão nas ruas ignorava solenemente a passagem do carro, e a massa se reconstituía atrás dele como a água corrente em volta de uma pedra.

O motorista de Needham avançou lentamente por uma ponte coalhada de veículos militares, enquanto outros condutores acenavam alegremente para ele. Depois de atravessar o rio, enveredou por uma alameda arborizada. Parou um instante diante de um portão onde sentinelas chinesas com baionetas verificaram sua identidade e a de seu passageiro, e então permitiram que o veículo entrasse na área das embaixadas. Durante algum tempo o jipe rodou confusamente através do que parecia ser um parque, com dezenas de casas espalhadas no meio das árvores, e finalmente parou diante de uma delas. Tinha sido reservada para uso de Needham naquela noite, disse o motorista, e ele seria bem-vindo ali até que pudesse se instalar adequadamente. Os serviçais tinham preparado um jantar leve para ele, e estariam a sua disposição para qualquer coisa de que precisasse.

Antes de ir embora, o motorista entregou a Needham um grande e grosso envelope de papel creme com um selo diplomático britânico aplicado na aba. Era a carta de boas-vindas antecipadas do embaixador, propondo um encontro no escritório na manhã seguinte, talvez um coquetel no fim da tarde para que ele conhecesse pessoas interessantes do lugar e, mais tarde, se lhe parecesse bom, um jantar.

Era uma combinação perfeita. Needham sentiu-se repentinamente muito cansado. O voo tinha sido meio assustador — três horas de turbulência contínua num avião barulhento, sem pressurização e sem aquecimento, com o piloto fazendo zigue-zagues numa série de curvas, voltas e manobras diversionistas para confundir um eventual Zero japonês cujo piloto pudesse ter a ideia de atacar. Assim, a notícia de que seria deixado em paz naquela primeira noite foi um grande alívio. Não que estivesse apreensivo em relação ao programa do dia seguinte: era um homem muito sociável, gostava de festas e de bater papo. Imaginava o embaixador como um sujeito interessante, com amigos divertidos; além

17

disso, bem podia haver algumas mulheres jovens e bonitas trabalhando na embaixada, e ele gostaria muito de conhecê-las. Sim, ele adorava mulher bonita. Mas isso podia esperar pelo dia seguinte. Naquele momento, tudo o que queria era tomar um banho, desfazer as malas, jantar sozinho e dormir. E, o mais importante, queria escrever uma carta à mulher, agora morando em Nova York, que tinha sido a razão principal de ele estar ali.

Ela se chamava Lu Gwei-djen, era chinesa, nascida havia 39 anos em Nanjing, e cientista como ele. Tinham se conhecido em Cambridge seis anos antes, quando ela tinha 33 anos e ele era um homem casado de 37. Apaixonaram-se, e Dorothy Needham, que naquela época já estava casada com Joseph havia mais de dez anos, resolveu aceitar o caso com a tolerância que se poderia esperar de uma intelectual moderna de esquerda.

Ao se interessar por Gwei-djen, Joseph Needham fora seduzido também por seu país. Ela lhe ensinara sua língua, que ele agora falava, escrevia e lia com razoável fluência. Fazia muito tempo que ela havia sugerido que ele viajasse à China para ver por si mesmo como o país era realmente surpreendente — tão diferente, dizia, do império bárbaro e enigmático que a maioria dos ocidentais imaginava que fosse.

Ele levara a sério as palavras dela, tanto que agora, nessa tarde quente da primavera de 1943, estava no início de uma missão diplomática na China — missão que, embora nem ele, nem Gwei-djen nem todos os seus amigos e colegas da época soubessem, o levaria a extraordinárias e inesperadas direções.

Nos anos seguintes, Joseph Needham sairia dessas viagens na condição incontestável de principal conhecedor da China em todo o mundo ocidental, o homem que havia superado uma série de aventuras difíceis e perigosas para descobrir, registrar e mais tarde decifrar os mais íntimos segredos do Império do Centro, muitos dos quais tinham estado sepultados durante séculos.

Na época em que ele chegou à China, o mundo ocidental ainda sabia muito pouco sobre esse país. Certamente, as coisas tinham mudado um bocado desde a expedição de Marco Polo no século XIII, as viagens dos jesuítas no século XVII e mesmo desde o século XIX, quando americanos, britânicos e outros europeus haviam se espalhado pela China na qualidade de combatentes, exploradores, missionários e comerciantes. Todos eles tinham enviado ou trazido consigo histórias fantásticas sobre a China, terra de pagodes, arrozais cultivados em terraços, palácios luxuosos, imperadores envoltos em seda amarela, caligrafia floreada, organização disciplinada, música lamuriosa, palitos de marfim, incenso, balsas de bambu, a cerimônia do *kowtow*, a "morte por mil cortes" e a mais fina porcelana já fabricada. Era um lugar como não havia outro na Terra: vasto, complexo e serenamente altivo; o embrião de um império que, aparentemente, impunha a seus vizinhos — Japão, Coreia, as diversas monarquias da Indochina — respeito, medo e assombro em igual medida.

À época da chegada de Needham, essa visão tinha mudado, refletindo a melancólica realidade da nova China. Em 1911, com a rapidez do cadafalso, o antigo império chinês havia caído e sua corte celestial fora relegada à ignomínia. O país que então iniciava sua longa luta para se livrar de milhares de anos de jugo imperial estava em condições terríveis. Achava-se despedaçado pelas violentas rivalidades entre uma dúzia de feudos regionais, era palco de conflitos entre ideologias recentemente importadas, enquanto potências gananciosas despojavam suas principais cidades e suas fronteiras. O cúmulo da humilhação havia sido a invasão japonesa, que começara formalmente em 1937 e na chegada de Needham já resultava na ocupação militar de um terço do país.

"Essa nação boba" — assim se referira à China o poeta americano Ralph Waldo Emerson em 1824. Ele estava bem à frente de seu tempo. A maior parte das pessoas de sua geração via a China como um exótico enigma oriental, empurrado para longe do fluxo da cultura global, um lugar irrelevante que podia oferecer ao resto do mundo pouco mais do que seda, porcelana, chá e ruibarbo, tudo isso envolto num manto de insondável mistério.

Alguns enxergavam mais longe. John Hay, secretário de Estado americano na virada do século xx, observou, em 1899, que a China era agora "o centro nevrálgico do mundo", e que quem quisesse se dar ao trabalho de conhecer esse "poderoso império" obteria "uma chave para a política dos próximos cinco séculos". Mas essa foi uma opinião obliterada pelo fluxo dos acontecimentos — e o colapso do próprio império não foi o menos importante deles. Na década de 1920, enquanto líderes paramilitares na China lutavam furiosamente entre si, enquanto milhões de pessoas morriam numa sucessão sem fim de guerras civis e outros milhões jaziam num estado de pobreza difícil de imaginar em qualquer outro lugar, o país era observado por grande número de estrangeiros com uma mistura de desprezo, descaso e profunda exasperação. As opiniões mais simplistas, como a de Emerson, estavam agora amplamente disseminadas.

Mas Joseph Needham mudaria essa maneira de ver a China quase que da noite para o dia e praticamente sozinho. Por meio de suas muitas aventuras pelo país, esse homem notável daria um jeito de acender as luzes mais brilhantes sobre um vasto panorama de enigmas chineses — e nessa tarefa descobriria, como nenhum estrangeiro antes ou depois dele, que os chineses, longe de existirem à margem do fluxo civilizatório, tinham na verdade criado grande parte dele.

20

Needham verificou que, ao longo das eras, os chineses tinham amealhado uma série de conquistas civilizatórias sobre cuja origem os estrangeiros que acabaram sendo seus beneficiários finais não tinham a mais vaga ideia. Descobriu que os três inventos que mais tinham contribuído para mudar o mundo, segundo uma famosa afirmação de Francis Bacon — a pólvora, a imprensa e a bússola —, tinham sido produzidos e empregados pela primeira vez por chineses. Descobriu ainda que havia uma série de outras coisas, mais prosaicas — altos-fornos, pontes em arco, a balestra, a imunização contra a varíola, o jogo de xadrez, o papel higiênico, o sismógrafo, o carrinho de mão, o estribo, a aviação a motor.

As realizações chinesas acabaram atingindo uma escala tal — em profundidade, variedade e antiguidade — que vieram a diferençar a China de todas as demais nações. Elas falavam de séculos de fermentação intelectual, dos quais poucos tinham consciência, que haviam mudado a face do mundo inteiro. Além disso, elas tinham criado as circunstâncias muito especiais — autoconfiança inabalável, isolamento, uma atitude persistente de altivez — que fizeram com que a China aparentasse ser tão diferente dos outros países. Elas tinham criado a arquitetura antropológica que, em suma, fez da China o que ela é.

Ao fazer essas descobertas, Needham conseguiu, aos poucos, substituir a ignorância desdenhosa em relação à China. Primeiro, transformou-a numa atitude generalizada de simpatia; e depois, com o passar do tempo, levou a maior parte do mundo ocidental a ver a China, como fazem hoje as nações mais sensatas do Ocidente, com uma mistura de respeito, espanto e admiração. E mais tarde ele próprio veio a ser visto com admiração.

Porque Joseph Needham reuniria todas as suas descobertas e o significado delas nas páginas de um livro — um livro de enormes proporções e tão magistral que hoje em dia é visto, ao lado das maiores enciclopédias e dicionários do mundo, como um monumento ao poder do entendimento entre os homens.

O livro, cujo primeiro volume foi publicado em 1954 e chegou a dezoito volumes por ocasião da morte de Needham, em 1995, continua sendo editado atualmente, em 24 volumes, com 15 mil páginas e 3 milhões de palavras. Chamado *Science and civilisation in China*, é universalmente reconhecido como a maior obra sobre o Império do Centro já escrita na história do Ocidente. E foi integralmente projetado e em grande parte escrito por esse aventureiro destemido, de cara séria e óculos — um homem que, por ser também nudista, dançarino compulsivo, acordeonista, fumante inveterado e religioso praticante, era visto por algumas pessoas como um irremediável esquisitão —, que chegou pela primeira vez ao aeroporto de Chongqing, num maltratado avião americano, na primavera de 1943.

Mas é claro que àquela altura ele nada sabia disso. Naquela tarde de março, no chalé da embaixada em Chongqing, ele era apenas mais um recém-chegado perplexo, um homem cujo primeiro encontro com o país o deixara estupefato, assombrado e, compreensivelmente, exausto. Ele não tinha na cabeça nenhuma ambição literária — e provavelmente nenhum outro desejo além de proporcionar a seu próprio ser, exaurido pela viagem, asseio, alimento e descanso.

Assim sendo, ele passou duas deliciosas horas no banho, livrando-se da sujeira acumulada na viagem. Depois jantou — e muito bem, pois os cozinheiros da embaixada designados para atendê-lo eram altamente qualificados. Saiu para a sacada a fim de fumar o charuto da noite. Por fim, com um copo de uísque na mão e um cigarro que acabara de acender, sentou-se à escrivaninha e, com a letra impecável pela qual era famoso, esboçou uma breve carta para Gwei-djen, endereçada ao minúsculo apartamento dela na Haven Avenue, na parte alta de Manhattan.

O motivo da carta, segundo ele lhe disse, era só contar que tinha chegado, estava bem, sentia demais a falta dela e ansiava pelo momento em que ela viria encontrá-lo — como sabia que ela certamente faria assim que sua pesquisa lhe permitisse. Mas queria também agradecer, e muito, por tê-lo iniciado naquela jornada. Estava no início de uma aventura, disso tinha plena certeza, que faria dele um outro homem.

Ele nem desconfiava do quanto estava certo. Com o tempo, a China mudou profundamente a vida de Joseph Needham, e essa mudança afetaria o pensamento de todo o mundo ocidental. Esse é o tema desta história.

1. O bárbaro e o celestial

SOBRE A REPUTAÇÃO MUNDIAL
DAS ANTIGAS PONTES CHINESAS

Admiradores estrangeiros das pontes chinesas podem ser encontrados em praticamente todos os séculos do império. Entre 838 e 847 d. C., Ennin jamais encontrou uma ponte sem condições de uso e encantou-se com a travessia de um dos braços do rio Amarelo por uma ponte flutuante de trezentos metros de comprimento, seguida de uma ponte de muitos arcos, quando ia de Shandong a Chang'an. Nas últimas décadas do século XIII, Marco Polo reagiu de forma parecida e fala do comprimento das pontes da China, embora nunca mencione outra em outra parte do mundo. [...] É interessante que uma das coisas que os primeiros visitantes portugueses da China no século XVI acharam mais extraordinário sobre as pontes foi o fato de elas existirem, assim como as estradas, mesmo longe de lugares habitados. "O que é admirável na China", disse Gaspar da Cruz, o dominicano que lá esteve em 1556, "é que existem muitas pontes em lugares desa-

bitados por todo o país, e não são menos benfeitas ou menos dispendiosas do que as que existem perto das cidades. Pelo contrário, são todas caras e bem construídas."

Joseph Needham, 1971
Science and civilisation in China, volume IV, parte 3

Joseph Needham, homem muito considerado por sua capacidade como construtor de pontes — entre ciência e fé, privilégio e pobreza, o Velho Mundo e o Novo, e, principalmente, entre a China e o Ocidente —, viu-se obrigado a iniciar-se desde cedo nessa arte, como filho único de pais irremediavelmente algemados um ao outro por um casamento eduardiano que era um desastre fenomenal.

Joseph Needham pai era um médico londrino, homem sério, sem graça e circunspecto. Era um viúvo solitário quando, em 1892, conheceu a jovem irlandesa de cabelos de fogo que se tornaria sua segunda e muito mal escolhida mulher. Em apenas seis semanas, decidiu casar-se com Alicia Adelaide Montgomery, filha do secretário municipal de Bangor, no condado de Down, e de uma francesa de boa família. Teve a maior parte dos trinta anos turbulentos que passou no agradável subúrbio londrino de Clapham para se arrepender.

Os mais condescendentes diziam que Alicia Needham tinha "temperamento artístico", o que no caso dela significava uma combinação de exuberância descontrolada e infantil e a encenação de violentos acessos de cólera, matizados pelo gosto de atirar objetos (sobretudo pratos) no marido. Profundamente instável, tinha estados de humor explosivos como tempestades, com torrentes de lágrimas seguidas de um turbilhão de gargalhadas. Era fascinada por fenômenos parapsicológicos, conhecia todos os médiuns do sul de Londres, deitava cartas de tarô, participava de sessões espíritas, interessava-se por ectoplasma e tirava fotos de espíritos. Gastava dinheiro como um marinheiro bêbado, e sua prodigalidade muitas vezes levou a família à beira da ruína. Passaram-se oito anos até que ela ficasse grávida. O filho que nos últimos dias de 1900 passou a integrar a mais descontrolada das famílias seria seu único rebento. Os problemas da criança começaram na origem: a animosidade entre seus pais era tal que cada um escolheu um nome de batismo diferente pelo qual chamar o menino. Dos três prenomes que lhe foram dados ao nascer, a mãe escolheu Terence; o pai, talvez tendo em mente a época do ano em que a criança nascera, preferiu usar Noël. O menino assinaria as cartas que mandava aos pais com o nome preferido de cada um; mas, quando finalmente se viu livre para escolher, tanto por conveniência quanto por dever filial, acabou adotando Joseph.

Teve uma infância solitária e contemplativa, transcorrida em seu dormitório do quarto andar, onde brincava sozinho com jogos de armar, bloquinhos de construção e um enorme trem elétrico, e ali mesmo era lavado, escovado e vestido por uma governanta francesa destituída de humor, trazida diretamente de Paris. Mas sua criação foi também intelectualmente estimulante. O pai, austero e culto, a quem era claramente mais chegado, cuidou para que ele tivesse uma sólida formação básica, tanto livresca quanto prática. Ensinou o filho a ler quando este era pouco mais que um bebê (enquanto a mãe socava histericamente a porta trancada, reclamando que a criança era muito pequena) e deixou-lhe como herança vitalícia a mais nítida das caligrafias, elegante e perfeitamente legível. Ensinou-lhe a arte da marcenaria, a observação de pássaros, a geografia da Europa, a taxonomia do quintal e uma filosofia antimaterialista que permaneceria com ele por toda a vida: a necessidade de "lançar às coisas apenas um rápido olhar".

Havia educação espiritual, embora de um tipo insolitamente rigoroso. A família tomava o estridente trem a vapor para a

Noël Joseph Terence Montgomery Needham e seu gato de coleira em sua casa de Clapham, sudoeste de Londres, em 1902. O uso de vestidos por meninos pequenos — conveniente para mães e babás — estava muito na moda na Inglaterra eduardiana.

igreja medieval dos Templários no centro de Londres, todos os domingos, para ouvir o polêmico matemático e ministro E. W. Barnes em seus sermões, que ele mesmo chamava de "sermões do gorila". Barnes, que mais tarde se tornaria bispo de Birmingham, estava na vanguarda de um movimento que pretendia renovar a doutrina cristã à luz das descobertas científicas — mais especificamente, da teoria da evolução de Darwin, daí o nome "sermões do gorila".

Defensor incondicional de Darwin, ele negava a existência de milagres, contestava crenças básicas sobre os sacramentos e escandalizava os membros ortodoxos da Igreja Anglicana, que o acusavam de heresia e pediam ao arcebispo de Cantuária que o condenasse. E Needham, ainda menino de colégio, ouvia o ministro, embevecido. Numa entrevista muito posterior, Needham explicou o legado que Barnes deixara e resumiu-o dizendo que ele, em essência, tinha libertado a religião do "rastejamento" que afastava tantas pessoas. Barnes e seu afã modernizador tinham transformado a fé, pensava Needham, na melhor das manifestações de bom-senso.

Não satisfeito com a pressão acadêmica que exercia sobre o filho mesmo nos domingos, Joseph Needham pai levou o menino à França para umas férias de estudo. Os pais, que não paravam de brigar, sempre tinham a prudência de tirar férias em ocasiões diferentes, e o jovem Joseph, temeroso ou constrangido pelos nervos à flor da pele da mãe, raramente a acompanhava, exceto umas poucas vezes em que viajou para visitar uma sobrinha dela bem bonita que morava na Irlanda. Ele gostava tanto da França que acabou cursando parte de seus estudos lá, em Saint-Valéry-sur-Somme, e aos doze anos falava um francês bem razoável, com ajuda de sua sisuda governanta.

Foi também na França que, com essa mesma idade, ele teve seu primeiro encontro inesperado com a classe operária, da qual seus pais tinham tentado resguardá-lo sistematicamente. Ele e o pai estavam sem ter para onde ir, na plataforma de uma remota estação da Picardia, na cidade de Eu. Os hotéis estavam lotados, mas um trabalhador da ferrovia fez a gentileza de levar a dupla consigo. "Lembro-me de que ele nos convidou para ficar na sua modesta casa e fez com que nos sentíssimos muito bem lá." Que homens de classes mais pobres que a dele pudessem ser tão respeitáveis tornou-se uma espécie de epifania para o garoto: muitos anos mais tarde, ele pensaria que esse pequeno acontecimento na França tivera participação considerável na formação de suas inclinações políticas posteriores.

O respeito pela limpeza, pela ordem, pela pontualidade e pela rotina também foi instilado no menino pelo velho médico bondoso e detalhista — mas na família Needham, ao contrário do que acontecia em muitos lares vitorianos e eduardianos, isso se fazia com afeto, não com dureza. As máximas ajudavam: "Um lugar para cada coisa e cada coisa em seu lugar", seu pai costumava dizer. "Não tenha o olho maior que a barriga. Não deixe para amanhã o que pode fazer hoje. Mosca se apanha com mel, não com vinagre."

A biblioteca que seu pai tinha constituído em casa era prodigiosa, com prateleiras transbordantes de livros em quase todos os cômodos. O jovem Joseph era fascinado pela coleção, e por causa disso seus hábitos de leitura foram precoces ao extremo — ele lembrava que tinha apenas dez anos quando mergulhou de cabeça na *Filosofia da história*, de Friedrich Schlegel (e isso enquanto estava aprendendo alemão).

Houve uma pessoa, um amigo da família, que contribuiu para que o rapaz desenvolvesse o fascínio de toda uma vida pela ciência. Era um minúsculo anatomista *cockney*, parecido com Napoleão, cujo nome original era John Sutton, filho de um pobre "agricultor, magarefe e taxidermista amador" do condado de Middlesex. Mais tarde, ele adotou o sobrenome Bland-Sutton, foi sagrado cavaleiro e, quando se tornou presença constante em Clapham Park à hora do chá, ostentava o tipo de nome e de profissão que os ambiciosos Needham apreciavam: era então sir John Bland-Sutton, baronete, cirurgião.

Quando jovem estudante, Joseph se encantava com as histórias sem fim de Bland-Sutton — sobre como ele havia dissecado não menos que 12 mil animais, de peixes a seres humanos, e pesquisara a anatomia de mais de oitocentos bebês natimortos; a dieta que tinha criado para fêmeas prenhas do zoológico; sobre como havia descoberto a cura do raquitismo em filhotes de leão e que os lêmures eram particularmente suscetíveis à catarata. E, ainda, sobre como seu interesse precoce e fora do comum por dentes, mandíbulas e presas fora substituído, com o tempo, pelo fascínio cirúrgico dirigido à genitália feminina.

Basicamente, Bland-Sutton inventou a histerectomia, embora tenha sido muito criticado em sua época por ser um "criminoso mutilador de mulheres". Escreveu dois livros definitivos: um sobre ligamentos, outro sobre tumores. Divertia-se em escala astronômica: construiu uma casa em Mayfair com 32 colunas encimadas por cabeças de touro que era uma réplica do palácio de Dario em Susa, na Pérsia. Tinha poucas amizades íntimas além de uma sólida proximidade com Rudyard Kipling — os dois, sempre de cartola, eram frequentadores habituais da sociedade de Londres.

Quando o menino foi considerado crescido o bastante — tinha nove anos —, Bland-Sutton permitiu que o assistisse numa operação simples, uma apendicectomia, no hospital de Middlesex, e pagou-lhe um soberano por sua ajuda. E, embora Needham bem cedo tivesse decidido que nunca seria cirurgião, trabalhou no ambiente cirúrgico como assistente do pai durante a adolescência, passando instrumentos e fios de sutura às enfermeiras enquanto o pai cuidava do fluxo de éter e óxido nitroso que mantinha os pacientes adormecidos. Com isso, Needham adquiriu profundos conhecimentos de anatomia.

Foi então que, em agosto de 1914, com o ataque da Alemanha à Bélgica, rebentou a Grande Guerra. Joseph Needham foi prontamente despachado para Northamptonshire, 160 quilômetros ao norte, a fim de estudar numa das escolas públicas mais antigas, mais caras (ele não obteve bolsa de estudos) e mais respeitadas da Inglaterra: a Oundle. A educação que recebeu era, para a época, pouco comum e excelente, devido principalmente ao diretor, F. W. Sanderson, ainda sempre lembrado com carinho.

"Pensem", proclamava Sanderson a seus garotos em todos os discursos de boas-vindas e de despedida: "Pensem de maneira aberta. Pensem em grande escala". H. G. Wells foi um dos que, na Inglaterra eduardiana, ouviram a mensagem e decidiram mandar seus filhos a Oundle. Ele mesmo acabou escrevendo uma notável biografia de Sanderson. O livro tornou-se um eco da mensagem que foi então transmitida a outro herói do período eduardiano, o marechal Jackie Fisher, da Marinha Real, que frequentemente exortava seus ouvintes a "pensar em oceanos". O que Sanderson queria dizer era: deixe de lado o medíocre e o insignificante, os detalhes e a banalidade: tome distância e *pense grande*.

Enquanto esteve em Oundle, esse filho de pais francamente burgueses começou a sentir uma simpatia autêntica pelo homem comum da classe trabalhadora e a mostrar indícios das firmes convicções socialistas que acabariam por determinar sua vida política. O breve contato que tivera na Picardia quatro anos antes tinha despertado nele as primeiras inquietações. Até que um dia, em 1917, quando saiu da escola para ir ao dentista em Peterborough, a uns cinquenta quilômetros de distância, preferiu ir de trem, e os atrasos o obrigaram a esperar várias horas. Um simpático ferroviário, cujo nome, Needham lembrou na velhice, era Alfred Blincoe, levou o entediado jovem para sua locomotiva, acomodou-o na plataforma diante dos controles e ensinou-lhe a conduzir a máquina. Depois de alguns minutos de instrução, recordou Needham, "eu era capaz [...] de controlar o regulador, usar o freio Westinghouse e quebrar uma noz entre os engates, como eles dizem".

A paixão pelos trens a vapor nasceu naquele momento — uma paixão pelo transporte ferroviário que viria a corroborar outra das máximas de seu pai: "Nenhum saber deve ser desperdiçado ou desprezado". Mas, naquele dia, as horas que Needham passou conversando com Alfred Blincoe plantaram nele uma firme crença de que a política baseada numa ideologia esclarecida talvez pudesse aliviar as evidentes tribulações das classes trabalhadoras. Ficou convencido de que tinha o dever moral de se tornar partidário de ideologias que pudessem melhorar a vida dos trabalhadores de seu país.

Além disso, corria o ano de 1917 — um ano marcado principalmente pelos acontecimentos da Revolução Russa. O adolescente Needham imediatamente deu apoio aos bolcheviques e mais tarde escandalizou o pai ao adentrar a casa da família, numa tarde inverno, com um amigo de Oundle, Frank Chambers, e declarar que o comunismo russo era "uma coisa louvável", e a ditadura do proletariado, o caminho para o futuro. Intrigava-o a maneira como chegou a formar essa opinião: nunca tinha lido clássico algum do marxismo e, mais tardiamente, passou a achar que seu apetite voraz pelas obras de George Bernard Shaw e H. G. Wells, que chegou a conhecer bem, o tinha levado a acreditar na possibilidade de uma utopia política. Talvez, diria ele mais tarde, seu socialismo tivesse nascido mais como resposta emocional aos encontros que tivera com trabalhadores como Blincoe do que ao fato de ouvir teorias ou analisar polêmicas de radicais.

Foi ainda em 1917 que Needham reconheceu formalmente seu talento e seu interesse pela ciência e solicitou matrícula numa universidade com a ideia de estudar medicina e tornar-se médico, como o pai. Foi aceito prontamente, apesar de alistado no corpo de voluntários da Marinha como subtenente da reserva — naquela época as Forças Armadas precisavam demais de profissionais de saúde e tentavam empurrar para o serviço ativo qualquer pessoa que soubesse distinguir uma tíbia de uma fíbula —, e conseguiu entrar para a universidade em outubro de 1918, já que por um grande golpe de sorte a guerra chegara ao fim em agosto. Escolheu Cambridge: seria lá que toda a sua vida sofreria uma inimaginável transformação, profunda e radical.

* * *

A Universidade de Cambridge era um lugar tranquilo e marcante, solene e depauperado ao término da Grande Guerra, mas transbordante de cérebros e ambições. E possivelmente em nenhum outro de seus *colleges* isso era mais verdadeiro do que naquele que aceitara Needham sem reservas — uma joia do século XIV, formalmente conhecido pelo nome de Gonville and Caius, mas quase sempre chamado só pelo segundo nome, que se pronuncia da mesma forma que o sobrenome original de seu segundo fundador, John Keys.

Needham pouco ou nada sabia sobre o Caius quando se inscreveu. Um amigo de Oundle, Charles Brook, tinha escolhido esse *college* e, numa tarde de verão, quando os dois estavam estendidos no imenso gramado da escola, ele sugeriu que Needham fosse para lá — até porque o diretor da época era um médico, Hugh Anderson, especialista nos músculos do olho, e Needham estava pretendendo ser médico também.

Seus primeiros dias não foram nem um pouco estimulantes. A maior parte dos quartos estava ocupada por oficiais do Estado-Maior que, aquartelados ali durante a guerra, pelo visto tinham sido esquecidos pelos responsáveis. Assim, Needham recebeu o único lugar disponível — um mísero quarto no andar térreo, o C-1, no prédio que então era o mais antiquado da instituição, o Saint Michael, num deprimente anexo na Trinity Street, em frente ao edifício principal.

Como se não bastasse ser mandado para a Sibéria social da faculdade, em novembro de 1918 Needham caiu de cama com gripe — foi uma das cerca de 50 milhões de vítimas da malfadada epidemia de gripe espanhola. Seus monitores consideraram sua doença da maior gravidade. Um deles, W. T. Lendrun-Vesey, pequeno fidalgo irlandês meio maluco que era ao mesmo tempo esportista e amante dos clássicos, alimentou generosamente o paciente com uvas — mas presas na ponta de uma bengala emprestada e servidas através da porta, para evitar que ele se aproximasse da cama de Needham e fosse contaminado com seus germes.

No começo, Needham continuou sendo o tímido e introspectivo jovem que tinha sido na escola, dado a fazer longas caminhadas no campo chuvoso, refletindo sobre os grandes problemas da ciência e da medicina — e também, principalmente, sobre os grandes problemas relacionados a Deus. Sua formação anglicana, meio esquecida enquanto ele estivera em Oundle, renasceu em Cambridge, e ele encontrou na religião um bálsamo reconfortante, um meio de ajudar a aliviar a solidão.

Entrou para várias sociedades que o puseram em contato com questões referentes à Igreja: pertenceu à Sanctae Trinitatis Confraternitas, por exemplo, que organizava recitais de cantochão nas capelas de diversas faculdades; e tornou-se secretário da Guilda de São Lucas, organização que ajudava a trazer a Cambridge intelectuais de renome para falar aos estudantes de medicina e aos médicos sobre a atração do saber humanístico e suas contradições. Essas palestras calavam fundo em Needham, mas não tanto por seu objetivo filosófico: ele ficava mais impressionado, como revelou mais tarde, com a abrangência da história da ciência que elas abordavam — e o modo como a incrível atividade da mente humana em épocas passadas tinha levado a um conjunto tão grande de experimentos, pensamentos e teorias científicas.

Quase que imediatamente após sua chegada, ele abandonou a ambição de colegial de tornar-se cirurgião. A arte do "açougueiro", como ele a chamava, era simplesmente demasiado mecânica, muito pouco intelectualizada. Seu primeiro monitor, o grande bromatologista sir William Bate Hardy, insistiu para que ele estudasse química. "O futuro, meu rapaz, está nos átomos e nas moléculas", Hardy adorava dizer, e aconselhava Needham a não se deter no simples estudo de anatomia e na dissecação. Como Hardy tinha uma personalidade romântica — iatista oceânico de coragem e habilidade lendárias, barba escura e jeito de almirante elisabetano, tinha sido quase que com certeza o modelo para o heróico Arthur Davies do romance de espionagem *The riddle of the sands* [O enigma das areias], de Erskine Childers —, e como Needham achava a química infinitamente mais absorvente do que cortar rãs em fatias e dissecar as articulações dos joelhos de cadáveres, resolveu trocar de curso.

Três anos mais tarde, graças a uma boa dose de estudo e, como ele mesmo afirmava, de oração, Needham se formou. Comemorou o êxito com um poema — uma das muitas infelizes peças de má poesia que escreveria nas frequentes ocasiões em que se sentia inspirado. Alguns de seus poemas humorísticos e satíricos eram misericordiosamente breves; mas "Ode aos laboratórios de química de Cambridge", um título talvez dos menos promissores, é mais longo. Seria inconveniente transcrevê-lo completo, mas uma estrofe é sugestiva do estilo de Needham, cujos versos alguns poderiam supor escritos por Wordsworth com influência de McGonagall e referências a Betjeman e Rupert Brook, poetas da época.

E agora ao trabalho: destilar óleos ao vapor
Titulação, ou seja lá o que for
Até que ao relógio, às quatro horas, pareça
Conveniente nos deixar livres
E então descer direto em marcha acelerada a K. Parade
Bem-vestido, de sobretudo e cachecol
Em casa, com Robinson, do Christ's, a tomar chá.

Apesar de munido de um diploma, Needham estava ainda meio sem rumo; e, como seu pai tinha acabado de morrer

—inesperadamente, aos sessenta anos —, sentiu que precisava muito de uma figura paterna para ajudá-lo a se decidir por uma carreira. Procurou conselho junto a um homem que conhecera anteriormente, em Oundle, e que agora era o incontestado monarca reinante da nova ciência conhecida como bioquímica em Cambridge, Frederick Gowland Hopkins — chamado por todos, mesmo depois que no devido tempo foi sagrado cavaleiro (por sua participação na descoberta das vitaminas), de Hoppy.

Hopkins, que sem demora convidou um Needham disposto e entusiasta para trabalhar consigo, lhe daria tanto a orientação intelectual quanto a carinhosa supervisão paternal de que ele precisava. Além disso, e de maneira totalmente fortuita, Frederick Hopkins e seu notável laboratório novo no centro de Cambridge proporcionariam a Needham acesso ilimitado a uma inesperada fonte de prazer que continuaria a agradá-lo pelo resto de seus dias — uma multidão de mulheres jovens e inteligentes.

"A casa dele está sempre cheia de jovens judias inteligentes e loquazes", destacou um dos colegas de Hopkins. Naqueles primeiros dias, o departamento tinha entre seus membros mais destacados Muriel Wheldale e Rose Scott-Moncrieff, que trabalhavam com pigmentos vegetais; Marjorie Stephenson, especialista em química de microrganismos; Barbara Hopkins (filha do professor), que trabalhava com metabolismo do cérebro; Antoinette Patey, cuja área era a bioquímica do olho; e três Dorothies: Dorothy Foster, interessada no funcionamento interno das rãs; Dorothy Jordan-Lloyd, estudiosa da química das proteínas; e, principalmente, considerando que um dia se tornaria mulher de Needham, Dorothy Moyle, futura autoridade mundial em química dos músculos.* Para todas elas, Joseph Needham, o brilhante,

* Havia também renomados pesquisadores do sexo masculino — entre eles, o célebre geneticista J. B. S. Haldane, cujo famoso ensaio "On being the right size"

alto, mal-ajambrado e divertido estudante de doutorado do excelente Caius College, dono de uma bagagem familiar um tanto exótica, fumante sabidamente inveterado, cantor e razoável dançarino, tornou-se objeto de imediato e estudado fascínio.

E foi assim que o jovem tímido e reservado de até então começou a desabrochar. Munido de uma graduação e agora com um emprego remunerado no Instituto de Bioquímica, Needham começou a tirar proveito de sua posição e de sua boa aparência. Ao voltar de um período de pesquisas em Freiburg — durante o qual acrescentou um alemão bastante fluente às seis outras línguas (inclusive polonês) que agora falava com desenvoltura —, ele parecia explodir de entusiasmo e autoconfiança. Além disso, desde a morte do pai, recebia uma pequena renda anual proveniente de um montante de 6500 libras investido em ações. Seu tio Arthur Needham ajudava-o a cuidar disso e administrava seus modestos rendimentos.

Seu prestígio acadêmico começou a aumentar. Muito apreciado por Hopkins, foi favorecido desde o momento em que se juntou à equipe, ganhando de imediato uma cobiçada (e paga) bolsa de pesquisa para estudantes. Sua situação no instituto evoluiu com rapidez, com a promoção sucessiva de estudante a pesquisador, a professor-assistente e a professor, para receber, neste último posto, um salário respeitável. Em pouco tempo, ele estava em condições de demonstrar, tanto no trabalho quanto na vida pessoal, a justeza de um adágio popular em Cambridge entre os que admiravam e também os que invejavam a panelinha de Hopkins: "Todos os gansos de Hoppy viram cisnes".

Needham acabou comprando um pequeno carro esporte — o primeiro de uma série de veículos que lhe inspiraram um profun-

---

[Ser do tamanho certo] inclui uma frase que ainda é muito citada. Ele explica o que acontece quando mamíferos de diferentes tamanhos caem num buraco: "O rato morre, o homem sofre fraturas, o cavalo se suja".

do interesse pela mecânica e o levaram a um fascínio permanente pela velocidade e pelas corridas. Em certa ocasião, comprou o mais extraordinário desses veículos: um Armstrong-Siddeley Special de passeio, uma máquina azul-celeste monstruosa de seis cilindros que trovejava pelas estradinhas de Cambridgeshire a quase 150 quilômetros por hora. Além de tudo, esse carro tinha um belo pedigree: pertencera a Malcolm Campbell, que nas décadas de 1920 e 1930 ganhou fama mundial ao bater sucessivos recordes mundiais de velocidade no solo, além de conseguir, com vários veículos, todos chamados Bluebird, duplicar esse recorde, de 240 para 480 quilômetros por hora, nos dez anos transcorridos entre 1925 e 1935.*

Foi nessa época que Needham tornou-se um entusiástico seguidor daquilo que na década de 1920 se chamava, com a necessária dose de tato, gimnosofia. Ou seja, tornou-se um entusiástico nudista.

Aderiu ao nudismo quando a recém-fundada e ousadíssima Sociedade Gimnosofista Inglesa, que na época tinha como membros um pequeno grupo de sofisticados metropolitanos, começou a exercer alguma influência nos arredores de Cambridge, desde a pequena cidade de Essex até Wickford, onde um grupo altamente secreto de naturistas de East Anglia se referia a si mesmo como Grupo de Moonella. Os membros do grupo adotavam apelidos, juravam não revelar a nenhuma pessoa de fora o endereço da casa e do jardim onde praticavam o nudismo e se encorajavam reciprocamente a não usar nada além de bandanas coloridas na cabeça e sandálias, de modo a parecerem gregos.

---

* O fato notório de Needham ter sido proprietário desse poderoso carro teria levado a um encontro com o presidente Mao Zedong na década de 1960. O encontro, se realmente aconteceu, viria a ter um enorme impacto sobre a sociedade chinesa e, de passagem, sobre o aquecimento global. Os detalhes da conversa aparecem mais adiante.

Pouco tempo depois, o nudismo passou a ser tolerado em certa medida nas antigas universidades, onde eram aceitos os mais bizarros comportamentos, desde que não assustassem os cavalos. Assim como seus colegas de Oxford, que lançavam os corpos rosados (e todos quase sempre flácidos) no rio Cherwell, no lugar chamado Parsons Pleasure [Alegria dos Clérigos], Needham entendeu que podia não só saracotear pelado no jardim do Moonella em Wickfort como também nadar nu num trecho discreto do rio Cam, próximo do Caius College, mais ou menos sempre que quisesse. A neta de Charles Darwin, Gwen Raverat, recorda que, quando era criança, todas as senhoras que passavam de barco por esse trecho nos dias quentes do verão "abriam a sombrinha e, como avestruzes, enterravam a cabeça nela, e olhavam muito sérias para as profundezas sedosas até que a crise passasse e o rio estivesse decente de novo".

Mas Needham gostava de um pouco mais de privacidade. Assim, pegava uma linha secundária do trem a vapor ou pedalava até o vilarejo de Stow-cum-Quy, a oito quilômetros a leste da cidade. Lá podia tirar a roupa e já estava o mais próximo possível das águas frias, límpidas e quase imóveis de The Fens, descrito por Needham como um lugar que lhe trazia felicidade. A lagoa, como ele escreveria uns vinte anos mais tarde, era

cercada de juncos cujos talos são quase brancos, mas ostentam, na ponta, longas lâminas verdes que se inclinam em conjunto para o mesmo lado caso haja um pouco de vento. Se você ficar deitado na margem do poço de mergulho e olhar para a lagoa, verá uma pintura de juncos no melhor estilo chinês.

Embora já seguro quanto a sua orientação acadêmica, Needham ainda tinha por encaminhar o lado espiritual de sua vida. Durante dois anos, enquanto levava essa vida de aparente exibicionismo, ele considerou seriamente a possibilidade de se dedicar plenamente a uma religião organizada. Chegou a entrar como irmão leigo numa organização monástica anglicana, o Oratório do Bom Pastor, e durante algum tempo tentou obedecer à rígida disciplina da Casa do Oratório.

Mas havia um problema: entre as muitas restrições que Needham seria obrigado a adotar estava o celibato — voto que para ele seria excessivo. Foi assim que em 1923, depois de dois longos anos, ele deixou a organização e voltou a cultuar a divindade a sua própria maneira. Com isso — e considerando que suas amarras estavam agora mais frouxas —, sentiu-se no direito, entre outras coisas, de desenvolver um profundo interesse por uma de suas companheiras de pesquisa no laboratório de bioquímica de Hoppy: Dorothy Mary Moyle, cinco anos mais velha que ele.

"Dophi" Moyle, como era chamada — embora em seus diários Needham se referisse a ela de maneira bem mais abreviada, usando apenas a letra delta do alfabeto grego —, nascera numa família quacre de Londres. Seu pai era um antigo funcionário do departamento de patentes. Depois de frequentar uma escola privada em Cheshire dirigida por uma tia, ela fora para Girton, depois para uma faculdade feminina em Cambridge, e logo foi convocada por Hopkins para trabalhar em seu harém bioquímico.

Seu trabalho sobre a química dos músculos — ela era especialista nos obscuros processos que ocorrem no interior das células musculares dos animais quando se contraem* — era bem diferente da pesquisa de Joseph Needham, que envolvia os processos ocorridos no interior dos ovos, principalmente ovos de galinha,

---

* O assunto interessou a Dorothy Needham pelo resto da vida. Seu único livro, dedicado inteiramente aos movimentos musculares, foi publicado quando ela estava com 76 anos. Chamava-se *Machina carnis*, título traduzido *grosso modo* como *A máquina de carne*.

até o momento da eclosão. Por isso, quando o casal se encontrava, não era para comparar suas observações: no intervalo matinal para o café, eles raramente iam além do estritamente social. Mas ela ouvia frequentemente as conversas dele, e o que ouvia revelou-se muito mais interessante.

Isso porque Needham, contra todas as expectativas, tinha se tornado de uma hora para outra excepcionalmente desenvolto. Era reconhecido agora dentro do departamento por falar em altos brados e com entusiasmo a quem quisesse ouvir algo sobre a mecânica secreta de sua especialidade — sobretudo sobre o processo de divisão celular, que ele entendia como uma mistura fascinante de ciência pura e filosofia profunda. Orgulhava-se particularmente de um festejado experimento dirigido por ele no qual pusera um fragmento do coração de um camundongo num embrião humano vivo e observara a formação do que ele acreditou ser um segundo cérebro humano dentro da massa em desenvolvimento. Isso, dizia ele a seus admirados ouvintes, era ciência aprofundando-se em questões relacionadas às origens da vida.

Dorothy Moyle ficou completamente embevecida pelo homem. No fim da primavera de 1923, ele a convidou para sair. Começaram frequentando juntos os cafés da King's Parade. Depois passaram a passear de bicicleta, e, à medida que sua amizade se estreitava e o verão ia chegando, com dias mais longos e mais quentes, iam nadar em Quy (embora Dorothy permanecesse vestida com recato enquanto Joseph mergulhava nu). Visitavam igrejas e estações de trem. (Joseph ainda era fascinado pelas ferrovias e, apesar de não ser um caçador de trens, colecionava fotos de diferentes tipos de locomotivas e de estações que lhe parecessem interessantes do ponto de vista arquitetônico.) Durante as férias universitárias, viajavam juntos — afinal de contas, eram estudantes de graduação e não estavam sujeitos à maior parte das regras universitárias referentes a decoro e celibato.

Foram primeiro à ilha de Great Cumbrae no estuário do rio Clyde, nos arredores de Glasgow. Mas logo depois vieram viagens mais ambiciosas, pagas por verbas destinadas à aquisição de conhecimento bioquímico: nos anos seguintes foram juntos a Monterey, na Califórnia, ao Instituto Woods Hole, no litoral sul de Massachusetts, e a um laboratório francês de biologia marinha na Bretanha. Em tese, viajavam para trabalhar em questões relacionadas à embriologia, especificamente para estudar as variações do pH de ovos de peixe cultivados nesses lugares. Mas na verdade passavam a maior parte do tempo conversando sobre seus interesses comuns pelo cristianismo e pelo socialismo e, a julgar pelas apimentadas fotos de seus passeios, reservavam também um bom tempo para jogos eróticos.

No início de 1924, Needham apresentou Dorothy a sua mãe em Londres, e depois disso foram visitar os pais dela no vilarejo de Babbacombe, em Devon. Ele pediu-a em casamento no meio do verão e, no outono, pouco antes do início do ano acadêmico, casaram-se numa pequena cerimônia realizada numa sexta-feira, 13 de setembro, num desafio deliberado às convenções e à superstição.

Antes do ritual, tinham deixado bem claro para si mesmos e para os amigos — mas não para seus pais — que o casamento deles seria "moderno". Sempre que premidos pela necessidade, sairiam com outras pessoas. Não se deixariam amarrar pela exigência entediante, irritante e totalmente burguesa de fidelidade sexual.

Se tivessem tido um filho, tudo isso poderia ter mudado. Mas não conseguiam conceber: o diário de Joseph registra consultas com especialistas da Harley Street relacionadas a sua baixa contagem de espermatozoides, que poderia ter sido a razão disso. Contudo, encaravam sua situação com serenidade. Um filho, concluíram muito mais tarde, teria restringido o modo de vida de ambos — ou pelo menos o dele: praticamente desde o momento em que trocaram votos, Joseph começou a satisfazer seus entusiasmos eróticos com prodigalidade e grande prazer.

Poucas das mulheres de Cambridge daquela época ficaram livres de suas atenções. Mulheres agora idosas evocam essas atenções. Lembram o sorriso malicioso, o olhar penetrante, a gentileza, o charme de Velho Mundo, os oferecimentos de ajuda e conselho, e "a maneira que tinha de fazer você sentir que era a pessoa mais importante do mundo para ele — o que, com certeza, naquele momento você era". Uma dessas mulheres, Blanche Chidzey, lembra como se fosse hoje de tê-lo conhecido num trem e conversado brevemente com ele antes de cair no sono. Ao acordar, ouviu-o conversando baixinho com um renomado físico que estava na mesma cabine. "Naturalmente, pensei que estivessem envolvidos num assunto altamente científico, mas, quando consegui ouvir, estavam falando de mim, de como me conquistar." Mas ele era muito educado, acrescentou.

Sobre Dorothy, que era uma pessoa mais discreta — uma verdadeira santa, dizia um admirador, que talvez a glorificasse por conviver tão estoicamente com seu extraordinário marido —, não estamos tão certos. Joseph mais tarde insinuaria que talvez sua mulher fosse um pouco mais calma do que ele. Tinha, segundo ele, "não uma personalidade extrovertida, mas acomodada, nada extravagante ou fora do comum". Os retratos da época perecem confirmar isso: ela é miúda e sóbria, usa óculos, cabelo preso, um casaco preto liso, sapatos comportados e mostra um sorriso um pouco forçado; ele é alto e levemente cômico com um terno folgado e jaquetão, sapatos de amarrar surrados, um pequeno distintivo na lapela e um cigarro entre os lábios, o sorriso travesso e distante, a cabeça visivelmente em outro lugar, bem longe.

Os *fellows* do Caius College não deram um presente de casamento ao jovem casal. Mas, em outubro do mesmo ano, ofereceram-lhe algo muito mais valioso. Depois de apresentar e defender sua tese de doutorado, Joseph Needham foi eleito membro pleno do Caius. Tinha agora acesso irrestrito a todas as singulares maravilhas que uma antiga universidade pode oferecer. Tinha para si uma confortável sala com lareira — com uma providencial simetria, era a K-1, ocupada no passado por sir William Hardy, que havia sido uma inspiração para ele —, assim como uma biblioteca com excelentes livros e uma linda capela. Podia entrar quando quisesse na sala guarnecida de painéis de carvalho do colegiado, para tomar um xerez normalmente ordinário ou um clarete um pouco melhor, sob retratos de teólogos esquecidos de nobre antiguidade. Podia levar os convidados que quisesse impressionar ou agradar ao esplêndido salão de jantar, onde os serviçais serviam excelente comida em grandes mesas postas com prataria e porcelana antigas.

Sua combinação de intelecto e charme foi reconhecida bem cedo — ele tinha apenas 24 anos. Começaram a dizer que estava a ponto de se tornar o Erasmo do século XX, tão perspicaz era sua mente, tão amplos seus conhecimentos. Mas, embora comparado a grandes estudiosos do passado, uma coisa era certa: ele estava estabelecido, e para sempre. Pelo menos do ponto de vista acadêmico, estava realizado.

Suas conquistas como cientista e como pessoa de interesses extraordinariamente equilibrados eram agora notadas bem além de Cambridge. Em 1925 ele já tinha publicado seu primeiro livro, uma coletânea de ensaios escritos por alguns dos maiores intelectuais com os quais tivera contato enquanto organizava material para a Guilda de São Lucas. Joseph Needham conhecera pessoalmente todos eles quando ainda era rapaz: cultivava com afinco seus laços profissionais, e sua sociabilidade foi fundamental para o sucesso posterior.

Dorothy Moyle e Joseph Needham no dia de seu casamento, sexta-feira, 13 de setembro de 1924. Esse casamento, que seria "aberto", durou mais de seis décadas.

Seis anos mais tarde ele publicou outro livro, *Chemical embryology* [Embriologia química], dessa vez não mais uma coletânea de trabalhos alheios, mas uma história da embriologia totalmente escrita por ele mesmo. Tinha apenas 31 anos quando os três volumes da obra foram publicados pela Cambridge University Press; embora o tema interessasse apenas a iniciados e por isso mesmo as vendas fossem mínimas, a magnitude do trabalho — e a capacidade do autor de pensar grande — deram uma pista do que estava por vir na vida de Needham.

Needham sofreu uma espécie de esgotamento depois de terminar o trabalho e durante as duas semanas seguintes à entrega dos originais não conseguiu dormir porque ouvia algo que ele chamava de "música incessante" na cabeça. Mas em pouco tempo transformou a insônia em vantagem: Dorothy, que gostava de contar histórias sobre as formidáveis faculdades mentais do marido e sobre sua memória quase fotográfica, lembrava-se dele acordado na cama, visualizando mentalmente as provas de páginas do livro, fazendo de memória correções e emendas que depois anotava num caderno. Quando essa atividade se tornou monótona demais para ele, segundo Dorothy, Joseph passou a traduzir as próprias páginas do inglês para o francês, também de cabeça, e depois a corrigir os erros que imaginava ver no texto traduzido.

Havia nisso mais do que o orgulho da conquista. A publicação dos três volumes tornou praticamente certa a honraria que seria concedida a Needham uma década depois: em 1941, ele seria eleito membro da Royal Society, provavelmente a maior distinção científica depois do prêmio Nobel.* O fato de ter escrito

---

* Dorothy Needham foi admitida sete anos mais tarde, dando aos Needham o mérito de serem o único casal agraciado com a honraria, além da rainha Vitória e do príncipe Albert, membros honorários.

46

um clássico da ciência quando era ainda tão jovem, e como pesquisador independente, foi algo que os idosos membros da Royal Society acharam absolutamente louvável e impossível de ignorar — mas que alguns também invejavam, e como.

Agora que Joseph e Dorothy estavam casados, estabelecidos e de acordo quanto ao seu estilo de vida sexualmente liberal, era tempo, para um casal profundamente religioso, de encontrar uma igreja que os recebesse. Isso não seria fácil: não só seus prelados deveriam ser extremamente permissivos quanto aos votos matrimoniais, mas ela também teria de ser uma igreja profundamente tolerante para com as convicções socialistas do casal.

Os Needham não eram de desistir facilmente, e em 1925 encontraram exatamente o que procuravam na cidadezinha de Thaxted, em Essex, a trinta quilômetros de Cambridge. Ali descobriram o prelado anglicano mais esquerdista que poderiam imaginar: Conrad Le Despenser Roden Noel, o famigerado "vigário vermelho" da região metropolitana de Londres, homem que os jornais populares consideravam o padre mais turbulento da Inglaterra.

Notório agitador, Noel tornara-se pároco de Thaxted em 1910, depois de ter sido forçado a mudar de endereço diversas vezes por congregações que se opunham a seu socialismo. Mas entre os paroquianos de Thaxted ele encontraria uma fonte de simpatia liberal, e atirou-se a seu papel com feroz entusiasmo. Pediu ao compositor Gustav Holst, que morava nas proximidades, que executasse sua recém-composta suíte *Os planetas* no órgão da igreja; jogou fora todas as pinturas emboloradas e os penduricalhos da nave e instalou telas novas e coloridas; encontrou um pombo amestrado e fazia sermões com o bicho alegremente empoleirado em seu ombro; aos domingos rezava uma missa em três partes, e aumentou muito o coro para cantar nela; e, para demonstrar sua apoio à cristandade revolucionária, à realeza da Inglaterra e ao direito da Irlanda de se libertar da escravidão colonial, içou uma bandeira vermelha, a cruz de são Jorge e o emblema do Sinn Fein, tudo ao mesmo tempo, na torre recém-reformada de sua igreja. Ao saber disso, bobalhões da igreja oficial de Cambridge rumaram para o povoado e subiram à torre para retirar as bandeiras da discórdia; mas o reverendo dr. Noel trouxe uma tropa de choque para protegê-las, e o impasse durou alguns meses até que um consistório ordenou ao vigário que retirasse as bandeiras de uma vez por todas.

Assim, a igreja de Thaxted tornou-se quase que da noite para o dia um lugar que suscitava muita curiosidade e gracejos. Em pouco tempo a missa de domingo em Thaxted era uma das mais frequentadas do condado. Joseph e Dorothy Needham tornaram-se membros permanentes da congregação e continuaram seus amigos e colaboradores mesmo depois da morte de Noel, em 1942, e até idade bem avançada.

Em Taxthed, Needham tornou-se também um entusiástico adepto da dança folclórica do norte da Inglaterra conhecida como *morris*. Conrad Noel tinha trazido a velha dança de volta a Thaxted instado por sua mulher, que achava importante preservar as tradições rurais, embora a dança tivesse origens pagãs e fosse praticada para estimular a fertilidade e o crescimento das lavouras. E Needham adorava essa dança — adorava o espalhafato e a felicidade, o sentimento de liberdade e a alegria, os homens com roupas largas de fustão branco e faixas coloridas cruzadas sobre o peito e as costas, guizos nos tornozelos, chapéus enfeitados com flores; os lenços que eram agitados e os paus que batiam uns nos outros, a flauta e o tamborim tocando desencontrados mas incessantemente ao fundo.

A *morris*, que tinha vindo do mundo muçulmano para a Inglaterra durante as cruzadas — daí *morris*, de *Moorish* [mouro] —, é a dança mais antiga que se preserva na Inglaterra. Para Needham era uma das "puras criações da classe trabalhadora", uma de uma série de danças que "reunirão, por sua notável permanência, o comunismo desenvolvido do futuro ao comunismo primitivo do passado". Não era à toa que os dançarinos da *morris* saíam para praticar suas danças singulares e desajeitadas no Primeiro de Maio, como ainda fazem: seus rituais celebram o trabalhador rural e por isso eram, para Needham, uma demonstração de que o verdadeiro socialismo — uma dedicada solidariedade entre trabalhadores — estava profundamente enraizado no tecido social da Inglaterra.

Suas afirmações podiam ser exageradas ou fantasiosas. Mas ele dançou durante a maior parte de sua vida adulta, aprendeu a tocar acordeom para acompanhar seus colegas da universidade que dançavam e desempenhou um papel importante no despertar de um novo entusiasmo pela *morris* que permanece no sul da Inglaterra até hoje. Parece digno de nota que, apesar de todas as suas ocupações, ele tenha encontrado tempo para falar no Congresso Internacional de Dança Folclórica de 1935: seu tema foi "A distribuição geográfica da dança *morris* e da dança das espadas na Inglaterra". Como ocorreu com muitas das obsessões na vida de Needham, o que tinha começado como um inocente passatempo de fim de semana acabou virando assunto de discussão acadêmica e grande seriedade. Seu pai costumava dizer: "Nenhum saber deve ser desperdiçado ou desprezado".

A greve geral britânica de nove dias em 1926 consagrou Needham definitivamente como homem de extrema esquerda, sobretudo porque não levou a nenhuma vitória palpável dos trabalhadores. Na verdade, ela permitiu que o governo conservador da época aprovasse leis proibindo greves de solidariedade, o que consolidou na mente desapontada de Needham uma ideia que vinha se formando desde que ele era menino: suas simpatias estavam totalmente do lado dos trabalhadores.

Ele não era absolutamente um bolchevique, como tinha chegado a pensar em sua época de estudante, nem nunca se tornou membro pleno do Partido Comunista. Mas nessa época devorou tanto *O capital* quanto a edição alemã de *A dialética da natureza*, de Engels, e se declarou comprometido com a extrema esquerda do Partido Trabalhista, nesse momento e pelo resto da vida. Mas era um membro do partido que permaneceu também solidamente vinculado ao conforto material — como o magnífico carro Armstrong-Siddeley (embora tivesse escrito ao fundador da empresa, sir John Siddeley, pedindo que nenhum recurso dela fosse usado para financiar pesquisas militares, como se comentava que estava acontecendo).

Ele tornou-se um verdadeiro ativista, quase militante. Estava sempre escrevendo cartas a jornais, panfletando, pintando cartazes, fazendo campanhas, participando de passeatas e abraçando causas. Pediu, por exemplo, o boicote britânico aos Jogos Olímpicos de Berlim em 1936. Protestou, em apoio do Conselho Nacional das Liberdades Civis, contra violentas ações policiais no aeródromo de Duxford, onde pacifistas tinham tentado distribuir panfletos durante um espetáculo aéreo e foram presos. (Eles "deviam ser baleados", Needham teria ouvido de uma pessoa do lugar, quando foi até lá para verificar pessoalmente o que se passava.)

Seus companheiros do Conselho Nacional das Liberdades Civis eram a fina flor dos intelectuais de esquerda da época: E. M. Foster, Clement Attlee, Nye Bevan, Havelock Ellis, Dingle Foot, Victor Gollancz, A. P. Herbert, Julian Huxley, George Lansbury, Harold Laski, David Low, Kingsley Martin, A. A. Milne, J. B. Priestley, Hannen Swaffer (antigo vizinho no sul de Londres), R. H.

Tawney, H. G. Wells, Rebecca West e Amabel Williams-Ellis.* Todos tornaram-se grandes amigos de Needham. Ele dava palestras na Sociedade Socialista Universitária, e chegou a falar para um companheiro chamado Kim Philby, representante do Trinity College, que mais tarde seria um dos mais famosos espiões britânicos. Needham reuniu-se ao extraordinário antropólogo social Tom Harrisson, fundador do projeto Observação da Massa.** Foi profundamente influenciado pelo especialista em cristalografia J. D. Bernal, comunista, e filiou-se ao famoso clube social de sir Solly Zuckerman, o Tots and Quots, integrado por cientistas. Era, em outras palavras e em todos os sentidos, uma personalidade do establishment de esquerda, com suas credenciais sempre válidas, suas contribuições sempre pagas em dia.

Toda essa atividade frenética provocou inevitáveis rumores no *college*. Alguns dos acadêmicos mais velhos do Caius diziam que as convicções socialistas de Needham eram indício de uma excentricidade progressiva e que talvez ele estivesse ficando ruim da cabeça. Normalmente, "excentricidade" era uma espécie de elogio indireto, mas "ruim da cabeça" tinha conotações muito negativas no léxico vigente. Needham era extremamente suscetível na juventude, muito sensível a qualquer tipo de crítica: "A partir deste momento, não quero mais saber de sua revista", escreveu ele ao editor da *Cambridge Review*, depois da publicação de um artigo que o criticava por seu idealismo e suas convicções de esquerda,

---

* Mulher de Clough Williams-Ellis, arquiteto mais conhecido pela criação de Portmeirion, uma cidade de fantasia no norte do País de Gales (onde seria gravada a série televisiva *O Prisioneiro*, na década de 1960).

** Durante vinte anos, a partir de 1937, essa notável organização registrou os detalhes da vida diária britânica, empregando voluntários para desempenhar tarefas prosaicas como perguntar às pessoas o que elas tinham nos bolsos das calças, além de anotar disfarçadamente os rituais de paquera da classe trabalhadora e ler as mensagens escritas em papel-moeda.

"até que sua influência nela seja definitivamente afastada". Mais tarde, já maduro, Needham tomava os ataques com mais calma. Gostava de citar um velho aforismo árabe: "Os cães ladram, e a caravana passa".

Não foi surpresa que Needham tivesse abraçado, logo e entusiasticamente, a causa republicana na Guerra Civil da Espanha, que desde seu começo, no verão de 1936, contou com a atenção de todos os esquerdistas da Europa. Ele nunca combateu, alegando que tinha emprego de professor em tempo integral. Mas fez campanhas, discursou, compareceu a manifestações, organizou operações. Trabalhou duro, por exemplo, em favor de um grupo de crianças bascas refugiadas que haviam sido abandonadas no vilarejo de Pampisford, ao sul de Cambridge. Ajudou a projetar e testar para os republicanos uma ambulância feita de compensado e aglomerado, com motor da motocicleta americana Harley-Davidson, mas o veículo descontrolou-se e destruiu a cerca de um jardim. Needham pagou pessoalmente pelo prejuízo, e de imediato, dizendo que não proceder assim poderia trazer muitos danos à causa. E o mais importante: tornou-se um importante contribuinte para o Fundo Cornford-McLaurin, criado pelo Partido Comunista Britânico para ajudar as famílias de dois membros de Cambridge alistados na Brigada Internacional — John Cornford, poeta de 21 anos, e o matemático neozelandês Campbell McLaurin —, ambos mortos no cerco de Madri em 1936.

Foi um ano terrível, na Espanha e em qualquer outro lugar. Embora nos Estados Unidos a Grande Depressão estivesse começando a ceder, e o país, com cauteloso otimismo, se preparasse para eleger Franklin Roosevelt para o segundo mandato na Casa Branca, as desventuras da Europa preocupavam o mundo: a guerra na Espanha, os Jogos Olímpicos de Berlim (que Needham pretendia que a Grã-Bretanha boicotasse), a ocupação nazista da Renânia, a crescente desconfiança mundial em relação a Adolf Hitler e até mesmo a triste farsa da abdicação do rei Edward VIII deram a tônica do ano. E os doze meses seguintes seriam bem pouco melhores para o mundo — a Europa sentia pela primeira vez o medo de mergulhar em breve numa guerra titânica; e, com o bombardeio de uma ponte nos arredores de Beijing, em 1937, a China e o Japão envolveram-se em outra guerra.

No entanto, para Joseph Needham, 1937 acabou sendo um ano muito bom, e um divisor de águas. O momento crucial chegou no fim de uma tarde ensolarada de verão, quando ele estava comodamente isolado em seu laboratório. Ouviu uma batida leve na porta. Tinha uma visita.

Em junho, na quente e fervilhante cidade de Shanghai, 13 mil quilômetros a leste de Cambridge, uma jovem altamente qualificada se preparava para embarcar num transatlântico rumo à Inglaterra e a uma nova vida, mergulhada numa ciência emergente.

Lu Gwei-djen, filha de um conceituado farmacêutico de Nanjing e pesquisadora em formação na área de bioquímica, era inteligente, glamourosa e tinha 33 anos quando subiu ao navio da Blue Star para a longa viagem marítima até o porto de Tilbury, nos arredores de Londres. Estava indo para a Inglaterra, especificamente para Cambridge, por uma única razão: conhecer a dupla de bioquímicos que ela mais admirava — Joseph e Dorothy Needham — e trabalhar com eles.

Pelo que tinha lido nas publicações científicas — inclusive as resenhas da obra em três volumes sobre embriologia —, Gwei-djen conhecia bem o trabalho científico de Joseph Needham para admirá-lo. Sabia também que Dorothy Needham era, por mérito próprio, especialista em bioquímica muscular, assim como ela. De modo que Cambridge, por motivos estritamente científicos, era o lugar certo para ela.

Mas havia algo além da qualidade do trabalho científico. A política e as simpatias políticas tiveram um papel em sua decisão. Pelo que tinha lido nos jornais britânicos importados e nos semanários que chegavam a Shanghai, Lu Gwei-djen também sabia que Joseph Needham era um esquerdista destacado e ativo, e isso vinha ao encontro de suas próprias ideias políticas. Além disso, a amplitude dos interesses de Needham indicava que ele era uma espécie de homem do Renascimento, e ela sabia que a imprensa já havia proposto que ele fosse visto como um Erasmo de nossos dias.

Gwei-djen tinha lido sobre o interesse de Needham pela Guerra Civil da Espanha, que mobilizava a imaginação de muitos jovens chineses mais radicais. Ela mesma tinha pretendido contribuir com alguma coisa para o Fundo Cornford-McLaurin. Pensar no que esses dois jovens promissores tinham enfrentado, para depois perder a vida por uma causa tão claramente justa, era intensamente romântico para ela; e as pessoas que tinham sustentado o fundo — como Gwei-djen sabia que Joseph Needham fizera — deviam ser, achava ela, absolutamente admiráveis.

Ela tencionava dedicar-se a uma área da pesquisa bioquímica que na época era praticamente desconhecida na China, tal a pobreza e os problemas das universidades do país. Embora diversas outras universidades estrangeiras, especialmente nos Estados Unidos, tivessem lhe oferecido emprego e oportunidades, ela queria acima de tudo ir para a Inglaterra. Sua mais cara ambição era trabalhar no Instituto de Bioquímica de sir Frederick Hopkins, agora mundialmente famoso, e talvez, uma vez ali, fazer contato com os dois cientistas que tinham se tornado seus ídolos.

O valor de seu próprio trabalho era evidente, e ao ler o currículo dela Hopkins aceitou sua inscrição num piscar de olhos.

Lu Gwei-djen, a jovem e brilhante bioquímica de Nanjing, num retrato de estúdio em 1937, pouco depois que ela trocou a China por Cambridge e pela vida de amante e musa de Needham.

Dorothy Needham, a quem o professor tinha passado a carta de Gwei-djen, concordou prontamente em ajudá-la como orientadora e talvez até mesmo como sua supervisora acadêmica.

Lu Gwei-djen nascera em 22 de julho de 1904 numa respeitada família cristã. O primeiro caractere de seu nome de batismo, 桂, representa o doce perfume do jasmim-do-imperador, que no leste da China floresce em julho, mês de seu nascimento; e o segundo, 珍, significa "tesouro", "coisa de grande valor". Quando criança ela fora rechonchuda, ativa e muito amada, mas sua vida havia sido prejudicada pelas guerras civis que assolavam o leste da China e tinham levado sua família a se mudar para Shanghai a fim de escapar das batalhas que se travavam em torno de Nanjing. Começara a estudar apenas com nove anos, quando a situação se acalmou o suficiente para que ela voltasse para casa.

Tinha sido uma criança rebelde e nacionalista a sua maneira — na adolescência, jurava para os amigos que jamais estudaria inglês, e que os chineses que faziam isso não passavam de "traidores e bobos". Mas em 1922 ela ganhara uma cobiçada bolsa para estudar numa recém-construída faculdade dirigida por americanos que em breve se tornaria famosa: o Ginling College for Girls, em Nanjing, a "irmãzinha oriental" do Smith College de Massachusetts.

Sob os princípios pacificadores dessa educação americana liberal, Lu Gwei-djen começara a amadurecer. Em poucos meses sua antiga ira tinha sido completamente dissipada. Ficara encantada com o inglês e em um ano falava fluentemente a língua. Dedicava-se ao piano com afinco. Estudava — "com muita vontade", contou ela mais tarde —, embora suas preferências anteriores pela matemática, religião, inglês e higiene aos poucos fossem dando lugar a uma grade curricular mais científica. Havia começado estudando zoologia e botânica, para depois desenvolver um profundo interesse pela bioquímica e, em particular, pelo estudo da mecânica muscular nos animais.

Pegou o vapor em Shanghai no início do verão de 1937. Dois outros jovens cientistas a acompanhavam: Shen Shizhang, que depois de estudar com Needham tornou-se professor de zoologia em Yale; e Wang Yinglai, que ganhou fama como criador da insulina sintética. A travessia do Yangzi ao Tâmisa levou dois meses; o navio deles atracou em Londres no fim de agosto.

Depois da primeira noite num hotel barato de Londres, os três tomaram o trem para Cambridge e se acomodaram num pequeno apartamento perto da estação ferroviária. De lá bastava uma curta caminhada para chegar à Tennis Court Road e ao renomado Instituto de Bioquímica. Sir Frederick Hopkins, com seus 76 anos agora bem evidentes em sua indisfarçável fragilidade e em seu bigode branco como neve, estava pronto para recebê-los; e Dorothy Needham levou-os a suas salas.

Lu Gwei-djen lembrava-se muito bem de seu primeiro encontro com Joseph Needham, na tarde daquele mesmo dia. Seguiu pelo corredor até a sala dele e bateu de leve na porta de madeira. Estava nervosa depois de meses de espera. Mais tarde ela diria que imaginava encontrar "um velho de espessa barba branca".

Não poderia estar mais enganada: em vez do rato de biblioteca de olhos avermelhados que ela esperava, erguia-se diante dela "um jovem bioquímico de cabelo escuro, ofegante de correr daqui para lá, vestido com um simples jaleco branco todo furado pelo ácido de seus experimentos de laboratório". Era bem-apessoado, de uma maneira estudada. Muito alto, musculoso e espigado. Usava óculos de aro de tartaruga e tinha uma mecha de cabelo caída na testa, que ele puxava para trás de vez em quando. Sua voz era forte mas tinha uma brandura, quase um ceceio, que na mesma hora ela achou cativante.

"Eu não tinha a menor ideia de que a minha presença e a de meus colegas teriam efeitos sísmicos em Joseph Needham", escreveria ela mais tarde,

já que no meu entender ele não teria por nós nenhum interesse além do que nutria por qualquer outro de seus pesquisadores doutorandos. Mas entre nós e Joseph Needham estabeleceu-se uma estranha força magnética.

Como ele escreveria mais tarde, quanto mais ele nos conhecia, mais parecidos com ele mesmo nos achava, do ponto de vista da abordagem científica e da compreensão intelectual; e isso levou sua inteligência inquisitiva a indagar por que então a ciência moderna se originara somente no mundo ocidental. Muito mais tarde, depois que ele e eu começamos a pesquisar a história da China, uma segunda questão se apresentou — por que, exatamente, durante os catorze séculos anteriores, a China tinha sido muito mais bem-sucedida que a Europa na aquisição de conhecimentos sobre os fenômenos naturais e no seu emprego para proveito do homem? Essas foram as origens do projeto *Science and civilisation in China*.

A "força magnética" era dirigida muito mais a Lu Gwei-djen do que aos outros dois, e ela estava sendo prudentemente omissa ao não admitir isso. Mas não havia dúvida: ela chegou no fim de agosto; ficou com uma sala em frente à de Needham; e durante o outono e o inverno de 1937 e 1938 os dois se apaixonaram perdida e irremediavelmente.

Os diários de Needham registram tudo isso: os jantares na cidade, possivelmente no restaurante indiano predileto de ambos, ou quem sabe uma refeição no Venetian, na época o melhor restaurante italiano de Cambridge; as noites no cinema (*Terra dos deuses*, filme de Sidney Franklin baseado no romance épico *A boa terra*, de Pearl Buck, acabara de estrear e deu a Gwei-djen a oportunidade de mergulhar em nostalgia e chorar); as caminhadas de braços dados pelos Backs cobertos de neve, ou até Grantchester pela margem congelada no rio; o breve feriado na França, em Avallon.

Dorothy Needham sabia muito bem o que estava acontecendo, quanto mais não fosse porque nem Joseph nem Gwei-djen faziam segredo de seu afeto. Ela era totalmente complacente e não fazia queixas, nem em público nem para si mesma, em seus diários. Durante o inverno, os três saíam juntos com frequência, como amigos e colegas — afinal de contas, tinham muitos assuntos científicos em comum para debater, e tanto Joseph quanto Dorothy gostavam de apresentar à sua visitante da China as particularidades curiosas da vida em Cambridge. Quando o inverno tomou conta da cidade, os três passavam muito tempo aconchegados diante da lareira do pub local. Ao que tudo indica, e a julgar pela cartas particulares de Dorothy, ela gostava muito de Gwei-djen e admirava sua inteligência, sua determinação e seu espírito.

Esse apreço não parece ter diminuído nem um pouco quando Gwei-djen tornou-se amante de seu marido.

Fazia bem uns seis meses que Joseph Needham e Lu Gwei-djen se conheciam quando as coisas tomaram um rumo decisivo. O mais provável é que isso tenha acontecido numa enevoada noite de fevereiro de 1938, na K-1, a confortável salinha dele no Caius College, no centro iluminado a gás de Cambridge. No entanto, a revelação mais relevante para esta história é mais linguística do que erótica. Ocorreu quando o casal estava deitado na apertada cama de solteiro daquela sala quinhentista, fumando calmamente.

Que estivessem ali, felizes da vida, era quase tão normal quanto as circunstâncias permitiam. Talvez no devido tempo pudesse haver algum tipo de escândalo, mas a época era a década de 1930, tudo isso aconteceu em Cambridge e as partes envolvidas — nelas incluída Dorothy Needham, que tinha ido fazer uma breve visita à família em Devon — e os ambientes universitários em que todos eles circulavam eram socialmente progressistas e sexualmente tolerantes.

O diário universitário de Needham na época torna possível imaginar a cena em detalhe: depois que o casal gastou suas energias, parece que Needham acendeu dois cigarrros, como de hábito — provavelmente da marca habitual, Player's —, e passou um deles a Gwei-djen. Ele então virou a cabeça no travesseiro e olhou para a amante, ao seu lado. Podemos imaginar que ele sorriu para ela, bateu de leve no cigarro e perguntou com naturalidade: "Você poderia me mostrar como se escreve o nome disto em chinês?".

Como o diário revela, Gwei-djen, é claro, lhe mostrou. Sob supervisão dela, ele escreveu então em seu diário (com pouquíssima hesitação, pois sempre tivera e sempre teria uma letra muito firme) o caractere chinês para "cigarro" — dois componentes distintos, dezenove traços de caneta, representando algo que ele achou infinitamente mais bonito em sua formulação do que o equivalente em inglês: fumaça cheirosa. Ficou deitado de costas, admirando seu trabalho. Era a primeira vez que escrevia alguma coisa na língua daquele povo, tão estranho e tão distante — e, quando o fez, parece que uma porta longínqua se abriu de repente para ele, levando-o para um mundo completamente desconhecido.

"Foi muito repentino", recordou Gwei-djen. "Ele me disse: tenho de aprender essa língua, senão morro!" Ela seria sua primeira professora, ele pediu, com urgência. Ela concordou em seguida: "Como eu podia deixar de ajudá-lo a aprender, mesmo sendo um pouco como voltar ao jardim de infância para receber suas cartas em chinês precário e respondê-las? Mas aos poucos ele adquiriu o conhecimento que pretendia, e já estava se encaminhando para entender textos chineses de todas as épocas".

Anos mais tarde, Gwei-djen refletiu sobre o repentino mas autêntico entusiasmo de Needham pelo chinês, que surgiu quando ele estava no topo da lista dos maiores bioquímicos do mundo. "Ele não era um sinólogo profissional que tivesse enfrentado a chatice do ensino acadêmico formal do chinês", disse ela. "Nem era um historiador convencional, nem tinha preparo formal algum em história da ciência; apenas aprendeu, do jeito que os estudantes de graduação mais curiosos de Cambridge eram sempre estimulados a fazer,

Cigarro

quando estavam dedicados a outra coisa — no caso dele, anatomia, fisiologia e química."

Gwei-djen nunca tinha ensinado antes, mas soube por amigos qual era o primeiro passo essencial. Para fundir a identidade de seu aluno com sua paixão linguística e assim fazê-lo meter mãos à obra seriamente, ela lhe deu um nome chinês cuidadosamente escolhido.

Normalmente, os nomes chineses têm três componentes ou três sílabas, representados invariavelmente por três caracteres,* com o único caractere do sobrenome primeiro, seguido dos dois prenomes — por exemplo Mao Zedong, Zhou Enlai, Chiang Kai-shek. Gwei-djen não via motivo para não seguir a convenção. Deu-lhe o sobrenome Li e os prenomes Yue-se. O caractere chinês *li*, , pode significar "ameixa", mas normalmente é um sobrenome. Gwei-djen escolheu-o porque achava que tinha um som parecido com o da primeira sílaba do sobrenome inglês dele, Needham. Os prenomes também foram escolhidos pelo som —Yue-se soava, segundo ela, como Jo-se-ph. Seja como for, Yue-se tem sido a forma tradicional de transliteração para Joseph desde os tempos dos missionários jesuítas, na década de 1600.

O caractere *yue*, , significa "encontro" ou "arranjo"; o caractere *se*, , representa um instrumento musical semelhante a uma cítara. "Encontro-cítara Ameixa" pode ser um nome estranho para os ocidentais, mas para um chinês Li Yue-se é um no-

Li Yue-se

---

* Houve um período durante a Revolução Cultural em que se considerava mais proletário e patriótico ter um único prenome. Um chinês que tenha o nome abreviado, como Chen Hong ou Li Guan, provavelmente nasceu no fim da década de 1960, e seus pais obedeceram às instruções dos Guardas Vermelhos.

me sonoro e majestoso, bastante conveniente a um intelectual. Aprender a escrevê-lo, lê-lo e pronunciá-lo com clareza foi a lição número um de Joseph Needham, repetida frequentemente em seus primeiros estudos do puro chinês mandarim com sotaque do dialeto de Nanjing.

Ele era bom aluno e dedicou-se aos estudos de maneira metódica mas singular. Criou, de modo totalmente aleatório, uma série de livros feitos em casa que seriam seus vade-mécuns. No final havia dezenas deles, mas de início eram apenas três: o primeiro, um dicionário inglês-chinês; o segundo, uma gramática chinesa; e o terceiro, um livro de frases em chinês. Lutando dia após dia, com uma obsessão que, à medida que ele mergulhava mais fundo no estudo, o fazia, segundo suas próprias palavras, "quase delirar de felicidade", Needham ia preenchendo esses cadernos, palavra por palavra, som por som, caractere após caractere. O total de entradas somava dezenas, depois centenas, e no fim chegou às 5 mil ou 6 mil consideradas necessárias para plena fluência na língua.

Needham organizava alguns livros de maneira razoavelmente convencional. O dicionário, por exemplo, tinha um índice feito por ele mesmo com centenas de palavras em inglês relacionadas pela maneira como eram pronunciadas em chinês, ou pelo radical com o qual o símbolo em chinês começa. (Alguns poderão considerar que as primeiras palavras que ele escolheu para aprender em chinês são sutilmente significativas: seu primeiro índice para palavras começadas pela letra *v*, por exemplo, contém apenas *vagina*, *value*, *vanish*, *vegetable*, *venture*, *very*, *village*, *virtue*, *virgin*, *victory*, *viscera*, *voice* e *vulgar* [vagina, valor, desvanecer, planta, aventura, verdadeiro, aldeia, virtude, virgem, vitória, vísceras, voz, popular]. Uma das primeiras páginas, dedicada à letra *a*, tem apenas as palavras *ability*, *affair*, *add up*, *age*, *apologies* e *allow* [capacidade, assunto/romance, fazer sentido, idade, desculpas, permitir].)

Needham elaborou também uma série de complicadas tabelas, irrepreensivelmente lógicas, para ordenar os vários sufixos chineses — uma página de seu dicionário é dedicada aos que se pronunciam aproximadamente como -*ien*, outra aos que terminam em -*iao*, e assim por diante. Para acompanhar, traçou quatro colunas ao lado de cada entrada, uma para cada um dos quatro tons básicos da pronúncia da China central. A partir daí, tudo o que ele teria a fazer seria acrescentar uma primeira letra — *m* para obter *mien* ou *t* para *tien*; *m* para *miao* ou *t* para *tiao* — e então escrever em cada uma das colunas o que cada variação tonal significava em inglês.

Assim, a matriz que ele criou mostrava que a palavra *mien*, pronunciada no primeiro tom (alto e uniforme), significa "abolir"; no segundo tom (começa médio e termina alto) significa "algodão"; e no quarto tom (começa alto e desce rápido e forte até embaixo) significa "rosto" ou "pão". *Tien* pronunciado no primeiro tom significa "céu" (como em praça Tienanmen — praça da Porta da Paz Celestial); no segundo tom significa "campo" ou "doce"; e no quarto tom quer dizer "eletricidade".* A organização dessa série de livros é tão impecável e abrangente que ainda hoje poderia ser usada para o ensino.

A organização de outros livros seus, no entanto, exibe o aspecto mais excêntrico de Needham. Ele criou um outro pequeno dicionário que tratava ordenadamente, embora de modo inusitado, dos 214 caracteres chineses básicos chamados radicais. Esses caracteres bastante simples — a maior parte deles se compõe de

---

* Para complicar um pouco mais: Needham escreveu seu dicionário usando o antigo sistema de transliteração Wade-Giles do chinês para o inglês. O sistema moderno, o pinyin, é bastante diferente — assim, o som para "eletricidade" não seria *tien*, como Needham anotou, mas *dian*, embora no mesmo quarto tom; e *tien*, "céu", se tornaria *tian*, como na pronúncia normal contemporânea para praça Tiananmen, um símbolo de Beijing.

63

menos de seis traços, e o grupo maior é formado de apenas quatro — mostram a raiz dos vários conceitos chineses, e normalmente se situam à esquerda (ou, menos frequentemente, abaixo ou à direita) dos demais caracteres, de modo que o conjunto forma a palavra desejada, totalmente diferente.

Normalmente os dicionários chineses organizam esses radicais por ordem de complexidade — primeiro vêm os que se compõem de um único traço, depois os de dois traços, depois os de três, quatro, cinco e assim por diante. Mas Needham percebeu que sua quase infalível memória fotográfica seria mais bem atendida por um dicionário em que os radicais estivessem ordenados pela forma e pela direção dos traços — todos os radicais compostos de traços verticais numa página, todos os de traços que se curvam para a esquerda em outra, e assim por diante. Essa forma de

Assim era o Joseph Needham — de óculos, descabelado e obcecado pelo trabalho — que encantou Lu Gwei-djen quando eles se conheceram em Cambridge, no fim do verão de 1937.

organização era altamente excêntrica — e nenhum lexicógrafo ou escritor chinês achou que pudesse ser bom copiar o modelo de Needham —, mas está claro que, para ele, funcionou.

Ele labutou assim durante toda a primavera e o verão de 1938 — trabalhando durante o dia em sua bioquímica, dando aulas com a extroversão habitual, apresentando trabalhos a publicações técnicas, para depois, quando seus deveres universitários oficiais estavam concluídos, voltar à sua nova paixão intelectual. Tarde da noite, podia ser visto estudando seu dicionário, tendo sua sala iluminada apenas por um facho de luz e como único som um lápis rabiscando furiosamente, a fumaça azul dos cigarros subindo em espirais pela escuridão.

Quando chegou o outono, Lu Gwei-djen percebeu que seu amante estava prestes a dominar o chinês falado e escrito. Era uma conquista extraordinária, e ambos estavam muito orgulhosos disso. Até Dorothy Needham ficou impressionada a ponto de dar-lhe os parabéns, mas passou a maior parte daquele ano e do seguinte mergulhada em seus próprios estudos, colocando-se prudentemente fora do caminho e fingindo não se importar.

Mas, quando se tem 38 anos, a região do cérebro relacionada à linguagem é sabidamente difícil de penetrar — e a certa altura, tentando o salto entre o simples conhecimento do chinês e a excelência que exigia de si mesmo, Needham se viu em dificuldades. Sua capacidade de assimilação era limitada. A confusão começou a perturbá-lo.

Lu Gwei-djen dispunha-se a ajudar, é claro, tão prestativa quanto possível. Não tardou, porém, para que ele resolvesse empregar artilharia pesada: Gustav Haloun, jovem tcheco que acabara de ser nomeado professor de chinês em Cambridge, aceitou dar-lhe uma ajuda mais formal, e ao longo de 1938 e 1939 os dois inventaram um elaborado sistema de trabalho em dupla para ajudar Needham a desvendar as complexidades profundas da língua.

65

Haloun, que prontamente reconheceu a seriedade de seu aluno, decidiu que Needham o ajudaria na tradução de um texto chinês completo. Era um obscuro tratado de filosofia do século v, o *Guan Zi*; o trabalho, que tomava dos dois quatro ou cinco horas por semana e, do ponto de vista de Haloun, representava um triunfo do egoísmo esclarecido, absorveu Needham por completo: mais tarde ele diria que as horas que passou debruçado sobre o texto chinês, convertendo suas centenas de ideogramas em elegante prosa inglesa, tinham sido um período de serena felicidade intelectual. Estudar chinês, escreveu um dia, era "uma libertação, como ir nadar num dia quente, porque você é transportado da prisão das palavras alfabéticas para o mundo cristalino e reluzente dos caracteres ideográficos".

Ele com certeza adorou aprender a escrever a língua; e, embora tentasse com afinco falar bem, foi pela língua escrita que mais se interessou. Compreendeu a importância especial que isso tinha na China, e gostava muito da ideia de que um estilo elegante e refinado de escrever fosse visto por todos os chineses como uma indicação certa de boa formação intelectual e apreço pela moral. Assim, em 1939, quando a guerra irrompia na Europa, ele começou a avançar em sua formação linguística — e decidiu experimentar a arte pacífica e contemplativa da caligrafia. Cambridge podia ter muitas atrações e os pátios antigos do Caius College mais ainda; mas mergulhar nas curvas sinuosas das pinceladas era como se perder numa serenidade atemporal.

Nas pequenas lojas chinesas que se amontoavam nos becos da Leicester Square, em Londres, ele comprou pincéis e pilhas de papel quadriculado no qual poderia treinar a escrita dos caracteres. Comprou um tinteiro e uma pedra de amolar, e alguém lhe mandou uma almofada para carimbo de tinta vermelha para que ele estampasse seu nome nos documentos prontos — "Com uma boa manutenção, pode durar vinte anos", escreveu-lhe o doador.

Então, no silêncio da K-1, ele começou a escrever, tendo Gwei-djen a incentivá-lo, no início, a ter confiança e elegância em suas pinceladas, a encontrar a sutileza, a desenvolver um estilo pessoal, ser a um tempo legível e artístico.

Até mesmo o traçado de uma simples linha horizontal — o caractere chinês para o número 1, — *yi*, por exemplo — exige do calígrafo cinco ou seis movimentos do pincel. Essa era a técnica que Needham tinha de aprender e que ocupou seu tempo durante o verão pré-guerra de 1939.

Com o tempo ele se tornou bastante bom — "satisfatoriamente regular" talvez fosse a expressão justa. Desenvolveu um estilo caligráfico bem particular, marcado por uma energia e um entusiasmo quase adolescentes. Nunca se tornou um mestre calígrafo de verdade, mas mestres chineses nessa arte lhe disseram que seu trabalho denotava uma paixão que fazia da arte sua própria recompensa.

E ao longo de todo esse processo, de um modo que em retrospecto parece inevitável, Needham se apaixonou não apenas pela língua, mas pela própria China. Ele próprio falava desse sentimento como uma relação intensa, nascida da surpresa e da admiração pelo povo que, durante os últimos 3 mil anos, tinha feito dessa língua antiga a base de seu *continuum* cultural. A língua *era* a China: amar a língua era amar a China.

Assim, no fim daquele outono de 1939 extraordinariamente quente, quando os primeiros aviões alemães apareceram nos céus da Inglaterra e a guerra começava a engolir a Europa, Joseph Needham resolveu que tinha de atravessar o mundo e ver com seus próprios olhos aquilo que ele agora acreditava ser a assombrosa multiplicidade daquele país.

No final das contas, uma guerra o levaria para lá — não a guerra europeia, mas a guerra do Oriente, que se travava entre a China e o Japão havia dois anos.

* * *

Tecnicamente, tratava-se de um conflito não declarado, considerado por europeus e americanos em geral um espetáculo secundário. E, por não ser declarado, tanto a Grã-Bretanha quanto os Estados Unidos podiam permanecer oficialmente de fora, pelo menos até certo ponto. Mas foi uma guerra extremamente sangrenta, à qual o escritor Lin Yutang se referiria mais tarde como "a mais terrível, a mais desumana, a mais brutal, a mais devastadora guerra da história da Ásia".

O conflito rebentou em julho de 1937,* quando Lu Gwei-djen estava a bordo de seu navio a caminho de Londres. Ela só tomou conhecimento disso no dia em que chegou, quando leu os jornais vespertinos. Nos dias seguintes, em Cambridge, ela vasculhou os jornais com avidez, à procura de notícias de casa; e, à medida que a tragédia chinesa se desenvolvia e se ampliava, ela e Needham acompanhavam da melhor maneira possível as reviravoltas do conflito.

Para Lu Gwei-djen isso era particularmente doloroso. Durante o verão e o outono de 1937, os japoneses tinham avançado sem piedade pelas cidades do leste da China. Só em Shanghai, os ataques esmagadores do fim do verão, poucas semanas depois da partida de Gwei-djen, causaram a morte de 250 mil soldados chineses. Uma das mais famosas fotos de guerra de todos os tempos — a de um bebê queimado, sentado e chorando nos trilhos do trem, no meio de uma cidade bombardeada e arrasada — trouxe

---

* Os japoneses deram início a operações de fustigamento em junho, lançando bombas experimentais no porto de Shanghai, o que atrasou brutalmente a partida de Gwei-djen para Londres. Graças a um contratorpedeiro britânico que estava de passagem e parou para lhe dar uma carona, ela conseguiu descer o estuário e finalmente abordar seu vapor: estava encharcada de líquido aspergido pelos ataques dos Zero.

a guerra para dentro dos lares do mundo inteiro. Formou-se uma onda de simpatia por parte de um público que via a vulnerável mas determinada China sendo pulverizada e humilhada pelas forças do mal oriundas do Japão.

Mas nenhum governo estrangeiro se mexeu; nenhum deles ajudou. Os chineses, isolados e sozinhos, recuavam cada vez mais — "a tragédia da retirada", nas palavras de um oficial chinês, "ia além do que se podia descrever". As forças anfíbias dos japoneses desembarcaram em novembro. Apoiadas por bombardeiros da ilha então chamada Formosa e por pesados navios de guerra ancorados no rio Huangpu, invadiram o continente ao longo de ambas as margens do Yangzi sem que seu avanço pudesse ser minimamente contido por um arremedo da Linha de Hindenburgo, cuidadosamente traçada, atrás da qual os chineses acreditaram, ingenuamente, que poderiam se defender.

Cidade após cidade, o leste da China sucumbiu inteiramente. As forças japonesas deixavam atrás de si cenas de ruína total: todos os edifícios derrubados, milhares de mortos, cães errantes alimentando-se das pilhas de corpos e uns poucos sobreviventes perplexos em meio às ruínas, como fantasmas. Em um mês, em meados de dezembro, as tropas japonesas haviam chegado às antigas muralhas de Nanjing, a capital da China, cidade natal de Gwei-djen.

A história das sete semanas de selvageria que se seguiram, o indescritível "estupro de Nanquim", é atualmente tão conhecida quanto qualquer das atrocidades da guerra europeia. Para Gwei-djen, impossibilitada de se comunicar com a família durante o inverno, a situação era quase intolerável. Por acaso a família dela sobreviveu; mas dezenas de milhares de pessoas morreram, muitas vezes de forma tenebrosa — vitimadas por estupros em série, transfixadas por baionetas, queimadas, decapitadas e destripadas —, e o governo chinês, aterrorizado, foi obrigado a partir em busca de uma nova fortaleza mais segura nas montanhas do oeste: Chongqing.

O Ocidente ainda fazia pouquíssimo para ajudar. Nos Estados Unidos havia grande simpatia popular pela causa dos chineses, e seus líderes eram vistos como verdadeiros heróis. Na capa da *Time*, a expressão de Chiang Kai-shek fazia baixar os olhos: não por acaso, o editor da revista, Henry Luce, nascido na China de pais missionários, conhecia-o e o estimava, assim como a sua esposa, educada nos Estados Unidos. O presidente Roosevelt pronunciou palavras de conforto — sua família também tinha laços antigos e estreitos com a China, pois os Delano tinham sido sócios de uma das maiores empresas chinesas de exportação de chá, e a mãe dele passara grande parte da infância em Rose Hill, a mansão da família em Hong Kong.

Mas as palavras do presidente não foram acompanhadas de ações de peso, pelo menos nos primeiros quatro anos de guerra. A neutralidade era a política com que o governo americano estava comprometido, e neutralidade (pelo menos em setembro de 1937, com dois meses de conflito) era o que mais de 90% do povo americano queria, não importava o quanto lamentassem a sorte dos chineses. Nem mesmo o mortífero bombardeio japonês à canhoneira americana *USS Panay*, fundeada diante de Shanghai, em dezembro de 1937, fez com que Washington mudasse de ideia. Os japoneses declararam que tudo tinha sido um terrível engano, pediram desculpas, ofereceram uma indenização e organizaram uma campanha nacional em que meninas em idade escolar enviaram cartas de condolências escritas à mão (e com textos idênticos) à embaixada americana em Tóquio. Naquele momento, não estava nos planos do Japão arrumar encrencas militares com os americanos. Washington continuava dizendo que estava chocado com o que acontecia na China, mas não podia fazer nada, como não fez. O governo não podia nem queria se envolver. A Lei da Neutralidade não o permitia.

Em Cambridge, Joseph Needham estava possesso. Ficou ainda mais furioso quando o governo britânico deixou perfeitamente claro que não haveria política alguma de sanção aos japoneses. Não importava o que acontecesse na China no fim da década de 1930, a Grã-Bretanha permaneceria fora do conflito. Nem mesmo o fato de o embaixador britânico na China, o notável sir Hughe Montgomery Knatchbull-Hugessen,* atingido em seu carro por um avião de guerra japonês em Shanghai, em agosto de 1937, ter ficado gravemente ferido e hospitalizado durante um ano diminuiu a alta estima que Whitehall nutria por Tóquio. Sem dúvida, havia uma esperança silenciosa em círculos oficiais londrinos de que o Japão ficasse tão enfraquecido depois do conflito prolongado com um país vasto como a China que não teria forças para satisfazer outras ambições imperiais. Os cínicos e os partidários da Realpolitik achavam que um conflito entre a China e o Japão era, no que dizia respeito aos mais caros interesses britânicos, quase uma coisa boa.

Assim, os bancos britânicos foram autorizados a continuar negociando sem restrições com o Japão, os portos britânicos recebiam oficialmente navios japoneses, havia artigos japoneses de

---

* Knatchbull-Hugessen é mais lembrado por ter sido vítima, quando serviu como embaixador na Turquia, do "caso Cícero", em que seu criado albanês roubou, da calça que ele tinha tirado, as chaves do cofre da embaixada. Seus defensores afirmavam que, por causa dos ferimentos sofridos em Shanghai, ele havia ficado distraído e desmemoriado. O redator de seu obituário para o *Times* achava que o problema era mais grave. A carreira do embaixador tinha sido bem-sucedida, dizia o autor anônimo, porque Knatchbull-Hugessen "tivera a sorte de nunca ter se encontrado numa situação que exigisse dele mais do que podia oferecer". No entanto, "foi também uma vantagem decisiva o fato de ele ter uma mente que, embora ágil e engenhosa, evitava instintivamente as dificuldades e assim livrava-o de riscos que, especialmente em negócios com estrangeiros espertos, espreitam no caminho do intelectual mais astuto".

exportação à venda nas lojas britânicas e o petróleo britânico ajudou a abastecer tanques e navios de guerra do Japão. Em outras palavras, os negócios continuavam como sempre.

A oposição de Needham à postura de seu país na guerra tinha raízes, por um lado, em seu arraigado compromisso com o socialismo (muito fortalecido por uma viagem que ele fizera a Moscou dois anos antes), e, por outro, na solidariedade para com sua amada. Sempre que possível, ia a Londres para participar de passeatas e distribuir broches com a bandeira vermelha e azul, tendo inscrita sua própria versão da mensagem de boas-festas: "Ajude a China, não compre brinquedos japoneses no Natal". Escrevia cartas para os jornais, sempre no papel timbrado do Caius College, o que contribuía para assegurar sua publicação. Além disso, apoiou com energia o famoso Left Book Club, organização que defendia tenazmente a causa chinesa e que, por meio de seu editor e fundador, Victor Gollancz, lançou a maior parte dos planfletos que explicavam a situação da China — do ponto de vista de um esquerdista, é claro — a seus 60 mil membros em todo o país.*

Os colegas mais velhos e mais austeros da sala do Colegiado de Seniores do Caius College deixaram claro que estavam descontentes com as atitudes de Needham e que temiam o comportamento estrambótico daquele protobolchevique no meio deles. Mas Needham permaneceu inflexível: a situação da China era gravíssima, e ele não estava disposto a mudar de ideia ou a ficar quieto em casa só porque tivera a honra ocupar a posição de acadêmico em Cambridge.

---

* Uma das brochuras de meia coroa lançadas pelo clube em 1939 contava a história dos Levellers (niveladores), movimento político de origem rural do século XVII. O autor era "Henry Holorenshaw"— pseudônimo, como se revelou mais tarde, de Joseph Needham (que também escreveu um prólogo assinado com seu verdadeiro nome, elogiando "este pequeno livro de meu amigo sr. Holorenshaw").

Qualquer membro da velha guarda do Caius desconfiado de que Needham estivesse negligenciando seu trabalho não precisava fazer nada além de considerar as evidências de que ele ainda trabalhava diligentemente em sua bioquímica. Depois do livro de embriologia em três volumes de 1930, publicado quando ele tinha pouco mais de trinta anos, Needham terminou um segundo livro, enorme, sobre morfogênese — processo pelo qual cada ser vivo adquire sua forma característica —, em 1939, antes de chegar aos quarenta. "Dorothy e eu costumávamos caminhar do laboratório até as salas dele no Caius para tomar chá juntos", escreveu Gwei-djen. "Contente com a pausa, ele saltava de sua mesa, avivava a lareira de carvão e toras de madeira e fazia chá para nós, arrulhando e cantarolando canções folclóricas o tempo todo. Depois ele nos mostrava a pilha de páginas que tinha escrito à máquina naquele dia."

Os elogios ao novo livro foram praticamente universais — sobretudo nos Estados Unidos, país pelo qual ele viajou em 1940 para dar palestras nas grandes universidades da costa leste. Um comentarista de Harvard — que naturalmente não tinha como saber o que aconteceria duas décadas mais tarde — declarou que *Biochemistry and morphogenesis* [Bioquímica e morfogênese], como o livro se chamava, "entraria para os anais da ciência como a obra-prima de Joseph Needham, destinado a ocupar um lugar entre os livros que marcaram época para a biologia desde Charles Darwin".

Além do mais, ele terminara o livro ao mesmo tempo em que fazia campanha na Inglaterra e palestras nos Estados Unidos pelo reconhecimento da questão da China, dava aulas, escrevia a monografia de meia coroa (sob o nome de Henry Holorenshaw) sobre a história de um ramo do socialismo inglês, apresentava-se regularmente em espetáculos de dança *morris*, nadava pelado, comparecia aos atos do Partido Comunista em Cambridge, pronunciava sermões no púlpito da igreja de Thaxted e sobrevivia às múltiplas complicações de sua peculiar vida amorosa.

Talvez tenha sido bom que no fim do verão de 1939 Lu Gwei-djen tivesse deixado Cambridge para viajar à Califórnia, em princípio para participar do VI Congresso de Ciência do Pacífico. Mas ela decidiu ficar: recebeu uma proposta de Berkeley que achou conveniente, e Needham, em Cambridge, concordou, porque estava ansioso para impulsionar a carreira da amante e porque ia com frequência aos Estados Unidos. De modo que o caso continuou, a distância, com o mesmo ardor, tendo apenas problemas de logística para complicar um pouco as coisas.

No meio desse turbilhão de atividade, Joseph Needham começou a ficar famoso — e famoso, sobretudo na Inglaterra, nos primeiros tempos da guerra, por ser um dos mais vigorosos defensores da China. Essa fama se tornaria fundamental para seu futuro, em grande parte por causa de um encontro secreto numa casa do norte de Oxford numa noite enevoada de 1939, quando um grupo de intelectuais decidiu que, se fosse possível, Needham devia ir à China com uma missão.

A figura-chave nessa empresa era um jovem professor de filosofia, o chinês Luo Zhongshu, que se preparava para ir à China depois de um curto período lecionando em Oxford. Tinha se formado professor na cidade de Chengdu e, enquanto esteve em Oxford, recebeu cartas e telegramas de seus antigos colegas, contando com riqueza de detalhes como a situação no país estava ruim para eles.

Soube-se, assim, que o Japão estava empenhado num ataque frontal ao sistema educacional da China. Os militares japoneses, pelo que se via, tinham um ódio visceral à comunidade intelectual chinesa e agora esse sentimento vinha se manifestando com atos de violência dirigidos especificamente contra universidades chinesas. Faculdades das cidades de Shanghai, Wuhan, Nanjing e

Guangzhou tinham sido escolhidas como alvos preferenciais de bombardeios. A Universidade Nankai, em Tianjin, fora repetidamente bombardeada e suas ruínas, incendiadas com querosene. A principal universidade de Beijing tinha sido, logo no início da guerra, desalojada por invasores, que transformaram os prédios acadêmicos em bordéis, bares e estábulos para uso das tropas, e a reitoria e a enfermaria em hospitais e quartéis para as forças japonesas acantonadas nas proximidades.

Mesmo os ingleses já endurecidos pelo sofrimento dos civis chineses — as informações sobre o "estupro de Nanquim" tinham vazado aos poucos mas com continuidade para o Ocidente, chocando todos os que ouviam — ficavam aturdidos com as notícias da selvageria dirigida contra os intelectuais da China. Quando Luo começou a dar palestras ao público universitário na Inglaterra, dizendo que, das cem faculdades que então funcionavam na China, pelo menos 52 tinham sido destruídas ou gravemente prejudicadas na batalha, seus ouvintes ficaram chocados. Qualquer tragédia que se estendesse ao sistema educacional de um país era vista como particularmente catastrófica. Para que a comunidade intelectual da China não se encaminhasse para a destruição completa, o Ocidente — e a Grã-Bretanha em especial — tinha de ajudar sem demora.

Por fim, o professor Luo conseguiu levar sua mensagem a um grupo que, segundo ele acreditava, talvez convertesse com mais presteza esse choque em ação. Tratava-se de um encontro entre antigos intelectuais de Oxford e Cambridge, realizado em 15 de novembro de 1939 em Nohram Gardens, na casa do famoso acadêmico H. N. Spalding, na época professor de religiões orientais e ética em Oxford. Ao se dirigir a esse grupo, Luo fez uma exposição que seus ouvintes recordariam como um vívido relato de um fato novo e trágico: por causa dos ataques japoneses, universidades inteiras se viam obrigadas a dar um passo até então impensável: fugir de qualquer maneira em busca da esperada segurança no interior da China.

Os ouvintes manifestaram sua consternação e aprovaram a resolução de convencer o governo britânico do dever moral de intervir de alguma forma, para contribuir com a causa da sobrevivência intelectual da China. Ficou decidido que um grupo de britânicos simpatizantes da China seria enviado ao país de imediato, com a incumbência de avaliar melhor a situação, descobrindo exatamente o que era preciso fazer e para onde uma eventual ajuda oficial do governo britânico deveria ser dirigida.

Em pouco tempo decidiu-se quais seriam os candidatos ideais para a expedição. Dois nomes foram apresentados. O primeiro era um homem que se sentiria bem à vontade nesse trabalho: o professor de filosofia chinesa na Universidade de Oxford, E. R. Hughes, que tinha excelentes ligações com o governo chinês, havia passado 25 anos trabalhando como missionário em longínquas áreas rurais da China e, desde seu retorno à Inglaterra, estabelecera muitas ligações com os santuários de Whitehall.

O nome de Joseph Needham foi o segundo a ser proposto. As pessoas que o indicaram não faziam muita fé na proposta, já que todos os participantes do encontro sabiam que ele nunca estivera na China. Mas sua inteligência, seus excepcionais conhecimentos linguísticos e sua aberta paixão pelos direitos do povo chinês eram importantes para muita gente. Uma vez proposto, naquela reunião, seu nome foi aceito por unanimidade. Assim, o professor Luo escreveu para ele na mesma noite, perguntando formalmente se estaria interessado em fazer parte de uma missão à China de importância vital para o futuro do país.

Como não podia deixar de ser, quando a carta chegou, poucos dias depois, Needham e Lu Gwei-djen (para quem ele escrevera) ficaram mobilizados ao extremo. Todos aqueles meses fazendo passeatas, levantando cartazes e escrevendo cartas — e talvez até as incursões hesitantes dele pela caligrafia — pareciam ser finalmente recompensados, prestes a produzir resultados. Ele tinha sido ouvido. Os chineses teriam a ajuda que queriam. E agora ele seria mandado a trabalho ao país que tanto o seduzira. Mas ainda não havia nada definido e muito trabalho estava por fazer. Haveria muitas manifestações e trocas de cartas naquele inverno — manifestações em Cambridge, manifestações em Londres, formação de comitês, respostas a telegramas ("Nestes tempos de grande perigo, suas iniciativas nos trouxeram algum conforto", dizia um deles, enviado por professores universitários isolados em Kunming), e, finalmente, a elaboração de uma "declaração de intenções" que indicasse a disposição das melhores universidades britânicas de cooperar plenamente com suas equivalentes da China.

Needham escreveu ao embaixador chinês: "Minha mulher e eu estamos desejosos de ir à China para ajudar a reconstruir a vida científica. [...] Eu não tinha interesse pelos assuntos chineses até três anos atrás, mas agora falo e escrevo o mandarim de Nanjing". O embaixador demostrou um caloroso entusiasmo, mas advertiu Needham sobre as condições. "Os que já foram à China passaram por *muitas agruras*", disse ele.

Passaram-se dezoito meses de rodeios e negociações diplomáticas antes que a Grã-Bretanha decidisse enviá-lo. O Conselho Britânico — braço de proselitismo cultural do Foreign Office — foi o primeiro órgão do governo Churchill a se envolver formalmente na questão. Isso se fez por meio de uma declaração anódina, no verão de 1941, segundo a qual o organismo "estava ampliando seu trabalho no campo da cooperação cultural com os chineses". Seis meses depois, na primavera de 1942, o chefe do departamento científico do conselho, J. G. Crowther — antigo companheiro de Needham em Cambridge e colunista científico do *Manchester Guardian*, que publicou em primeira mão a descoberta do nêutron por James Chadwick —, escreveu a Needham em particular. Tinha para ele uma mensagem fundamental e altamente secreta:

> As altas esferas precisam com urgência de um inglês para ir à China. As dificuldades físicas para transportar alguém até Chongqing atualmente são grandes, [mas] deverá ser possível reservar os lugares necessários em aviões.
> Aquele que for deve estar preparado para tudo.

Era o momento que Needham vinha esperando.

E o momento havia chegado simplesmente porque um entrave diplomático tinha sido enfim superado. O Japão atacara Pearl Harbor no início de dezembro de 1941, e os Estados Unidos e a Grã-Bretanha afinal se declararam em guerra. Já não havia necessidade de delicadezas diplomáticas no que se referia a Tóquio. Agora era possível oferecer ajuda formal e aberta aos chineses, sem o menor cuidado com o que o Japão pudesse pensar.

Independentemente do que tivesse pensado em privado durante aqueles meses de concretudes diplomáticas, quando leu a carta de Crowther — o que fez uma dúzia de vezes — Needham já não tinha dúvida. Seu coração deu um salto. Agora iria à China, com certeza. Ele não fazia ideia de quem nas "altas esferas" fizera a sugestão, mas parece agora que o pedido teve uma origem imprevisível: o notável acadêmico sir George Sansom, especialista em Japão. Na época, Sansom era o mais alto representante civil a integrar uma organização pouco conhecida, o Conselho de Guerra do Extremo Oriente, com base em Cingapura, que decidia a maneira pela qual a Grã-Bretanha conduziria sua participação no conflito em curso a leste de Suez. Foi provavelmente por sugestão de Sansom que Needham, membro da Royal Society, fluente em chinês e respeitável figura ligada de perto à pesquisa científica britânica, seria o único a partir; mais ainda, é admissível que essa decisão tenha sido aprovada num nível ainda mais alto — bem possivelmente na Downing Street, por Winston Churchill em pessoa.

Tinha havido consenso, disse Crowther num almoço em Londres, poucos dias mais tarde, sobre o fato de que, vivendo em toda a "China livre" e visitando suas instituições de ensino, Needham poderia descobrir exatamente de que os chineses precisavam — livros didáticos, equipamento de laboratório, reagentes, visita de especialistas — e onde isso era necessário, e mandar o que pudesse ser mandado. "Eu deveria fazer tudo o que estivesse a meu alcance para reiterar e ampliar os laços culturais entre o povo britânico e o chinês", declarou Needham a um jornal londrino. E isso, ele suspeitava, seria só a metade. Ele estava indo apenas em parte como representante da Royal Society; mais importante que isso, estava indo como diplomata — líder de uma nova organização que se chamaria Escritório Sino-Britânico de Cooperação Científica, que Whitehall tinha decidido vincular oficialmente à embaixada britânica em Chongqing.

Durante o verão, foram acertados os detalhes de sua viagem. O posto que ele ocuparia na embaixada seria suficientemente alto — o de conselheiro — para que seus interlocutores chineses o levassem a sério e para granjear-lhe a deferência devida a um alto dignitário, representante plenipotenciário da Coroa britânica. Seu salário, embora não o tornasse rico, deveria ser tal que "quando o senhor retornar ao país depois da visita, seu saldo bancário esteja como se o senhor não tivesse ido à China". Quem quisesse entrar em contato com ele por carta deveria escrever por intermédio do Conselho Britânico em Hanover Street W1; do Dupont Circle

Building em Washington, D. C.; ou do Reserve Bank Building, em Calcutá.

Primeiro ele contou a Dorothy, que ficou feliz, como era de esperar, embora preocupada com os evidentes perigos da viagem. Ele teria de chegar à Índia por mar, num navio militar de uma esquadra em operação, ou mais provavelmente num navio de carga — tarefa por si mesma arriscada, já que as águas europeias e mediterrâneas eram rastreadas por agressores do Eixo. Ele tinha feito averiguações segundo as quais seria possível também chegar à Índia através de Nova York, por Lagos ou por Durban, por mais improvável que pareça. Mas o Conselho Britânico descartou essa ideia um tanto extravagante, alegando que a demora em qualquer dessas três cidades poderia chegar a meses.

Ele seria notificado sobre a viagem com apenas 48 horas de antecedência, de modo que devia ter a bagagem preparada. Precisava obter também um visto de saída da Grã-Bretanha. Provavelmente teria pouco conforto a bordo e seria obrigado a dividir uma cabine com meia dúzia de pessoas, que ficariam engaioladas durante umas dez semanas: por conta das rotas em zigue-zague impostas pela guerra, esse era o tempo habitual para uma viagem entre os rios Tâmisa e Hooghly em 1942.

Calcutá era o principal ponto de partida para a China livre — o lugar onde Needham receberia seus documentos e suas ordens. De lá iria para a China de avião, sobrevoando a famigerada "Hump",* uma ponte aérea precária e inacreditavelmente insegura que estava sendo organizada por pilotos americanos autônomos. Com Dakotas e aviões similares, eles sobrevoavam o leste da

---

* The Hump (A Corcova) era o nome que os pilotos aliados davam à porção leste da cordilheira do Himalaia, única via de acesso à China depois que os japoneses bloquearam a Rota da Birmânia. (N. T.)

cordilheira do Himalaia, entre as bases aéreas de Bengala, na Índia britânica, e o cordão de cidades chinesas livres em Yunnan.

Assim que os preparativos terminaram, Needham resolveu ir aos Estados Unidos para estar com Gwei-djen. A estada inicial dela em Berkeley tinha sido abreviada por causa de uma alergia quase fatal às flores da acácia, onipresentes na Bay Area. Depois de um período no laboratório de um hospital em Birmingham, Alabama, ela conseguiu emprego como pesquisadora na Universidade Columbia, em Nova York — que foi onde Joseph Needham, que lhe escrevera semanalmente durante a ausência dela, decidiu encontrá-la no fim do outono de 1942.

Por exigências da guerra, o encontro de ambos foi francamente inusitado. Para chegar até onde ela estava, Needham teve de percorrer a tortuosa rota de um hidroavião Clipper da Pan American — primeiro de Poole, em Dorset, até Foynes, no sudoeste da Irlanda; depois para Lisboa, já que Portugal era neutro; mais adiante, como o tempo no começo do outono não estava bom e o vento contrário no Atlântico era muito forte, ele atravessou o oceano até Natal, no Rio Grande do Norte; e só depois dessa gigantesca volta e de um voo ainda mais longo chegou à pista de pouso do rio Hudson, junto de Manhattan.

A lista de passageiros do Clipper, na qual ele aparecia como Noël, nome que não usava havia muito, mencionava sua filiação ao "Foreign Office". O embaixador americano em Londres tinha usado esse artifício numa carta enviada ao Departamento de Estado poucos dias antes, pedindo que o Departamento de Guerra desse prioridade a Needham — "um amigo liberal esclarecido" — num avião para a China, "via Brasil, África e Oriente Médio, ou pela Austrália e Índia". Mas, embora Needham estivesse disposto a chegar à China através de qualquer lugar do planeta que fosse, o departamento não gostou da ideia: mesmo que obtivesse permissão, ele teria de passar semanas sem fazer nada em várias bases aéreas americanas. Levaria bem menos tempo ir de navio. Assim, sua viagem aos Estados Unidos no hidroavião da Pan American pode ter sido oficialmente justificada — pelo ministro da Guerra britânico, Anthony Eden —, mas acabou tendo pouca função oficial. Foi uma viagem paga pelo governo que lhe permitiu, antes de mais nada, visitar a amante.

O casal se encontrou no porto de Manhattan e imediatamente se hospedou num hotel. O apartamento dela na Haven Avenue era muito pequeno e, afinal de contas, fazia meses que não se encontravam com algum conforto. Needham já tinha escrito a Gwei-djen sobre a decisão do governo de mandá-lo à China: agora, depois de dezenas de encontros que tivera em Londres, poderia contar-lhe os detalhes e pedir sugestões sobre lugares para visitar e pessoas a procurar. Foram uns poucos dias imensamente felizes para ambos. A paixão dele pela China e sua profunda afeição por Gwei-djen tinham finalmente dado frutos. Ele estava indo para a China, e a segunda metade de sua vida, singularíssima e muito diferente, estava a ponto de começar.

Durante aqueles poucos dias em Nova York, Needham falou também a Gwei-djen sobre o embrião de uma ideia que lhe tinha vindo à cabeça de repente.

Tratava-se de uma ideia que lhe ocorrera algumas semanas antes. Entre as cartas que trocara com Crowther durante o verão de 1942, Needham faz referência a um ensaio que estava pensando em escrever: seria sobre a história da ciência e do pensamento na China. Poucos dias depois, recebera convites — provavelmente por iniciativa de Crowther — tanto da revista *Nature* quanto da BBC para escrever suas impressões sobre a viagem próxima. Na carta da BBC, ele rabiscou uma pequena nota para si mesmo. Dizia apenas: "Ci. em geral na China — por que não desenvolve?".

Provavelmente, Needham quis dizer: "Ciência em geral na China — por que nunca se desenvolveu?". Em Nova York, ele discutiu a ideia com Gwei-djen, e perguntou-se se não deveria, um dia, transformar essa ideia num livro que contasse ao mundo ocidental como era vasta e grandiosa a contribuição científica da China.

Dificilmente ele poderia pretender ter melhor ouvinte que sua jovem amante chinesa, pequenina, decidida, bela e inteligente. Durante muitos anos, uma ideia plantada pelo pai dela em Nanjing tinha martelado em sua cabeça — a de que a China dera uma imensa contribuição ao mundo da ciência e da tecnologia que ninguém no Ocidente tinha reconhecido. De acordo com as teorias geralmente aceitas, só um punhado das grandes invenções tinha ocorrido na China — e, no entanto, essa crença, diziam ela e o pai, com frequência e insistência, não passava de um conceito ocidental mais que arrogante. Os dois estavam plenamente convencidos de que a China tinha inventado muitíssimas outras coisas que o Ocidente preferia ignorar. Talvez, ela propôs, Needham pudesse tentar descobrir que coisas eram essas.

Quando ele voltou à Inglaterra, a imprensa estava tomada de frenesi. O jornal comunista *Daily Worker* noticiara com exclusividade que um membro do partido — que não era militante de carteirinha, com certeza, mas um homem satisfeito com sua condição de simpatizante — estava de partida para a China para oferecer a ajuda que os socialistas vinham pedindo havia tanto tempo. Talvez, dizia o *Worker*, o dr. Needham pudesse encontrar tempo para conhecer o sr. Mao Zedong, cujas ações revolucionárias o jornal noticiava sempre que podia, e cuja vitória na China, do ponto de vista dos editorialistas do jornal, era uma consumação que bem mereciam e desejavam com fervor.

A imprensa tradicional também noticiou a viagem iminente de Needham. O *Evening Standard*, em especial, mais de uma vez informou que "esse homem grandalhão e exuberante", que "aos 42 anos é um dos mais brilhantes bioquímicos do mundo", estava indo para mostrar que "era talvez o único cientista inglês capaz de discutir filosofia chinesa em mandarim fluente".

Passaram-se algumas semanas em compasso de espera, durante as quais Needham ficou de lá para cá entre Cambridge e Londres, preparando os últimos detalhes da viagem. Ele achava aquilo tudo bem irritante. "9h, War Office", lê-se em seu diário sobre um dia típico em Londres. "11h-13h, Conselho Britânico. Almoço Dorchester. 15h-16h, Câmara dos Comuns. Café Cavendish c/ Ken Turner, embaixada Estados Unidos. 17h49, casa."

Ele passou também um bom tempo almoçando ou tomando chá com pessoas de algum modo ligadas à China. Encontrou-se, por exemplo, com o bibliotecário do Foreign Office, sir Stephen Gaselee, cujo poderoso intelecto (seu obituário destaca que era um reconhecido "latinista, coptologista, medievalista, paleógrafo, liturgista e hagiografista") mais que se equiparava ao de Needham. O embaixador americano, John Winant, recebeu-o; David Crook, espião stalinista e velho comunista britânico, escreveu uma carta de apresentação para um jornalista americano de Chongqing, Jack Belden, que talvez pudesse apresentar Needham ao líder comunista Zhou Enlai e, por intermédio deste, a Mao Zedong; o biólogo Julian Huxley telefonou para desejar-lhe sorte; Arthur Waley pediu para vê-lo em Londres, e o embaixador chinês, dr. Wellington Koo, levou-o para almoçar. Needham declarou que poderia ter passado o resto do ano jantando com todas as pessoas de Londres que tinham algum interesse na situação da China, tão ansiosas estavam para encontrar-se com ele.

Mas então, em 19 de novembro, chegou o telegrama de um funcionário subalterno do Foreign Office. O navio estava pronto, dizia, e o embarque começaria em poucas horas. A viagem marítima para o Oriente levaria dez semanas: no Natal eles estariam em algum ponto do mar Vermelho; o Ano-Novo seria comemorado em Bombaim. Na suposição de que o navio pudesse ancorar no porto de Hooghly no começo de fevereiro, tinham sido reservados lugares num avião militar americano que sairia de Calcutá para sobrevoar a Hump na última semana do mês. Se tudo corresse de acordo com o programado, Joseph Needham chegaria a Kunming, capital de Yunnan, na tarde de 24 de fevereiro. Ele devia pegar suas malas e partir imediatamente.

A anotação seguinte em seu diário mostra que tudo aconteceu como lhe tinha sido informado, já que em 3 de fevereiro de 1943 ele estava mesmo em Calcutá, cumprindo uma tarefa curiosa e inesperada antes de partir para a China. Os funcionários lhe explicaram que ele era um diplomata britânico a ponto de embarcar para um país envolvido numa guerra com o Japão. Era indispensável, portanto, que portasse uma arma, para qualquer eventualidade. Assim, ele foi oficialmente notificado de que estava obrigado a levar consigo uma arma.

Foi assim que naquele dia quente de fevereiro o homem alto, de óculos e com a aparência clássica do professor distraído deixou seu alojamento com vista para o *maidan* de Calcutá e foi a pé até o depósito do Exército do Fort William. Do armeiro que o atendeu recebeu uma pistola, uma Webley nº 1 Mark VI — a tradicional arma britânica de serviço da Primeira Guerra Mundial, ainda tida como adequada para um diplomata, embora os soldados estivessem usando uma versão menor e mais leve. Recebeu dezoito projéteis .455 e foi avisado de que, se tivesse ocasião de acionar a arma, ela lhe daria "um bom coice". Concordou em deixar constar que ela estava sendo cedida em empréstimo e deveria

85

ser "devolvida quando já não fosse necessária para sua presente tarefa".

Agora, de posse de uma arma e, em todos os outros sentidos, armado dos pés à cabeça, estava totalmente preparado para sua expedição. Ficou esperando durante três semanas agradáveis, já que Calcutá, no fim daquele inverno de guerra, era uma cidade cheia de divertimentos e prazeres. Finalmente chegou o dia marcado: quarta-feira, 24 de fevereiro. Ele se levantou ao alvorecer, como lhe tinham recomendado, e foi conduzido num jipe militar britânico até o aeroporto de Dum Dum, fora da cidade. Embarcou num C-47 da Army Air Corps Ferrying Command, rumo a Dinjan, em Assam.

O avião decolou em meio à névoa da manhã, aproou para nordeste e depois de duas horas de um voo trepidante e barulhento pousou num planalto encharcado no vale do rio Brahmaputra. Um rápido abastecimento, troca de tripulação e o avião já estava no ar outra vez, agora a caminho de sobrevoar as grandes montanhas de pedra do Himalaia para cruzar a fronteira internacional.

Agitado demais para dormir, Needham olhava pelas janelas do avião. Cadeia após cadeia de montanhas gigantescas, geleiras serpenteando entre elas, diante e debaixo dele, com seus picos agudos chegando cada vez mais perto da barriga do avião, enquanto o piloto tentava freneticamente alcançar uma altitude segura descrevendo enormes espirais. O altímetro indicava 5 mil metros quando chegaram ao topo da cordilheira, e todos a bordo estavam com frio e respiravam com dificuldade.

Needham tentou escrever um poema para celebrar, mas (felizmente, talvez, para seus leitores) havia muito pouco oxigênio na cabine e ele não conseguia se concentrar. Preferiu ler Lucrécio, fazendo anotações na margem, reclamando da tradução. Já tinham cruzado a fronteira e o avião começou sua lenta descida sobre os profundos vales recortados dos rios Salween e Mekong para chegar a Yunnan.

Chegara o momento pelo qual ele ansiava havia tanto tempo. Era o fim da tarde da quarta-feira, 24 de fevereiro de 1943; e agora, poucos quilômetros à frente do avião, a China inteira esperava por ele.

2. Trazendo calor no meio da nevasca

SOBRE AS LARANJAS

Não há como duvidar de que o lugar de origem e habitat dessas [laranjeiras] estava nas encostas leste e sudeste do maciço do Himalaia; fato que se reflete na presença de imenso número de variedades antigas nas áreas chinesas de cultivo e também na extrema antiguidade das referências literárias chinesas. Isso também se denuncia pela existência de um número considerável de caracteres únicos que designam espécies — não apenas ju *para a laranja e* you *para a toranja, mas também* gan *para certos tipos de laranja,* cheng *para laranjas doces,* luan *para a laranja azeda e* yuan *para a cidra — o que é sinal de antiguidade na nomenclatura.*

Joseph Needham, sobre a origem chinesa das laranjas,
a primeira fruta mencionada no livro
Shu Jing, provavelmente de 800 a. C.
Science and civilisation in China, volume IV, parte I

Ali estava a China com que ele tinha sonhado.

Desceu do avião no aeródromo militar em Kunming numa tarde clara do início da primavera, de ar frio mas sol quente, e foi recebido pelo vice-cônsul britânico e por Pratt, emissário do rei. Foi conduzido à cidade através de uma planície fértil por estradas ladeadas de choupos, canais de irrigação e povoados com pequenas casas feitas de tijolos de barro amarelo, cobertas de telhas azuis, beirais delicadamente voltados para cima e remates ornamentais.

Ao chegar aos suntuosos edifícios do consulado, sentiu-se de imediato incontrolavelmente feliz. Ocorreu-lhe que o cônsul-geral era parecido com H. G. Wells, e a arquitetura era deleitosa à primeira vista. Gostou de ver que uma touceira de bambus tinha sido plantada judiciosamente diante da janela de seu quarto; e ficou particularmente satisfeito quando percebeu que o venerável corpo de serviçais do consulado — "segundo se diz são cules promovidos, formais mas agradáveis" — parecia entender de fato o chinês que ele falava, aprendido com tanto escrúpulo. O cônsul, Alwyn Ogden, ficou perplexo com essa sua capacidade e muito bem impressionado.

Needham passou o resto da tarde desfazendo malas, ouvindo os corvos crocitando no jardim do consulado e observando o sol se pôr lentamente detrás das longínquas montanhas tibetanas, imaginando-se — como escreveu na manhã seguinte numa longa carta a sua velha amiga Margaret Mead, a antropóloga — na cidadezinha de Duxford, em Cambridgeshire, no jardim da casa paroquial. Durante toda a sua vida posterior na China, ele faria comparações como essa, confrontando obscuros lugares em Yunnan, Hubei e Xinjiang a lugares queridos e acolhedores do país que ele tinha deixado para trás, e também com alguns — normalmente nos Estados Unidos ou na França — dos quais gostava em especial. Ele extraía consolo disso, pois, apesar de sua aguilhoante se-

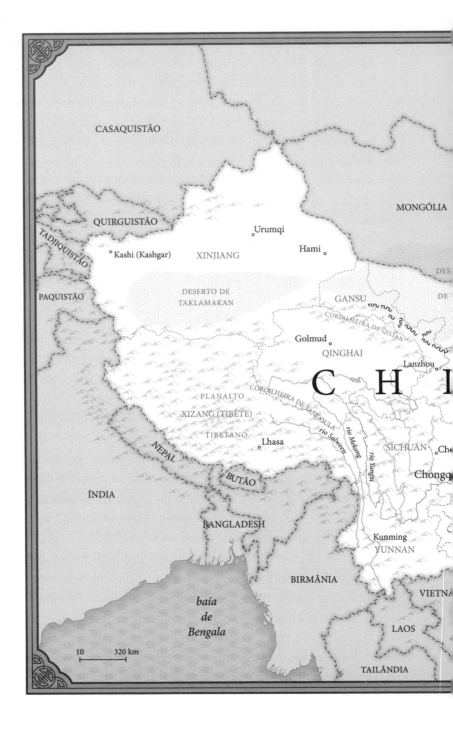

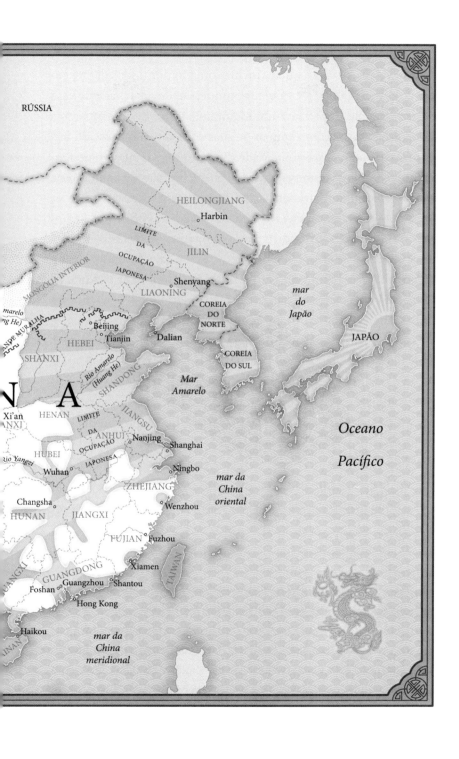

de de viajar, via-se frequentemente tomado por ondas de introspecção e nostalgia. De qualquer modo, ele devia achar que essa extravagância emprestava um requintado senso de romantismo a seus escritos, embora algumas de suas comparações pareçam improváveis: ao comparar a cidade de Kunming ao vilarejo de Duxford, equiparava uma cidade de quase 1 milhão de habitantes a uma comunidade rural de não mais de sessenta.

Anotou com minúcia as impressões de suas primeiras 36 horas na China, em cartas dirigidas a Margaret Mead e a Gwei-djen, nos Estados Unidos, e a Dorothy — que estava trabalhando no laboratório de bioquímica em Cambridge. Contou às três que tinha saído para um passeio naquela primeira noite — as montanhas que se avistavam em qualquer ponto do horizonte pareciam-lhe semelhantes às do oeste da Escócia — e que estava encantado com a receptividade de todos os que conhecia. As pessoas sorriam para ele na rua. Os jardineiros, "usando seus gorrinhos mongóis", eram todos "amáveis". A sentinela no portão da Universidade de Yunnan podia portar um fuzil com baioneta calada, mas ficava "feliz por dar atenção às pessoas". E ele próprio estava encantado pela oportunidade de observar um círculo de cerca de cem soldados sentados num gramado assistindo a dois deles que praticavam kickboxing ao som de uma flautinha de bambu:

Enquanto escrevo, há muitas nesgas de céu azul. Tudo parece estranhamente familiar (por eu ter pensado na China por tanto tempo), mas também um sonho — por exemplo, o velho jardineiro chinês de casaco e calça azuis surrados e uma barba branca rala que vagueia fumando um desses longos cachimbos de fornilho diminuto [...] e um gorro mongol, praticando de tempos em tempos elaboradas técnicas de enxertia nas ameixeiras.

É claro que ele parou para olhar esse velho jardineiro, e não somente por causa da aparência exótica do homem. Tinha percebido que, se seguisse o mais de perto possível a maneira pela qual o homem cortava, amarrava e enxertava a ameixeira, estaria testemunhando uma coisa muito importante. Estava vendo uma prática — a aplicação de uma técnica, uma arte, uma ciência — que era muitíssimo diferente da prática de técnicas equivalentes que ele lembrava de seu país.

Mais tarde, lembrou-se de seu pai trabalhando na única macieira que havia no quintal da casa da família em Londres — fechando os olhos, podia ver o que o pai fazia num dia de verão há muito tempo, quando ele ainda era uma criança, tentando enxertar essa árvore para que ela ficasse mais forte e desse mais frutos. Quanto mais ele recordava, mais lhe parecia que o que seu pai fizera era totalmente diferente do que o jardineiro chinês estava fazendo em Kunming. Talvez a diferença se devesse apenas ao fato de a árvore de sua casa ser uma macieira, e esta uma ameixeira. Mas ele duvidava. Muito provavelmente era porque *na China as coisas são feitas de outro modo.*

Um outro pensamento assaltou-o. Talvez os chineses não só fizessem os enxertos de outra forma, como podiam ter feito essa forma particular de enxerto muito antes que qualquer pessoa na Europa fizesse algo parecido. Talvez a técnica desse velho fosse antiga, de milhares de anos. Mais ainda: muito possivelmente, Needham poderia provar que ela datava de milhares de anos pesquisando em velhos livros chineses de botânica — que agora, com certeza, ele era capaz de ler com facilidade. Poderia reunir algumas referências ao enxerto de árvores frutíferas em tempos remotos e compará-las com textos publicados em inglês sobre jardinagem.

Ele então escreveu a lápis uma breve nota sobre a natureza exata dessa técnica de jardinagem e um lembrete para verificar textos antigos. Essa anotação é historicamente importante — representa a primeira informação que Joseph Needham registrou com a intenção específica de um dia aproveitar no livro que pensava escrever. Se essa técnica de jardinagem era diferente, talvez ele tivesse descoberto uma informação essencial mostrando que a horticultura chinesa era muito mais antiga do que qualquer ocidental poderia supor.

Lembrou-se de ter lido uma vez, em Cambridge, um tratado do missionário americano S. Wells Williams* que declarava taxativamente: "A botânica, no sentido científico da palavra, é totalmente desconhecida na China". Tal afirmação, escreveria Needham mais tarde, "só poderia ter sido feita por alguém de uma geração totalmente ignorante sobre a história e a pré-história da ciência". Needham sentiu que precisava escrever seu novo livro em grande parte para superar essa ignorância e para livrar o mundo ocidental de preconceitos contra os chineses baseados numa absoluta falta de conhecimento e entendimento. Em algum momento um livro seria publicado, e então observações como essa, e grande número de outras que ele agora sabia que faria — tratava-se apenas de seu primeiro dia na China, e ele provavelmente já podia se atribuir uma descoberta —, decerto seriam incluídas.**

Além disso, o que Needham descobriu e planejou ao contemplar o jardineiro — observando sua singularidade peculiar-

---

* Samuel Wells Williams, nova-iorquino fascinado pelo Oriente, foi o intérprete que em 1853 viajou ao Japão com o almirante Perry, o americano que ajudou a promover o fim do xogunato, a restauração do império e o começo da modernização do Japão.

** Essa, efetivamente, foi. Na página 107 de *Science and civilisation in China*, volume vi, parte i, *Botany* [Botânica], aparece a primeira de muitas referências a técnicas de enxertia, que começa com uma descrição do século xiii de como um jardineiro chinês enxertaria uma laranjeira.

mente chinesa, anotando os detalhes de sua arte, pesquisando a literatura chinesa antiga sobre o assunto e comparando esses textos com a literatura similar do resto do mundo — foi uma técnica de pesquisa que poderia aplicar com igual propriedade a qualquer tema. Tudo o que ele estava prestes a ver — como um agricultor chinês arava a terra, como se construía uma ponte chinesa, como se fundia o ferro na China, que remédios um médico chinês receitava, que tipos de pipas podiam ser vistas num parque chinês, como era um canhão chinês, como se faziam represas, tijolos, medas de feno ou arreios — seria útil para seus fins. Ele poderia ver e anotar essas coisas enquanto desempenhava suas tarefas oficiais para o governo britânico. Em todo caso, haveria muitas coincidências entre seus deveres oficiais de ajuda às universidades chinesas sitiadas e sua pesquisa pessoal. Ele poderia passar todos os dias olhando, procurando, anotando; poderia passar todas as noites lendo; examinaria a literatura estrangeira quando voltasse para casa — e então, talvez, bem poderia haver material suficiente para um livro.

Assim, antes mesmo de chegar a seu destino final, Chongqing, a capital do país, onde se localizava seu alojamento — a embaixada britânica —, ele foi tomado de uma fúria inquisitorial. Sua experiência ao observar o jardineiro convenceu-o de que deveria aproveitar os poucos dias de descanso em Kunming para esquadrinhar a cidade e seus arredores em busca de ideias — e descobriu-as em abundância, bem como muitas coisas que o pasmaram em áreas da tecnologia ao mesmo tempo prosaicas e complexas. Os chineses, como ele continuava descobrindo, tinham a mais longa história de invenção, criação e geração de novas ideias que se podia imaginar.

Ele encontrou e esboçou, por exemplo, uma draga de nora com a qual cules — palavra dele — extraíam a água manualmente de uma vala profunda. Descobriu um citologista local e discutiu com ele o que sabia sobre pesquisa celular britânica. Desceu a grutas subterrâneas onde encontrou reunidos, para sua surpresa, instrumentos e balanças de precisão em profusão, a salvo das bombas, com homens de jaleco branco titulando, calibrando e pesando pacientemente, usando lentes Zeiss e balanças Griffin and Tatlock, dezenas de metros abaixo da superfície. Ficou ainda mais perplexo ao descobrir que os cientistas chineses tinham uma inexplicável capacidade de improvisação: mesmo nos "arredores arborizados" de Yunnan, alguns estudantes do laboratório de física dos cristais estavam construindo suas próprias válvulas de rádio, enquanto outros usavam cristais de quartzo como receptores. E, talvez o mais surpreendente de tudo, os técnicos de um dos prédios da física estavam produzindo seus próprios microscópios e telescópios, polindo lentes e dando-lhes a forma correta a partir de blocos de vidro óptico bruto.

Num outro dia em Kunming, Needham, a seu pedido, recebeu uma história da matemática chinesa dada pelo dr. Hua, homem cujo brilho induziu-o a chamá-lo de "Ramanujan chinês" — até o momento constrangedor em que ele descobriu que o dr. Hua, da mesma forma que o lendário acadêmico indiano, tinha trabalhado em Cambridge junto de G. H. Hardy, o mundialmente famoso professor de matemática do Trinity, e que os dois se conheciam bem.

Visitou um laboratório que pesquisava drogas contra a malária e contra a disenteria, passou toda a hora do almoço ouvindo exposições sobre "hormônios do crescimento das plantas, osciloscópios de raios catódicos, respiração dos óvulos e o que mais você quiser". Naquela mesma noite, deu uma palestra sobre o que sabia acerca da história da ciência chinesa, e mais tarde anotou, com evidente satisfação, "a aparência extraordinariamente boa dos chineses [...], principalmente quando estavam sentados ao redor da lareira. Gosto de suas becas longas, que dão à cena um ar monástico, e eles põem as mãos nas mangas de uma maneira serena que é ótima".

Já no dia seguinte ele resolveu encomendar uma beca de acadêmico feita sob medida. Os alfaiates locais tinham tido raras oportunidades de costurar para um *lao wai*, um estrangeiro, e ficaram assombrados com a altura de Needham, que era no mínimo trinta centímetros mais alto do que o cliente chinês médio. Escolheu seda azul, com forro de algodão preto, e uma seda pesada de azul mais claro para detalhes e punhos enormes nas extremidades das mangas largas onde ele poderia esconder as mãos, como vira comerciantes chineses fazendo. As cores que ele escolhera representavam a academia e a reflexão, dissera-lhe o alfaiate.

Ficou fascinado por todo aquele processo que durou dois dias — não apenas pelo misterioso sistema de medidas ainda usado pelos alfaiates chineses (e que os mais velhos continuam usando até hoje), com unidades como o *duan*, o *cun*, o *chi* e o *zhang*. Eles calculavam a quantidade de seda necessária e o custo dela — primeiro com um ábaco de bolso e depois, para confirmar, numa máquina de mesa, um venerável instrumento de pesados esferoides de teca com armação e gastas de latão, que sob os dedos agilíssimos do auxiliar zumbiam como o mecanismo de um relógio.

Needham estava hipnotizado. Ali, de novo, estava um exemplo brilhante de invento chinês que, imaginava ele, provavelmente precedia qualquer máquina de calcular feita no Ocidente. Ele desenhou a máquina na loja do alfaiate: compunha-se de doze varas, cada uma delas dividida em duas partes por uma barra, a parte inferior maior que a superior, com duas bolas achatadas de teca em cada parte superior, cinco em cada parte inferior, tudo preso a uma armação de teca. O nome chinês para o conjunto era *suan pan*, "tábua de calcular"; *wu zhu suan pan*, "tábua de cinco bolas". A ideia, acrescentou o dono da loja, era provavelmente tão antiga quanto as montanhas.

Logo depois de sua chegada à China, Needham encomendou a um alfaiate local uma túnica de acadêmico, de seda azul com punhos azul-claros. Em 1946 ela exibia os efeitos do desconforto de suas viagens.

Exatamente o quão antiga era a coisa Needham determinaria mais tarde — por meio de um paciente trabalho de detetive, descobriria que o ábaco não só era muito mais antigo do que qualquer outro instrumento de cálculo feito no Ocidente (geralmente, credita-se a Blaise Pascal a construção do primeiro deles, uma máquina inventada em 1642, quando ele tinha 21 anos) como era muito mais antigo do que supunham os especialistas. Estudiosos da ciência chinesa que trabalhavam no Ocidente haviam concluído, a partir de documentos — principalmente uma ilustração encontrada num livro datado de 1436 d. C. — que o ábaco foi um invento do século XV. Mas não era assim, afirmou Needham, depois de escarafunchar mais um pouco: um tratado escrito mais de mil anos antes, em 190 d. C. ou 570 d. C., fazia referência a um instrumento de cálculo cujo nome podia ser traduzido como "aritmética de bola". Alguns dias mais de trabalho de detetive traziam à luz uma descrição completa, feita por um comentarista chamado Chen Lun, de um aparelho composto "de um quadro entalhado com três divisões horizontais, a superior e a inferior para sustentar as bolas deslizantes e a do meio para fixar o dígito".

Em outras palavras, poucos dias depois de sua chegada a Kunming, Needham estava fazendo descobertas sobre a China que poucas pessoas — chineses ou estrangeiros — tinham conseguido fazer antes. Em consequência disso, ele se tornava cada vez mais determinado. Com nada mais que uma breve investigação, ele — um bioquímico! um diletante! — estava encontrando coisas sobre a China que os próprios chineses ignoravam, e que nem mesmo os mais reverenciados membros do reduzido *corps d'élite* de especialistas em China no Ocidente conheciam. Por tudo isso, estava chegando à firme convicção de que o livro sobre o qual ele e Gwei-djen tinham falado tantas vezes merecia realmente tornar-se mais do que uma vaga ideia. Ele tinha de ser escrito, e por nenhuma outra razão além de estabelecer de uma vez por todas uma reputação justa e adequada para a China.

Para isso, havia um longo caminho a percorrer. Mas parecia desde então que nada do que Needham pudesse ver, ouvir ou ler nos anos seguintes seria desperdiçado. A antiga máxima de seu pai, sempre repetida e citada aqui mais uma vez — "Nenhum saber deve ser desperdiçado ou desprezado" —, tinha, obviamente, permanecido com ele.

E havia outra coisa: se ele tinha começado a se apaixonar pela China quando ainda estava em Cambridge, agora já não restava dúvida sobre seus sentimentos. A breve estada entre as montanhas no oeste de Yunnan tinha cativado Joseph Needham por completo, irremediavelmente.

Perto do fim de março, Needham finalmente chegou a Chongqing, capital da China, onde seu trabalho começaria de verdade. O fato de ser escoltado pelo mesmo emissário do rei, Pratt, que o recebera no aeroporto um mês antes, dava uma medida da importância que ele tinha para o governo inglês. Os membros do Corpo de Emissários, em geral, têm como função levar pessoalmente documentos secretos às embaixadas britânicas no mundo inteiro; é muito raro que sejam encarregados de garantir a segurança de pessoas de crucial importância em trânsito.

Mas Needham era um homem de importância crucial — tinha sido mandado por Winston Churchill. Assim, foi Pratt quem, em 21 de março, acompanhou-o na viagem sacolejante de três horas; foi Pratt quem observou, nervoso, o pouso do avião num banco de areia do Yangzi, que em tempos de guerra era o principal aeródromo da cidade; e foi Pratt quem, depois de atravessar a ponte oscilante de pontões até a margem, escalou os famosos 480 degraus de granito, entre a multidão de *ban-ban* rivais, os carregadores com varas de bambu nos ombros, ansiosos por clientes, até o lugar onde os carros da embaixada esperavam. O emissário, que como todos os demais integrantes da corporação era um antigo oficial das Forças Armadas, fez uma saudação formal, indicando que sua missão terminara; ao apertar a mão do adido da embaixada que o esperava, o conselheiro Joseph Needham tornava-se, formalmente, membro da missão diplomática britânica na China.

A embaixada pareceu-lhe um santuário acolhedor, embora muito menos grandiosa do que a maioria das outras legações britânicas que ele visitara em todo o mundo. Não havia ali pilastras de mármore com cariátides, nem candelabros dourados; a embaixada era um grupo de edifícios compridos e estreitos, caindo aos pedaços, com uma confusão de desníveis, construídos em terraços numa encosta íngreme da margem direita do Yangzi. No meio estava o edifício da chancelaria, até certo ponto imponente, com o portão de entrada de carros de praxe e um mastro, tendo atrás salas que levavam a cavernas escavadas na encosta, para o caso de ataque aéreo. A outra meia dúzia de prédios onde trabalhavam os funcionários subalternos, ligados entre si e ao prédio principal por uma rede de escadarias íngremes que levavam até o bosque, tinha aspecto de coisa provisória e ordinária, todos de ripas, gesso e cortinas de bambu. Era como se um barracão temporário erguido pelo Ministério de Obras Públicas para o pagamento de seguro-desemprego em algum subúrbio cinzento na Inglaterra tivesse sido mandado para a China por engano.

Os visitantes ficavam consternados com a decadência: placas de gesso tinham se desprendido das paredes, deixando exposto o trançado de bambu. Alguns prédios se achavam assustadoramente inclinados, sobretudo os que estavam dependurados no topo de encostas que, em rápido processo de erosão, se esfarelavam sobre a margem do rio. Além do mais, a umidade pela qual Chongqing é famosa tinha levado o caos ao material que estava dentro dos escritórios, cobrindo com um limo esverdeado sapatos e pastas de couro, capas de máquinas de escrever e o gesso das paredes. Felizmente, esse mofo desaparecia assim que o tempo esquentava, embora ali não houvesse luxos como ar-condicionado, a eletricidade para os ventiladores fosse incerta e o conforto quase nunca estivesse na ordem do dia. Os jardins da embaixada abrigavam algumas flores estranhas, algumas delas muito perfumadas, com as quais, Needham soube mais tarde, as crianças faziam ramalhetes e os vendiam às vezes por um yuan, para que no verão os homens disfarçassem o cheiro de suor (que nos ocidentais era como de carne cozida, reclamavam os chineses).

O embaixador, sir Horace Seymour, diplomata de carreira da velha escola, chegara à China vindo de Teerã, onde fora ministro do governo britânico. Needham descrevia-o como discreto — na verdade, "tão tímido que recorre a uma espécie de murmúrio para evitar que você ouça o que ele diz". Acabava de encerrar a que talvez tenha sido a missão mais importante de sua carreira: poucas semanas antes, em 11 de janeiro, assinara um documento pelo qual a Grã-Bretanha renunciava a todas as suas reivindicações territoriais na China (com exceção de Hong Kong) e abolia todos os direitos advindos do curioso conceito de extraterritorialidade.* Por tudo isso, Seymour era uma figura muito popular, vista na capital como o homem que tinha devolvido à China sua herança

---

* Esse princípio permitia que os cidadãos de certas potências imperiais estrangeiras — entre as quais Grã-Bretanha, França, Itália e Estados Unidos — ficassem submetidos apenas ao sistema judiciário de seus próprios países enquanto vivessem e trabalhassem na China. Os navios britânicos em operação no Yangzi, por exemplo, estavam sujeitos não à lei chinesa, mas às mesmas leis que vigoravam no Tâmisa ou no canal de Bristol. Um americano acusado de agressão num bar em Shanghai devia ser julgado por um tribunal americano, já que a justiça chinesa era considerada peculiar e adequada apenas a cidadãos chineses.

de direito. Vivia no alto de uma colina com vista para a cidade, numa grande mansão emprestada aos britânicos por Chiang Kai-shek, o generalíssimo. A localização era espetacular: viam-se tanto o Yangzi quanto o Jialing das janelas da sala de estar; e, da sala de jantar, as magníficas montanhas de Yunnan, azuis e enevoadas, podiam ser vistas à distância.

Needham passou sua segunda noite em Chongqing nesse lugar, numa atmosfera acolhedora como a de Tunbridge Wells, com sofás de chintz e cortinas de cretone rosa-velho, porcelana Doulton com bordas de ouro e o brasão real, retratos do rei George VI e da rainha Elizabeth em molduras de prata. No entanto, não estava presente nenhuma lady Seymour: ela preferira esperar o fim da guerra em Wiltshire. Mas Needham conheceu um dos mais animados personagens da diplomacia britânica, o extrovertido e enigmático explorador-agente especial sir Eric Teichman, que estivera no Caius College de Needham, e em 1903 ganhara um Blue* em *steeplechase*.

Teichman tinha sido convidado a fim de explicar a Needham os perigos de viajar a pontos remotos da China. Poucos estariam mais qualificados para isso. Como outros luminares da Ásia central da virada do século, homens como Aurel Stein, Sven Hedin e sir Francis Younghusband, Teichman era um viajante de imensa habilidade e muita coragem. Em 1935, apesar de uma grave artrite e das sequelas de um acidente de equitação na juventude, viaja-

---

* Ganhar um prêmio Blue em Cambridge — numa competição contra Oxford em qualquer esporte — era visto como uma qualificação tão importante quanto uma graduação acadêmica. George Hogg, especialista em China, manifestou sua surpresa ao descobrir que "um Double Blue era uma qualificação necessária para conseguir os melhores postos nas colônias, enquanto ter duas cores em jogos universitários (o *squash* era aceito como um deles) habilitavam para o Indian Civil Service". Um Blue de Oxford, concedido a esportistas que competiam contra Cambridge, teria com certeza o mesmo valor.

ra milhares de quilômetros de caminhão pela bacia do Tarim até a cidade mercantil de Kashgar, no extremo oeste da China, prosseguira de pônei e a pé até Gilgit, através das cordilheiras de Pamirs e Karakoram, para finalmente chegar a Nova Delhi. Ele dizia que essa viagem tinha sido seu canto do cisne como viajante na Ásia, porque fora a última, a mais longa e a mais ambiciosa de suas expedições solitárias. Ele vivia fazendo esse tipo de coisa, desaparecendo em "missões especiais" e "viagens de averiguação" naquele ameaçador recanto do planeta, desde antes da Grande Guerra.

Os conselhos que ele deu naquela noite foram inestimáveis, como constataria Needham durante as viagens épicas que posteriormente faria pela China. E Needham ficou profundamente impressionado — tanto pelas esquisitices de Teichman quanto por sua oferta de ajuda. Teichman, escreveu ele numa carta a Dorothy, "é muito curvado, tem uma cara que lembra E. M. Forster, [e] emite uma voz que parece uma espécie de campainha desagradável, extremamente definida, clara e fácil de imitar".

Acabado o jantar e cumpridas as formalidades sociais,* Needham procurou imediatamente seu escritório, reuniu o pessoal designado para auxiliá-lo e lançou-se ao trabalho. No início, quase todas as suas tarefas estavam relacionadas a obrigações oficiais para com o Escritório Sino-Britânico de Cooperação Científica, do qual ele era diretor, instalado num minúsculo edifício pré-fabricado no alto da margem do rio. Contava apenas com a assis-

---

* Um dos outros convidados, com quem ele dividiria seus aposentos por algum tempo, era o brilhante sinólogo e romancista holandês Robert van Gulik, que estava em Chongqing como conselheiro da embaixada dos Países Baixos. Seu passaporte para a fama foi uma série de romances policiais baseados nas aventuras de um magistrado do século VII, o juiz Dee. Needham e Van Gulik tornaram-se muito amigos, com um relacionamento cimentado pela inteligência de ambos e pelo interesse comum por temas eróticos.

tência de um motorista, uma secretária indiana em tempo parcial e um homem mais velho com responsabilidades indefinidas. A organização cresceria, e bastante, mas no início Needham e os outros três faziam todo o trabalho.

E o trabalho, ao menos nos primeiros dias, foi árduo. Na Páscoa, Needham se queixou com seu diário, de forma até certo ponto tolerante, tanto do porte da tarefa que o esperava quanto das condições práticas exigidas para desempenhá-la na cidade ainda sitiada. Por exemplo, enquanto outras pessoas descansavam na madrugada da segunda-feira após a Páscoa, que era um feriado, Needham ainda nem tinha ido para a cama: estava de pé, escrevendo em seu diário — em parte para se livrar da frustração que o oprimia, em parte para traçar um quadro dos deveres que tinha de cumprir.

No sábado anterior, escreveu ele, tinha tido uma "exaustiva" entrevista de duas horas com o ministro da guerra da China, e depois precisara voltar ao escritório para escrever cartas dirigidas a diversas organizações — uma delas, a Potteries Trade Research Association, da Inglaterra — e várias outras para endereços situados na China. Mais tarde saiu para jantar com "pessoal da área médica"; voltou e trabalhou até depois da meia-noite; depois dormiu intermitentemente até o momento em que, na manhã seguinte bem cedo, o domingo de Páscoa (data não celebrada pelos chineses),

recebi um recado dizendo que o secretário do vice-diretor da Comissão Nacional de Recursos telefonou, mas ele teve de esperar que eu me vestisse. Mal tinha tomado o café quando fui chamado para uma reunião de duas horas com o embaixador sobre a situação do combate à malária, o que incluía pretensões de vários tipos de escroques do comércio, de nacionalidades diversas. Na volta, ansioso para fazer alguma coisa, encontrei pilhas de cartas esperando [...]

O serviço telefônico é muito precário, e o de carros também. Assim, cinco minutos antes de um encontro importante com algum ministro, vou ao estacionamento com minha *paizi*, ou ficha de madeira, que indica que posso usar um carro da chancelaria, só para saber que sir Eric Teichman ou outra pessoa saiu com ele, com *paizi* ou sem *paizi*; volto para passar uma descompostura em Blofeld em seu escritório, ele sai correndo para implorar um carro no escritório do adido militar ou da Força Aérea, mas, quando conseguimos, vemos que um pneu está vazio, ou o motorista não está, ou que acabou a gasolina, ou que está abastecido com álcool de melaço e por isso enguiça nas subidas.

Chongqing é uma cidade que se caracteriza por suas colinas. Eleva-se como a proa de um navio, uma grande pirâmide em que se misturam pedras e seres humanos, no ponto de encontro de dois dos maiores rios da China, o Yangzi e o Jialing. Embora a 2500 quilômetros do oceano, o Yangzi é imenso nesse lugar — seu curso é uma grande mortalha cinzenta, coalhada de juncos a vela, com quatrocentos metros de largura em alguns pontos, ora agitado pela correnteza, ora calmo e límpido, que desce rumoroso e imperturbável das montanhas tibetanas até o lugar onde se aquieta, em Chongqing, cheio de barro, em seu curso através da grande Bacia Vermelha da área central de Sichuan.

A confluência de dois cursos de água gigantescos quase sempre propicia um lugar favorável para a construção de uma cidade; assim, compreende-se que Chongqing seja tão antiga, fundada no século IV a. C., e tenha sido uma das maiores cidades do interior do país durante pelo menos mil anos. Desde o começo da década de 1890, os estrangeiros foram autorizados a se radicar em Chongqing — que foi a primeira cidade do interior da China a ser obrigada por um tratado a fazer concessões a diplomatas e comerciantes. A maior parte deles gostava do lugar — era sempre animado; o povo era apaixonado e divertido; a comida era saborosa; as mulheres eram as mais bonitas do país, segundo diziam (exceto os que defendiam essa prerrogativa para Suzhou, no leste). O principal problema era o clima: Chongqing é uma das três "grandes fornalhas" da China, extremamente quente de abril a novembro, com seu ar pesado como algodão felpudo, espesso e irrespirável.

No começo da primavera de 1943, o clima não era a principal preocupação. A ruína e a depredação causadas por dois anos de bombardeios japoneses quase ininterruptos tinha massacrado a cidade quase até a morte, e só agora ela lutava penosamente para voltar à vida, com as pessoas emergindo de seus abrigos subterrâneos, piscando, para a claridade enfumaçada. Entre 1939 e 1941 houve não menos que 268 bombardeios, a maior parte do centro da cidade tinha sido arrasada por incêndios e milhares de pessoas tinham morrido — mais de 4 mil numa única incursão aérea de três dias, bem no início da campanha japonesa.

Os chineses se comportaram com memorável estoicismo durante o bombardeio — que foi comprovadamente mais prolongado e aterrador que qualquer outro ataque aéreo da história, contra qualquer cidade. Robert Payne, escritor e professor que se tornou amigo de Needham na China — e teve uma breve participação numa de suas grandes expedições —, conversou em 1943 com um velho professor chinês que conseguiu pôr a campanha em termos que haveriam de agradar a Needham. Payne discutia os bombardeios aéreos americanos contra Tóquio no ano anterior, aprovando-os implicitamente, e o sábio chinês balançava a cabeça de uma forma que Payne entendeu como assentimento irrestrito. Só depois que o homem começou a falar ele se lembrou,

> pela milésima vez desde que cheguei à China, de que quando um homem balança a cabeça pode estar expressando, na verdade, *a*

mais profunda discordância. "Eu estava em Chongqing durante o bombardeio", disse ele. "Eu não gostaria que os japoneses tivessem o mesmo destino. Nada é tão terrível, nada é mais desumano, nada é tão revoltante para a alma quanto um bombardeio. A alma não pode sofrer em paz depois de tal indignidade. Só agora, dois anos depois, eu consigo pensar friamente no que aconteceu, e agradeço a Deus que a China, durante séculos, tenha se recusado a aceitar coisas assim. Os chineses sabiam tudo sobre gases venenosos há quinze séculos; nós inventamos um aeroplano, e com muita justiça executamos o inventor; somos a única nação que sempre acreditou na paz. Não tenho ódio dos japoneses, que mataram meus pais e meus irmãos. Tenho piedade, mas temo que não seja a piedade cristã — é a piedade que queima."

Conversas como essa fascinavam Needham, e, como acontecera com o enxerto da ameixeira e o uso do ábaco, ele anotou entusiasticamente os detalhes. Mas o que lhe despertou o interesse não foi o fato de os chineses terem ou não piedade dos japoneses, ou seus pontos de vista sobre a suposta indignidade dos bombardeios. Foi o que o velho disse sobre um chinês ter criado um aeroplano e outros cientistas chineses conhecerem tudo sobre gases venenosos — essas duas pérolas de informação, dois "primeiros" chineses, se fossem provados, entrariam nas notas que ele estava preparando, e figurariam em seus apontamentos como uma simples observação: "Pesquisar isto mais a fundo".

A missão, que oficialmente ocuparia os próximos quatro anos da vida de Needham, foi definida em todos os seus aspectos pela dinâmica da guerra que avassalava a China inteira. Quando ele chegou a Chongqing, o conflito já estava num incômodo impasse, e a aritmética apontava sem dó nem piedade para uma conclusão: o Japão ia perder.

Tudo mudou depois dos ataques de dezembro de 1941 a Pearl Harbor, Hong Kong e Cingapura, quando o governo chinês por fim declarou-se oficialmente em guerra contra os exércitos invasores de Tóquio. Os frios analistas militares aliados concluíram sem demora que, em consequência disso, o desfecho seria inevitável: no que se referia aos chineses, o Japão tinha embarcado numa guerra que, por uma razão muito simples — o imenso tamanho da China — era absolutamente invencível. Com 6500 quilômetros entre Shanghai e Kashgar e 5 mil entre a ilha Hainan e o deserto de Gobi, ela parecia uma esponja imensa e amorfa para qualquer exército invasor: podia absorver, envolver e sufocar quantidades sem fim de homens e materiais e, não obstante, permanecer saudável, íntegra, incólume.

Anos depois, Joseph Needham fez comentários sobre isso. Era visível que o conflito tinha chegado a um ponto, disse ele, em que Tóquio tinha chegado à mesma conclusão, tão simples: depois de disputar e conquistar qualquer cidade ou vilarejo da China, seus comandantes precisariam deixar para trás tropas que vigiassem pontes, canais e outros lugares taticamente importantes:

E você faz ideia de quantas pontes e canais existem na China? Você acha que Tóquio já pensou sobre isso? Incontáveis milhares. Seriam necessários mais homens do que os que o Japão tinha em seu Exército inteiro. O fato é que a China é simplesmente grande demais e complexa demais para que qualquer outro povo do mundo possa chegar, dominá-la e assumir o controle. O Japão embarcara numa missão impossível, e em 1941 já tinha entendido isso.

No início da década de 1940, o governo nacionalista de Chongqing tinha decidido gastar menos tempo e esforço lutando contra os japoneses e deixar que só o tamanho da China exauris-se os invasores. Chiang Kai-shek escolhera deliberadamente o re-duto de Chongqing como capital, tendo em mente esse fato. Mes-mo que a China chegasse a perder quinze de suas dezoito províncias, disse ele uma vez, de forma memorável, "se ficarmos com Yunnan, Ghizou e Sichuan", onde fica Chongqing, "podere-mos derrotar qualquer inimigo, recuperar os territórios perdidos, restaurar nosso país e completar nossa revolução".

Havia mais uma razão para o otimismo de Chiang. Como os Aliados iam lutar contra o Japão nas outras frentes que se abriram desde o ataque dos japoneses a Pearl Harbor, Tóquio teria de reti-rar soldados de suas guarnições na China, enfraquecendo sua pre-sença e seu controle no país, reduzindo assim a possibilidade de que ele perdesse mais territórios. Dessa forma, a estratégia de con-tenção e sobrevivência tornou-se uma prioridade de Chiang Kai-shek — além de derrotar Mao Zedong, Zhou Enlai e seus con-tingentes comunistas, cujo poderio ideológico vinha crescendo firmemente nos quatro primeiros anos de guerra.

No entanto, persistia em Chongqing um grave problema pa-ra o governo — o abastecimento de gêneros de primeira necessi-dade, armas e munição.

Uma boa quantidade de suprimentos se escoava através dos 3 mil quilômetros da fronteira entre a China livre e a ocupada, com eventual participação de soldados japoneses no contraban-do. No entanto, desde que os japoneses tinham atacado e ocupa-do a porção norte da Indochina francesa, fora interrompida a principal ligação por trem entre Hanoi e Kunming — que tinha sido a tábua de salvação da China, usada para trazer da Índia grandes quantidades de suprimentos indispensáveis. As únicas rotas de abastecimento alternativas, imensamente difíceis, passa-vam pelas trilhas de caravanas da Rússia para os desertos de Xin-jiang, mas eram tidas como impraticáveis. A China e seu Exército, dessa forma, enfrentavam o risco iminente de morrer de inanição.

Numa tentativa de remediar essa situação, os Aliados construíram os lendários caminhos Rota da Birmânia e Rota de Ledo, cortando florestas quase impenetráveis entre a Índia e a China, numa das mais heroicas realizações de engenharia de todas as guerras. Organizaram também — o que é mais relevante para esta história — a ponte aérea sobre a Hump, pela qual Needham chegara à China em fevereiro e pela qual ele agora queria trazer material para sua missão oficial. Para isso, precisava de uma licença. Isso porque sua tarefa era bem peculiar. Os Aliados estavam preocupados, antes de mais nada, em manter o corpo da China vivo, alimentado e em boa forma, na medida do possível. Já os deveres de Needham diziam respeito à manutenção da saúde mental dos chineses — assegurando-se de que os maiores cérebros do mundo oriental, herdeiros da maior civilização do planeta, fossem alimentados e mantidos em boas condições de ânimo durante todas as provas impostas pela batalha. A missão oficial específica do Escritório Sino-Britânico de Cooperação Científica — mais tarde chamado simplesmente de sbsco [Sino-British Science Cooperation Office] — era proporcionar ajuda e estímulo à comunidade acadêmica da China. Ele tinha de "animá-los um pouco", como dissera Jimmy Crowther, do Conselho Britânico, em Londres. Deveria lembrar-lhes que não estavam sós, que o mundo pensava neles. Mas belas palavras não enchem barriga: o que eles realmente necessitavam, descobriu Needham assim que deu suas primeiras voltas pela cidade destruída, era de equipamentos — material de laboratório, livros de consulta e publicações científicas. As universidades da China livre precisavam saber o que estava acontecendo no mundo exterior e, uma vez informadas, precisavam retomar com firmeza suas próprias pesquisas. Essas considerações ocupavam a mente de Needham assim que ele se instalou em seu novo pouso.

Depois de fazer uma avaliação, ele verificou que a cidade não era absolutamente como imaginara. Escreveu:

Para começar, é um lugar extremamente extenso, que se alonga por vários quilômetros em diferentes pontos, de modo que há muito verde por toda parte, além de vozes de galos e galinhas até mesmo em pleno centro da cidade. Assim, tem certa semelhança com Torquay, pois faz lembrar sua terra avermelhada e algumas das construções, mas as montanhas são mais altas. [...] À noite, quando as luzes já estão apagadas e se ouve o apito dos vapores no rio (um som sempre presente, embora não tanto quanto em Nova York), dizem que o lugar se parece com Hong Kong. Parece também com Harpers Ferry, onde o rio Shenandoah se junta ao Potomac, e ressoam os apitos dos trens da B & O [...] mas o cenário aqui é em escala maior. Parece que a cidade não tem nenhuma arquitetura antiga e bela, e sim um amontoado de construções toscas levantadas depois que os bombardeios destruíram tudo o que havia antes.

Algumas pessoas poderiam pensar que Needham estava usando lentes cor-de-rosa, pois a maior parte dos visitantes de Chongqing durante a guerra, mesmo os que gostavam de seu clima de agitação e vivacidade, achavam-na muito menos agradável e terrivelmente suja. Tinha escadas encardidas, becos cobertos de limo escorregadio, fedor de esgoto, ratos do tamanho de cachorros pequenos,* montes de lixo caindo pelas encostas, crianças

---

* Os moradores antigos contavam que todos os ratos de Chongqing tinham a barriga vermelha; sempre que encontrados nos hotéis, eram expulsos por ajudantes de cozinha, que jogavam neles barris de água fervente. Isso os espantava, mas não os matava. No entanto, a água fervente na mesma hora fazia a barriga

doentes de escrófula, 1 milhão de pessoas amontoadas num espaço onde cabia um terço disso e um aglomerado de migrantes e refugiados de origens tão variadas que a comunicação era difícil, o comércio, malsucedido, e os serviços, quase impossíveis de conseguir. Além disso, o serviço telefônico era praticamente inexistente, o fornecimento de eletricidade sofria interrupções, não havia táxis e as condições de vida eram no máximo toleráveis. Isso era a China, isso era a guerra, e todos os que foram enviados para a capital tinham sido prevenidos de que o autocontrole era uma condição sine qua non, o estoicismo fazia parte do equipamento e o fatalismo combinava bem com o lugar.

Mas, pouco depois de sua chegada, Needham conseguiu dar uma escapada. No fim de maio, o embaixador pediu-lhe que fosse a Chengdu, capital da província de Sichuan, situada trezentos quilômetros a oeste, numa primeira missão para praticar a arte de distribuir bom humor. Ele esperou ansiosamente pela viagem — e uma das razões disso foi que um dos secretários da embaixada, percebendo sua preferência por coisas belas e jovens, escrevera-lhe sobre as mulheres atraentes que ele encontraria por lá. "Se o senhor gostar de ver uma linda moça, Lettice Huang [...] A srta. Kimmie Gao também é bonita. [...] Não tenha receio de procurá-la se quiser companhia feminina." Ele trocou as ruínas destroçadas de Chongqing pelos contrafortes de Chengdu quase que saltitante.

Seu caminho levou-o ao oeste, através dos campos e arrozais escalonados de Sichuan, até a cidade, nos contrafortes do platô tibetano. Hoje em dia, numa supervia contínua, a viagem leva me-

---

deles ficar bem rosada — fenômeno que dava aos ajudantes de cozinha a oportunidade de se divertir um bocado.

nos de três horas, mas na década de 1940 era uma jornada de três dias. No caminho, Needham notou, para sua grande satisfação, que podia novamente dar rédea solta a sua curiosidade acadêmica como tinha feito com tanta liberdade em Kunming. Desceu numa usina de álcool (onde conversou em alemão fluente com o gerente-geral, que tinha se especializado em Frankfurt), inspecionou as obras de uma salina, deu palestras em duas universidades e vasculhou lojas em busca de velhos livros — reuniu, em sua primeira expedição, um total de nove volumes antigos, incluindo tratados impossíveis de encontrar em qualquer biblioteca, quando estivesse de volta à Inglaterra, sobre a história da matemática e da astronomia na China, além de livros sobre taoismo e alquimia. Depois de examinar os livros, despachou-os pela mala diplomática semanal — o sistema postal exclusivo da embaixada — e eles se puseram a caminho de Cambridge para esperar a volta do dono.

Quando chegou a Changdu, a situação era exatamente aquela que o secretário da embaixada tinha descrito. Ele gostou imensamente de sua estada — em parte porque encontrou de fato belas mulheres. Exercitando as duas técnicas em que era mestre, a lisonja e a estonteante franqueza, que em pouco tempo ficariam conhecidas de suas inúmeras vítimas, ele flertou e, não raro, investiu. "Não posso deixar de dizer que você é uma pessoa encantadora!", escreveu ele a uma jovem, Zhu Jingying:

Fiquei muito impressionado quando a vi pela primeira vez no laboratório, e foi por isso que lhe pedi que viesse a minha festa esta noite, que com certeza transcorreu às mil maravilhas. Tenho uma boa intuição para as pessoas: sei como elas são no momento em que as vejo. Na festa fiquei mais seduzido do que nunca, pois você me pareceu uma mistura encantadora de seriedade e alegria, lembrando-me uma moça que conheci em Kunming e que fez um brinde a Li Po de uma maneira que nunca esquecerei. Tinha alguma coisa de tão brilhante, tão inteligente, e uma perspicácia rara numa mulher. Que também era agradável à vista. Uma bióloga polonesa (que depois se tornaria uma de minhas maiores e mais íntimas amigas) disse-me uma vez: *Je suis tout envahie de ton personalité*, e é mais ou menos isso o que agora sinto por você. Você não é uma pessoa comum.

A razão pela qual escrevo desta forma é porque em tempos de guerra a vida é tão imprevisível que pode ser que nunca mais nos vejamos: por isso eu quis que você soubesse da admiração que senti.

Não se preocupe em responder a esta carta. Espero, é claro, que me procure na embaixada britânica se estiver em Chongqing; eu a procurarei quando voltar aqui, em agosto.

Não há registro de um novo encontro dele com a srta. Zhu; nem há registro algum da reação dela a essa declaração. Nunca saberemos se a tomou como uma expressão de admiração sincera e inocente ou como uma carta de amor ardilosamente arquitetada.

Seja lá qual tenha sido a sorte daquele contato, um encontro muito mais significativo ocorreu durante a breve estada de Needham em Chengdu. Nessa sua primeira aventura no oeste, Joseph Needham conheceu o rapaz que seria seu secretário, confidente e companhia constante durante a maior parte de seus anos de viagem — e que produziria um volume inteiro de *Science and civilisation in China*, mais de meio século depois.

Era Huang Hsing-tsung, conhecido como H. T., que aos 23 anos trabalhava como professor de ciências numa escola técnica na periferia da cidade. Esteve lá durante dois anos, depois de ter a carreira dramaticamente interrompida.

Nascido em 1920 na comunidade chinesa de Malaca, no lito-

115

ral sul da península malaia, tinha frequentado a Universidade de Hong Kong e por ela se graduara em química. Pouco depois de formado, no entanto, soldados japoneses invadiram e passaram a controlar a minúscula colônia britânica — e em consequência disso Huan decidira fugir.

Primeiro ele embarcou clandestinamente num barco que subiria o rio Pearl. Depois disso, andando ou pedindo carona em carroças, conseguira chegar à indefinida terra de ninguém, sempre em mutação, que ficava entre a linha dos japoneses e a dos chineses nacionalistas. E então, depois de perambular e passar privações durante quase um ano, durante o qual tinha conseguido se manter sempre um passo adiante dos invasores, acabara na cidade de Changdu, no extremo oeste, onde encontrou uma relativa segurança. Havia se apresentado na escola local masculina mais próxima, chamada Baillie School, em homenagem a seu fundador escócio-americano. Nesse lugar, como ele era graduado, falava bem inglês e era sem dúvida um homem corajoso e de iniciativa, fora contratado quase que de imediato como professor.

Poucos meses mais tarde, recebera de surpresa uma carta de Chongqing — uma carta que chamava a atenção, como ele contou, sobretudo "por seus importantes selos e carimbos, um dos quais dizia 'Escritório Sino-Britânico de Cooperação Científica', emprestando-lhe um inquestionável ar de autoridade". Era de Needham, breve e direta. Ele precisava com urgência de um secretário.

O contato tinha sido feito por intermédio do escocês Gordon King, professor de obstetrícia em Hong Kong que tinha dado aulas para Huang, conhecia a excelente reputação acadêmica de Needham e agora estava na China. Ele havia passado por uma aventura de arrepiar, conduzindo mais de cem estudantes de Hong Kong através das linhas japonesas para uma das universidades de Shanghai que na ocasião funcionava em Chongqing, onde ele agora ensinava. Encontrou-se com Needham num evento da embaixada e, sabendo que este precisava de ajuda, falou-lhe imediatamente de Huang — um jovem brilhante, disse, que estava sendo muito mal aproveitado dando aulas para garotos numa escola de Chengdu. Seria bom que Needham pudesse usá-lo de alguma forma, disse King — talvez até mesmo como o secretário de que precisava.

Foi assim que, sem mais delongas, Needham escreveu a esse refugiado de quem se dizia que era muito inteligente. Ele sabia escrever à máquina? Sabia dirigir? Será que gostaria de viajar pela China durante algum tempo — na verdade, talvez por um longo tempo? Resumindo, ele gostaria de aceitar o trabalho? Needham estava indo para Chengdu — na verdade, já devia estar lá quando a carta chegasse. Ficaria hospedado com uma família chamada Luo. Será que no dia seguinte, ou depois, Huang poderia ir ao seu encontro?

A oferta, diria Huang, pareceu-lhe "tremendamente atraente". Ele não teve dúvidas. Foi para a casa dos Luo possuído de uma indiscreta afobação, chegou antes do café da manhã e perguntou pelo distinto visitante estrangeiro. Foi informado de que era cedo demais. Mas aí,

dez minutos depois, Needham apareceu. Usava uma larga túnica chinesa azul, tinha o cabelo um tanto despenteado, parecia grande e ameaçador, mas seu jeito se suavizou assim que ele começou a falar. Apresentei-me. Ele tirou de sua mesa um cartão em branco e começou a escrever meu nome em chinês. Depois de algumas tentativas, conseguiu escrever corretamente os três caracteres. Pegou a agenda, disse que estaria ocupado o dia todo, mas que poderia me ver na manhã seguinte.

No dia seguinte, num horário mais civilizado, Huang apareceu de novo, dessa vez para a entrevista propriamente dita. Estava nervoso. Embora a ideia de viajar pela China com um homem tão notável e interessante fosse altamente sedutora, a verdade é que ele não sabia escrever à máquina nem dirigir, e duvidava de que pudesse ser contratado. Além disso, quando chegou, outros dois estavam esperando.

Needham surgiu, dessa vez vestido com shorts e camisa cáqui militares — parecia de bom humor, mesmo porque tinha tomado o café da manhã.

Depois de uma espera que pareceu interminável, os visitantes foram embora e minha entrevista com Needham começou. Falei-lhe sobre minhas experiências, minha formação e meus interesses. Confessei que não sabia dirigir, mas minimizei o fato de minha datilografia ser sofrível. Por sorte, ele não parecia muito preocupado com essas questões. Falou sobre as circunstâncias que o tinham levado a interessar-se pela língua e pela cultura da China, a influência que seus jovens colegas chineses de Cambridge haviam exercido sobre ele, seu apreço pelas realizações dos cientistas chineses nas duras condições dos tempos de guerra e de seu esforço para estabelecer uma organização para ajudá-los a conseguir livros, revistas, equipamentos e materiais do exterior. Manifestou a esperança de que essa organização pudesse tornar-se pioneira de uma rede internacional de cooperação científica depois da guerra. Nisso passou-se uma hora.

Ele disse que o emprego era meu, se eu quisesse.

Em meados de maio, a embaixada confirmou Huang no posto, um emprego de sonho, com um bom salário e privilégios diplomáticos. Ele se demitiu da escola e preparou-se para se mudar para alojamentos permanentes em Chongqing. Mas as coisas não correram de forma tão simples. Needham, como talvez não pudesse deixar de fazer, sugeriu que eles voltassem juntos à capital por um caminho tão tortuoso e cientificamente interessante quanto possível. Seria um teste para as viagens mais ambiciosas que teriam pela frente. Trechos dos diários de ambos sobre os vinte dias de perambulação que se seguiram dão um exemplo da maneira como Needham tentava, sem descanso, extrair tudo o que pudesse de cada um dos achados que fez na China.

Assim, saíram de Chengdu pelo sul, e não pelo leste, pela rota mais direta. Primeiro desceram pela estrada ao vale do rio Min até chegar a Loushan, onde o Min se junta ao rio Dadu. Era uma cidade serrana como qualquer outra, a não ser pelo fato de abrigar temporariamente, em tempos de guerra, a Universidade de Wuhan, normalmente situada a mil quilômetros dali. Passaram cinco dias no lugar, visitando o departamento de física, instalado num velho pagode; as faculdades de arte e direito, num templo confucionista; uma estação de pesquisa florestal, em outro templo; e o único laboratório de microbiologia que existia então na China livre, em suas instalações de emergência num armazém situado a poucos quilômetros de Loushan. Nessa cidade, Needham conheceu um fisiologista especializado em plantas chamado Shi, que construía aparelhos de surpreendente complexidade com sucatas de metal. Needham qualificou Shi como muito "cambridgeano" — ao que tudo indica, um elogio.

Needham parecia sempre encantado com o talento dos chineses, pelo menos em tempos de guerra, para a improvisação, que teria sido um dos princípios de seu finado pai. Foi convidado pela BBC para dar uma palestra poucas semanas depois de voltar de viagem, e descreveu assim o que tinha achado:

Pode-se ver, por exemplo, uma unidade de carbonização para produção de carvão em que todos os tubos, torres de lavagem e partes metálicas tinham sido feitos de velhos tambores de gasolina. É possível encontrar uma usina de laminação de aço movida por um

119

motor resgatado de um barco a vapor, e um excelente alto-forno feito de placas de aço retiradas de vapores naufragados. Quando o laboratório de uma universidade carecia de elementos para seus aquecedores elétricos, eles davam um jeito usar a limalha obtida num arsenal próximo como substituto, e quando não conseguiam lâminas para o microscópio usavam tiras de mica natural.

Em Loushan, Needham deu duas palestras organizadas às pressas, uma delas seguida de um breve discurso em chinês, o primeiro de todos, que seus ouvintes disseram por cortesia que tinham entendido "bastante bem". Ofereceu também um jantar — um dos "prazerosos" deveres que Londres lhe havia encomendado — e disse que o achou ótimo, em parte por causa do bom vinho de laranja de Sichuan, em parte porque adorava receber e "*ganbei*rar" — brindar — a cada vez que era servido; mas principalmente por causa do grande número de mulheres que conseguiu reunir, muito mais que o habitual num jantar chinês. Para Needham — com a mulher em Cambridge e a amante em Nova York —, ver mulheres em penca era sempre um prazer, e a presença delas alegrava-o muitíssimo ao fim de um árduo dia de trabalho. Depois do jantar, ele levou todos os convivas, que àquela altura já tinham bebido bastante, para assistir a uma ópera de Sichuan, que, como ele mesmo diria depois, pareceu-lhe apreciável mas um pouco barulhenta demais e "extremamente carente de violinos".

Ele e H. T. rumaram para o sul em direção a Yibin, e pararam em diversos pontos do caminho para ver um Buda de 110 metros de altura entalhado na pedra, uma nova jazida de sal, uma usina de produção de etanol a partir de grãos, algo chamado unidade de carbonização de madeira a seco (sem mais explicações) e um mosteiro. Nesse lugar, onde almoçaram, foram apresentados a um grupo que incluía um "buda vivo", três monges tibetanos itinerantes que usavam túnicas marrom-avermelhadas, alguns monges chineses um tanto sisudos e vestidos de preto, e o embaixador australiano na China, sir Frederick Eggleston, que por acaso estava nas redondezas e com fome. Needham disse ter achado muito engraçado que uma comunidade tão austera fosse invadida de repente por um diplomata e um membro da Royal Society que eram o oposto disso, mas depois imaginou que os monges deviam ter ficado menos impressionados do que ele, encarando aquilo tudo com sua característica serenidade espiritual.

Mais tarde, naquele mesmo dia, Needham e Egglestone foram a uma casa de chá onde se sentaram ao sol e jogaram conversa fora sobre a beleza de sua situação. Podiam fazer isso com total segurança. Já iam longe os dias em que os estrangeiros eram submetidos às hostilidades e injúrias que caracterizaram os tempos dos Boxers: na década de 1940, os poucos *lao-wais* que viajavam pelo interior da China eram acolhidos com muita cordialidade, sendo o único inconveniente, como ainda hoje, eventuais e exageradas manifestações de apreço e curiosidade popular. Como Needham fazia questão de tratar todos os chineses que conhecia com a mesma solicitude cortês com que trataria seus colegas em Cambridge — ou talvez até com maior cerimônia, considerando a antiguidade daquela civilização —, ele sempre era tratado da mesma forma. Além disso, como faria notar a Eggleston numa conversa tão memorável que ele escreveria sobre ela cinquenta anos depois, havia poucos indícios de aspereza na condução dos assuntos chineses na vida civil cotidiana. As cidades chinesas podiam ser pobres, mas seus habitantes geralmente eram alegres e as pessoas tratavam de seus assuntos sabendo perfeitamente bem qual era sua posição na sociedade, sem nunca precisarem ser explicitamente lembradas disso ou advertidas a respeito. A burocracia estava profundamente entranhada em todos os aspectos da vida civil dos chineses e sustentava todos os aspectos de sua sociedade, evidentemente de forma pacífica:

Vendo o esgoto que corria a céu aberto pelo meio da rua, sir Frederick comentou como tudo aquilo era medieval, e acrescentou: "É como se um cavaleiro e seus soldados pudessem surgir a qualquer momento". Respondi que sim, com certeza, mas que não teria sido um cavaleiro e sim um funcionário civil, e os soldados estariam representados por servidores desarmados levando cartazes com seus títulos e dignidades. Isso não quer dizer que no último caso as imposições fossem menos coercitivas, como têm sido em todas as sociedades humanas, mas seriam coercitivas de uma maneira muito mais dissimulada pela burocracia chinesa.

Needham diria depois que em todos os lugares por onde viajou tinha visto paredes cobertas com uma inscrição que, no seu entender, resumia com precisão a atitude do povo chinês para com seu governo: "Que os Funcionários Celestiais Possam Conceder Paz e Abundância!". Era isso que os dois lados queriam. A autoridade estava lá, é claro, e às vezes podia ser extremamente cruel. Mas para a maior parte dos chineses a burocracia que a sustentava era uma entidade benevolente, composta de homens cuja sabedoria, posta à prova por exames, era aceita; cuja tendência à corrupção era mantida dentro de limites aceitáveis; e cujas intenções declaradas a favor do bem comum e do bem da nação eram geralmente tidas como dignas de crédito.

Faltavam mais cem quilômetros de estrada para chegar à cidade de Yibin, onde encontrariam o Yangzi e tomariam um barco de volta para casa. Em vez de continuar pela estrada esburacada e desconfortável, num rompante como os que mais tarde se tornariam muito conhecidos, Needham começou a achar que seria mais divertido e proveitoso ir a Yibin de barco. Persuadiu o professor Shi, o especialista em plantas "cambridgeano", que tinha seus contatos — o que na China se conhece como *guanxi* —, a chamar duas das lanchas normalmente usadas no transporte de sal pelo rio e contratá-las temporariamente para seu serviço pessoal.

Needham, Huang e um perplexo professor Shi eram os únicos passageiros, e a viagem rio abaixo foi emocionante. O Min já é um rio furioso em tempos normais, mas o início de junho, quando a neve das montanhas tibetanas derrete e começa a descer, era uma arriscada época de cheia. Enquanto Needham desenhava o formato da lancha (com três espaços — um para o sal, outro para os passageiros, um terceiro na popa para os donos — e um leme de cadaste de um tipo singular inventado pelos chineses), H. T. observava os homens remando. Eram quatro, e, como diria ele, ficavam na popa, dois de cada lado, "como os antigos egípcios", e usavam remos muito longos para ajudar o timoneiro a manter o equilíbrio do barco nas corredeiras. Cantavam energicamente ao remar, e o ritmo de seu canto lembrou a Needham os primeiros compassos da "Canção dos barqueiros do Volga". O capitão, que usava uma longa bata cinzenta e turbante branco, era parecido com Simbad, o Marujo, escreveria Needham depois.

A viagem até a confluência com o Yangzi, embora de uns cem quilômetros ou pouco mais, levou dois dias e foi, alternadamente, idílica e tenebrosa. O barco de apoio foi danificado pelas rochas e precisou ser consertado. Corredeiras, redemoinhos gigantescos e turbilhões apavoraram Needham, assim como a constante ameaça de bandidos que podiam subir clandestinamente a bordo misturados aos que pediam carona e lotavam o convés cada vez que o barco tinha de parar. Como se não bastasse, o tempo tornou-se inesperadamente frio e chuvoso, embora o verão estivesse pelo meio.

Com tudo isso, o professor Shi — um homem alto e magro com um amplo leque de interesses e conhecimentos — concluiu que o ânimo dos passageiros estava em baixa e que ele devia distraí-los. Como tinha uma espantosa memória para a poesia das dinastias Tang e Song, começou a recitar de cor estrofes que divertiriam qualquer pessoa — e que Needham de imediato traduziu.

Um dos poemas, alegre e picante, era sobre vinho, mulheres e bons momentos, embora Needham o tenha achado um tanto fraco em termos artísticos. Mas o outro, escrito pelo poeta Jiang Jie no século x, era de uma melancolia que, na tradução improvisada de Needham, se revelava perfeitamente adequada à aventura que estavam vivendo. Ele deu um jeito de verter o clássico para um inglês mais que aceitável, e o resultado é um lembrete significativo de sua progressiva destreza com a língua:

Quando era jovem, ouvindo as moças numa torre
Escutei o som da chuva,
Enquanto a vela vermelha ardia baçamente no ar úmido.
Na meia-idade, viajando de barco por um rio,
Escutei a chuva que caía e caía:
O rio era largo e as nuvens fluíam lá em cima;
Ouvi o grito solitário de um pato, trazido pelo vento oeste.
E agora numa cela de claustro ouço a chuva outra vez,
Meu cabelo está grisalho e ralo;
Tristeza e Felicidade, separação e reunião, tudo parece igual
Já não me dizem nada.
Que a chuva caia a noite toda na calçada deserta
Até que o dia amanheça.

Finalmente, chegaram a Yibin, uma pequena cidade encardida conhecida hoje pela destilaria que produz uma repugnante versão chinesa do uísque escocês. É lá que o rio Min deságua no Yangzi, num lugar que os marinheiros geralmente consideram o ponto de partida da navegação para o rio maior. Yibin fica a 3 mil quilômetros de Shanghai e do mar da China oriental; e o Yangzi acima da cidade se torna ameaçador, com cânions estreitos e escarpados e um curso rápido e violento. Pouquíssimos barcos de fundo chato levados por capitães corajosos ou audazes — ou ambas as coisas — se aventuram para além dos limites da cidade. Needham, prudentemente, instruiu seus barqueiros a virar os barcos bem para a esquerda ao entrar no Yangzi e se pôr a favor da corrente, rio abaixo.

Disseram adeus ao notável professor, que voltou a Loushan por terra, deixando atrás de si um atestado das maravilhas que permeiam a cultura chinesa: na calada da noite anterior, depois do recital de poesia, ele preparara dois rolos com os textos dos poemas que tinha recitado para seus companheiros, cada um deles escrito num estilo caligráfico adequado a seu espírito. Deixou também uma estrofe de sua lavra, que Needham, por algum motivo, traduziu ao estilo de Alexander Pope: "A natureza, nas árvores que vicejam, reconhecemos melhor e a fortuna de um homem pela ordem social conhecemos".*

"Muito cambridgeano", anotou Needham em seu diário uma vez mais, enquanto o professor Shi caminhava em direção ao ponto de ônibus. Shi era uma espécie de pessoa raríssima em qualquer parte do mundo, e que no entanto se encontra aqui e ali no interior da China. "Realmente, a China é um lugar extraordinário!", exclamou Needham, nem pela primeira nem pela última vez.

Huang e Needham tomaram então uma série de vapores para descer o Yangzi até Chongqing — e mesmo nessa viagem, curta e calma como devia ser (viajar pela parte navegável do Yangzi numa dessas tumultuadas barcas é para os chineses tão comum

---

* "Nature from growing trees we best discern/ And man's estate from social order learn." (N. T.)

quanto tomar um ônibus), Needham deu um jeito de extrair, do lugar-comum, uma boa seleção de pérolas.

Na cidadezinha de Lizhuang, por exemplo, descobriram um tesouro muito especial. Aninhada na cidade velha — uma área minúscula de quase 2 mil anos de idade, com templos clássicos e pagodes, casas com pátios internos e vielas estreitas, pavimentadas com curiosas pedras azuis, que conduziam ao rio — havia uma pequena universidade sino-germânica, cujos professores passaram a assediar Needham nem bem descobriram que falava a língua deles. (Havia um embriologista belga entre eles, e Needham causou uma impressão geral ainda maior ao conversar com ele, em francês, sobre a morfologia do embrião humano em desenvolvimento.)

Descobriu ainda em Lizhuang, de maneira totalmente inesperada, um Instituto de História, posto avançado da Academia Sinica — organização muito similar à Royal Society de Londres, ou à Academia de Ciências da Rússia —, cujas dependências estavam cheias das mais surpreendentes maravilhas. E, embora se possa dizer sem medo de errar que toda a experiência de Needham na China constituiu-se de uma série de epifanias, esse achado em particular foi de excepcional importância por duas razões.

A primeira pode ser depreendida do relato que consta em seu diário sobre esse dia inesquecível, 10 de junho de 1943.

É difícil acreditar nos tesouros que eles têm ali.

A seção de arqueologia tem uma porção de objetos de bronze e jade da cultura Han, mas a preciosidade são os famosos ossos oraculares da cultura Shang, das tumbas de Anyang (1300-1100 a. C.), que trazem as inscrições mais antigas. O papel de seda que o pessoal daqui usa para fazer decalques acabou, vou tentar conseguir um pouco na Índia para eles.

A seção de história tem um monte de tabuletas de bambu em que foram inscritos os clássicos na época de Confúcio, e também magníficos Arquivos Imperiais da primeira dinastia Qing, incluindo cartas aos jesuítas e decretos para o Tibete, além de um documento da corte chinesa indicando o xógum japonês para rei do país. A seção de linguística tem gravações gramofônicas de dialetos de todas as províncias. E por aí vai. As bibliotecas são maravilhosas — exemplares autênticos de livros da dinastia Song impressos com tipos móveis e coisas assim. [...]

Minhas muitas indagações sobre problemas relativos à história da ciência causaram uma comoção generalizada e vários membros do instituto se mobilizaram para desencavar material interessante que passou por eles, como trechos do século II d. C. sobre fogos de artifício; relatos de grandes explosões; decretos que proibiam a venda de pólvora aos tártaros em 1076, ou seja, dois séculos antes da descoberta atribuída a Berthold Schwartz no Ocidente.

A busca da origem chinesa de praticamente tudo — a principal obsessão de sua vida, como críticos e admiradores mais adiante diriam — tinha sido recompensada por essa única visita a uma cidadezinha do centro de Sichuan, à margem do Yangzi. A invenção da pólvora pelos chineses era muito mais antiga, desconfiava ele agora, do que se admitia até então.

A segunda razão pela qual a visita a Lizhuang foi importante deve-se à descoberta de um homem notável, um químico chamado Wang Ling. Ele tinha assistido à palestra improvisada de Needham sobre história da ciência na China — e, sem que ninguém lhe pedisse, prontificou-se imediatamente a "revelar material de interesse" para o visitante. Entendeu exatamente o que era preciso e se pôs a pesquisar de uma vez por todas aquilo que nunca tinha sido explicado — a saga completa e complicada da descoberta e da fabricação de explosivos pelos chineses.

Needham, assim que ficou sabendo disso, pediu a Wang que o ajudasse de maneira mais geral em sua pesquisa, particularmente na preparação dos primeiros volumes de seu grande livro. E por isso o nome de Wang Ling, da Academia Sinica, aparece na página de rosto do primeiro volume de *Science and civilisation in China*, e há um longo e ardente agradecimento no primeiro prefácio — tudo isso graças a um encontro casual numa das margens do Yangzi, em junho de 1943, e a uma palestra que, de certa forma, mudou tudo.

Três dias depois, Huang e Needham estavam de volta a Chongqing — não sem antes visitar um arsenal militar local e ver uma quantidade de fábricas onde se faziam, entre outros artigos de primeira necessidade para a soldadesca, nitrocelulose, oxigênio líquido, glicerina, ácido fosfórico e roupas protetores. O mais extraordinário a respeito do arsenal era que quase todas as unidades de produção estavam instaladas no interior de uma vasta rede de cavernas naturais — o que levou os dois homens a matutar, enquanto o barco navegava rio abaixo, cobrindo os últimos quilômetros que os separavam da capital, sobre como todas aquelas imensas máquinas, tubulações e colunas de destilação tinham sido transportadas através dos desfiladeiros e da assustadora correnteza para serem montados naquele remoto lugar ribeirinho. Era mais um exemplo da imperturbável persistência dos chineses, para os quais qualquer missão, por difícil que fosse, parecia possível.

Ao chegar, Needham encontrou em sua mesa da embaixada um telegrama de Londres com uma mensagem que, no seu entender, justificava todas as viagens que acabara de fazer.

Isso porque as autoridades finalmente tinham lhe concedido

licença para usar a ponte aérea sobre a Hump para transportar suprimentos destinados aos cientistas que deles precisassem. Haviam reservado para ele um bom espaço nos aviões que chegavam pelo menos uma vez por semana, o suficiente para um considerável número de caixas, que seriam reunidas em Calcutá com os objetos solicitados. Assim, se um físico de Chongqing precisasse de exemplares da revista *Nature*; um biólogo de Chengdu, de bisturis e uma mesa de dissecação; os geólogos do Levantamento Topográfico Chinês, de finas lâminas de pedra* ou uma lista das plantas venenosas dos estados de Shan; um químico de Kunming, da nona edição do *Kaye and Laby*; os arqueólogos da Academia Sinica de Lizhuang, de um tipo especial de papel de seda que lhes permitisse transcrever as inscrições dos ossos oraculares — Joseph Needham podia agora conseguir para eles todas essas coisas e fazer com que elas chegassem num avião militar americano, tendo todos os custos do transporte pagos pelo governo britânico.

Ele ficou contentíssimo com a notícia. Isso significava que uma cooperação científica real e tangível estava começando a tomar forma e que as universidades da China livre logo se beneficiariam da generosidade dos britânicos tão distantes. As comunidades intelectuais da mais antiga civilização do mundo, ultimamente quase moribundas, agora começariam a voltar à vida.

Needham diria posteriormente que uma das grandes satisfações proporcionadas pelo desempenho das missões a ele encomendadas na China foi o fato de estar em condições de compreender a cultura e a civilização do país sem ser limitado pelas convenções do tipo de gente que naquela época infestava o país

---

* Essas lâminas seriam feitas para eles por especialistas do Levantamento Geológico Indiano em Calcutá, a partir de amostras enviadas da China.

— homens de negócios, missionários, burocratas expatriados e, os piores de todos, "os velhos *China hands*".* Os cientistas eram muito diferentes: a ciência é por si só uma vocação neutra; os temas de estudo estavam invariavelmente desligados das disputas políticas ordinárias da nação. Assim, o trabalho feito por Needham levou-o a ter contato direto e sem mediadores com homens e mulheres, em laboratórios e bibliotecas, que davam um jeito de estar ao mesmo tempo distantes dos debates de sua época e ainda assim plenamente conscientes da antiga cultura de seu país e dedicados a seu serviço. Nenhuma das pessoas com quem falou tentou convencê-lo de alguma coisa — situação que ele achou gratificante e infinitamente estimulante.

Além disso, sua curiosidade vasta, inesgotável e sincera a respeito da China levou-o a conhecer pessoas de acesso normalmente difícil — Zhou Enlai, por exemplo, que se tornaria primeiro-ministro da China e ministro das Relações Exteriores sob a liderança de Mao Zedong, ficou muito amigo dele.

Por acaso, Zhou e o Escritório do VIII Exército — o maior dos dois principais exércitos comunistas — estavam em Chongqing durante a estada de Needham. Já no início do verão, as recomendações que este recebera em Londres o levaram a conhecer Zhou — que deixou bem claro, logo depois do encontro, que tinha apreciado o sincero interesse de Needham por seu país, admirava o conhecimento que ele manifestava sobre seu passado e o fascínio que experimentava por ele e, o mais importante, que estava satisfeito com o entusiasmo desse britânico (entusiasmo este expresso com discrição, já que o britânico era um diplomata a serviço da Coroa) por um possível futuro socialista da China.

---

* Os "*China hands*" eram um grupo de diplomatas, jornalistas e militares americanos que tinham conhecido bem a China antes, durante e depois da Segunda Guerra Mundial. (N. T.)

Needham não fez segredo de suas inclinações esquerdistas, bem conhecidas em Cambridge. Em suas cartas, destacava com frequência as desigualdades econômicas que estava testemunhando na China, um sistema que parecia ser fomentado ou ignorado pelo governo de Chiang Kai-shek, cuja moral era evidentemente flexível.

Surpreendeu-o, por exemplo, o fato de pagar tão pouco — 477 yuan — pelos nove extraordinários volumes que comprara em maio na livraria da estrada entre Chongqing a Chengdu. Com o que tinha gasto, compraria dois quilos de arroz no mercado local. A inflação era assustadora. Em 1943, os salários só eram suficientes para comprar um décimo do que compravam no início da guerra, em 1937. Os homens solteiros mal podiam sobreviver com seus salários; os que tinham filhos se desesperavam. E apesar disso, graças à corrupção generalizada, muitos dos altos funcionários do governo viviam muito bem — Needham contou a Gwei-djen que sempre via altos funcionários com suas amantes vestidas com túnicas de seda passando pelas ruas de Chongqing em limusines americanas conduzidas por motoristas, a caminho de banquetes perdulários ou lojas onde pretendiam impressioná-las com perfumes franceses, cigarros americanos, manteiga, laranjas e café em grão importado. Enquanto tudo isso acontecia, os trabalhadores comuns se mantinham à beira da extrema pobreza.

As pessoas do mundo acadêmico tinham sido especialmente atingidas. Estudantes e professores das cidades da China livre viviam em moradias sórdidas e apertadas; a alimentação era precária, as doenças eram crônicas e o ânimo estava baixo. E se nessas cidades em que havia comunidades acadêmicas — e, portanto, bibliotecas —, apareciam de vez em quando, misteriosamente, livros raros à venda por preços baixíssimos, era melhor não investigar muito a procedência deles. A sobrevivência humana era importante, e se alguns potenciais compradores que se achavam na feliz situação de receber proventos em moeda estrangeira — diplomatas e soldados estrangeiros, principalmente — estavam em condições de permitir-se comprar esses livros, e se as compras permitiam que os antigos donos dos livros e tesouros artísticos sobrevivessem, que mal havia nisso? A perda de um livro era um preço ínfimo a pagar se pudesse ser trocada pela sobrevivência de uma família.

Não foi à toa, notaria Needham depois, que, uma vez terminada a guerra, tantos membros da comunidade acadêmica na China que tinham experimentado essa desigualdade deram apoio de boa vontade aos comunistas chineses. Para muitos dos que viveram a dureza daqueles anos de guerra, Chongqing será sempre uma amarga lembrança. O fato de tantos homens e mulheres entre os mais inteligentes e criativos da China terem de vender seus livros e seus mais preciosos entalhes e brasões de família para se manterem vivos, enquanto nacionalistas balofos e seus amigos se regalavam em salões de banquete, dava a eles certo direito ao prazer revanchista.

Zhou Enlai, satisfeito pelo fato de Needham ter no mínimo opiniões econômicas em comum com o partido, assegurou que o próprio Mao Zedong em breve veria Needham como um aliado intelectual, uma pessoa com quem manter contato se um dia os comunistas conquistassem o poder.

Em outubro de 1949, com a declaração da República Popular, Joseph Needham pôde admitir para si mesmo que em Chongqing, ao cultivar a amizade com Zhou — e manter distância dos poderosos publicamente associados ao governo nacionalista de Chiang Kai-shek —, tinha apostado no cavalo vencedor.

Em resumo, ele se tornou um verdadeiro amigo da China. Amava o passado do país e acreditava em seu futuro. Assim, sua paixão pelo lugar transcendia a política — era mais sutil, profunda e duradoura. Uma vez, anos mais tarde, ele chegou a dizer que tinha ficado sincera e profundamente comovido quando um famoso meteorologista chinês declarou que o trabalho dele em Chongqing e seu apoio incondicional nos anos seguintes, quando a China atravessava tempos difíceis, era um exemplo da veracidade de uma antiga definição chinesa para a amizade verdadeira — Needham era para a China como "alguém que traz calor no meio da nevasca".

3. A descoberta da China

SOBRE A BÚSSOLA MAGNÉTICA

Eles foram [os pilotos chineses] os primeiros a empregar a bússola magnética no mar. O uso dessa notável inovação na arte da marinharia, que prenunciou a era da navegação de longo curso, está solidamente comprovado, com relação a navios chineses, no ano 1090, cerca de um século antes de seu aparecimento no Ocidente. [...] Não se sabe em que data exata a bússola magnética passou a ser utilizada pelos marinheiros, depois de uma longa carreira em terra com os geomantes, porém algum momento no século IX ou X seria um palpite muito provável. Antes do fim do século XIII (a época de Marco Polo) temos marcações de agulha registradas por escrito, e no século seguinte, antes do fim da dinastia Yuan, começaram a ser feitas compilações dessas marcações. Quase certamente, desde que começou a ser utilizada no mar, a bússola chinesa era uma agulha magnetizada posta a flutuar na água dentro de um pequeno recipiente.

Joseph Needham
Science and civilisation in China, volume IV, parte 3

Joseph Needham logo percebeu que, para fazer na China tudo quanto pretendia, tinha de agir depressa. Estava convicto de que o governo britânico consideraria plenamente realizada a missão de que ele estava incumbido assim que os japoneses tivessem sido derrotados e a guerra acabasse — e isso talvez não estivesse longe de acontecer. Quase todos os assessores militares da embaixada, e também os do quadro da embaixada americana em Chongqing, duvidavam de que o Japão pudesse se aguentar na China além de alguns anos mais. E assim, quase que a partir do momento em que o avião pousou, e bastante ciente de que, a depender da veneta de Churchill, sua missão poderia ser encerrada de uma hora para outra, Joseph Needham pôs-se a rodopiar pela China como um dervixe.

Organizou não menos de onze expedições de envergadura a alguns dos locais mais remotos e isolados do país, percorrendo no processo aproximadamente 50 mil quilômetros. É provável que tenha esquadrinhado um território maior que o visitado pelos mais intrépidos exploradores antes dele. Mais tarde comentou, brincando, que decerto tinha conhecido melhor a China do que seus amigos comunistas chineses na famosa Longa Marcha. Eles haviam percorrido somente 13 mil quilômetros, embora Needham fizesse questão de observar que sua quilometragem fora obtida basicamente com uma série de veículos dotados de rodas, ao passo que a deles tinha sido percorrida quase exclusivamente a pé.

Cada uma de suas expedições tinha uma finalidade oficial tríplice. Em primeiro lugar, ele deveria simplesmente levar uma palavra de ânimo aos homens e mulheres que trabalhavam nos postos avançados da ciência nos pontos mais remotos da China. Naquela altura dos acontecimentos, Needham estava mais do que ciente da pobreza em que eles viviam e conhecia sua capacidade de improvisação, sua alegre disposição de reciclar e consertar coisas. Tinha escutado inúmeras histórias — diapasões feitos com pedaços de longarinas de aviões japoneses abatidos; pesos para balanças químicas feitos com moedas derretidas de dinastias antigas; vacinas armazenadas em grutas e conservadas com blocos de gelo tirados da superfície congelada do rio Amarelo. Needham queria ajudar essas pessoas, e estava adquirindo depressa uma ânsia missionária de prestar ajuda.

Em segundo lugar, para levantar o moral delas — e permitir que prosseguissem com o trabalho científico, de vital importância, que realizavam —, deveria entregar-lhes pessoalmente todo equipamento de que necessitassem. No cumprimento dessa tarefa, ele via a si mesmo como uma espécie de Papai Noel, a entregar sacos de presentes a pessoas que moravam longe e tinham se comportado bem. Muito tempo depois, recordou seu prazer em

entregar grandes cilindros de gases raros ao Instituto de Pesquisas Radioativas da Universidade de Chinghua; ou ir de carro ao retiro da Academia de Peiping, perto do famoso templo taoista de Heilongtang, com várias caixas pesadas de vidros ópticos, a fim de ajudá-los em seu ousado programa de fabricação de microscópios no interior da China. Um osciloscópio de raios catódicos alegrou os corações dos excelentes físicos em Kunming, e alguns gramas de colquicina fizeram uma enorme diferença na vida dos que trabalhavam na Estação Provincial de Experimentos Agrícolas de Sichuan. Um envio de tubos de borracha chegou à Universidade de Fujian no momento exato em que todas as pesquisas estavam sendo interrompidas devido ao esgotamento do estoque anterior. Motores elétricos em caixotes sacolejaram pela estrada de Chongqing a Chengdu para ajudar no prosseguimento do magnífico trabalho que estava sendo realizado ali, na Estação Experimental da Força Aérea Chinesa. Um microscópio binocular de dissecação, de primeira linha, manteve plenamente ocupado um embriologista, também de primeira linha. É bom lembrar dessas coisas.

Em terceiro lugar, havia o motivo abertamente diplomático: cabia-lhe viajar pela China agitando a bandeira britânica. Eram poucos os seus colegas na embaixada a quem tinha sido concedida tamanha liberdade — e um orçamento tão generoso — para viajar pelo país. O objetivo era que Needham — viajando a recantos inexplorados, lugares onde a lendária desconfiança chinesa em relação a estrangeiros ainda era manifesta, e onde poucos forasteiros eram vistos ou bem recebidos —, agindo de maneira judiciosa, acrescentasse certo calor ao frio relacionamento oficial entre a Grã-Bretanha e a China. Se isso acontecesse, assim que os japoneses fossem derrotados e obrigados a partir, Londres estaria em condições muito melhores para ampliar sua influência, tanto na China (em qualquer cidade em que o governo decidisse se instalar) como, depois, mais além, em toda a região.

Um quarto objetivo oficial provável é raramente mencionado. Durante aqueles anos, a Grã-Bretanha, como todas as potências ocidentais que tinham interesses em jogo, estava ansiosa por saber tudo quanto pudesse a respeito dos comunistas chineses. O próprio Joseph Needham estava a meio caminho de se tornar comunista, e seus contatos com os líderes do partido em Chongqing, e principalmente o estreitamento de sua amizade com Zhou Enlai, poderiam ser bastante úteis para os serviços de informações. Não há nenhuma indicação de que Needham tenha atuado, em qualquer época, como espião: prudência e neutralidade científica eram seus lemas; ele teve sempre o cuidado de manter a confiança dos comunistas chineses, assim como a do governo nacionalista, junto ao qual estava formalmente acreditado. Mas tinha acesso privilegiado, e as informações que colheu em suas visitas ao quartel-general de Zhou eram de extremo valor. Posteriormente, suas conversas em jantares na embaixada e suas discussões ocasionais com adidos militares de outras embaixadas — sobretudo com os *"China hands"* na missão americana de Clarence Gauss — eram, por isso, ouvidas com enorme atenção, para o caso de Needham deixar escapar, sem querer, alguma informação, por mínima que fosse. Suas expedições tinham também uma finalidade não oficial. Ele viajava — com o conhecimento de seus superiores, que admitiam a premente necessidade que ele tinha de assim proceder — com o intuito de levar adiante suas próprias pesquisas acadêmicas sobre a natureza da China. Sua sede de conhecimentos se intensificava cada vez mais enquanto ele permanecia no país, e o pessoal da embaixada não podia deixar de notar a enorme quantidade de livros e folhetos que ele mandava para Cambridge, assim como o número crescente de blocos e diários que ele não parava de encher de anotações. Nunca ficou de todo claro o que ele estaria fazendo com tantas informações, que se acumulavam sem cessar, mas uma coisa tornava-se meridianamente clara para todos: ele estava caminho de se tornar o maior especialista em China da embaixada.

De suas onze expedições, sete foram viagens curtas, que o levaram a apenas algumas centenas de quilômetros de Chongqing. As outras quatro foram tudo menos curtas — epopeias que consumiram semanas, às vezes meses, com frequência arriscadas, perigosas e, ao menos em um caso, simplesmente temerárias. Uma dessas viagens levou-o às selvas do sudoeste da China, até perto da fronteira da Birmânia. Outra levou-o ao leste e ao norte, a Xi'an, a velha capital, hoje em dia conhecida por seu imenso exército sepulto de soldados de terracota.* Uma terceira viagem

---

* A primeira dessas figuras (eram milhares) foi descoberta acidentalmente, em 1974, por um lavrador que estava cavando um poço. Quando Needham visitou a cidade, trinta anos antes, ela era conhecida por seu conjunto de relíquias ar-

levou-o ao sudeste, perto da linha de frente japonesa — uma fronteira um tanto móvel e intangível, que se modificava com os altos e baixos da guerra, o que fez com que Needham e seu grupo quase foram capturados e feitos prisioneiros de guerra.

A primeira expedição que ele realizou, a partir de agosto de 1943, foi a mais notável. Foi a mais complexa e difícil — e, como se constatou, a mais instrutiva e gratificante. Embora vários atrasos e problemas de pequena monta tenham feito com que se estendesse por vários meses além do previsto, ela o levou aos mais distantes confins do noroeste da China, muito além da extremidade ocidental da Grande Muralha, e ao interior dos desertos tórridos e arenosos do território que hoje é chamado de Sinkiang ou Xinjuang, mas que durante a guerra tinha o nome muito mais romântico de Turquestão chinês.

Nessa viagem, ele procurava um ponto específico, no deserto do Turquestão, onde havia uma caverna minúscula. Os especialistas ocidentais atribuíram-lhe um número, o 17, e ela é uma das quatrocentas grutas artificiais de Mogao, alinhadas numa ribanceira nas proximidades de um oásis, nos arredores da cidade de Dunhuang, conhecida também como ponto de descanso na Rota da Seda, com restaurantes que servem filé de asno.

Para Needham, a importância da Caverna 17 nada tinha a ver com seus deveres oficiais. Essa caverna, cuja porta é tão baixa que uma pessoa tem de se inclinar para passar por ela, era o lugar onde, 36 anos antes, em 1907, fora descoberta uma enorme e antiga biblioteca chinesa, que incluía um rolo hoje considerado a mais antiga obra impressa cuja data se conhece. Conhecido como *Sutra do diamante*, ele havia sido impresso em 868 d. C.

---

quitetônicas — muralhas imensas, enormes portões, complexos de templos, túmulos reais e incontáveis pagodes de grande altura —, o que atestava sua grandeza como antiga capital da China imperial e — com seu nome antigo, Chang'na — como ponto final, a leste, da Rota da Seda.

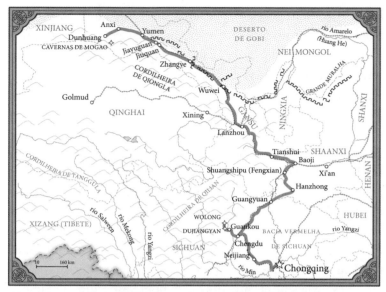

Mapa da expedição de Needham ao norte, Chongqing-Dunhuang.

O fato de esse livro ter sido produzido por um chinês demonstrava de maneira conclusiva que já havia impressores na China seis séculos antes que Gutenberg ou Caxton tivessem composto seus primeiros livros com tipos móveis na Europa. Se havia alguma coisa, em toda a criação, que desmentia a ideia ocidental de que a China era um país atrasado, era essa. O frágil documento, tirado das areias da Caverna 17, demonstrava que a China era, irrefutavelmente, uma nação situada na vanguarda da civilização humana. A partir do momento em que Needham tomou conhecimento da história do *Sutra do diamante*, sentiu uma atração irresistível: tinha de viajar de Chongqing às cavernas de Dunhuang, quaisquer que fossem as dificuldades.

Needham decidiu desde cedo que suas expedições — e, sem dúvida, também essa primeira, que ele sabia, com base em mapas, que seria longa e em territórios inóspitos — deveriam ser realizadas com um tipo de veículo robusto, confiável e capaz de transpor qualquer terreno. Depois de alguns dias procurando aqui e ali, escolheu um caminhão Chevrolet de 2,5 toneladas, cor de barro — uma ambulância americana adaptada, coberta de lona —, que foi emprestado, meio a contragosto, pela divisão de transporte da Real Força Aérea. A seguir, contratou para dirigi-lo um cantonês, Guang Wei, de quem ele gostava e que concordou em acumular as funções de motorista e mecânico.

Seguindo instruções de Needham — dadas em inglês, já que essa seria a língua comum dos participantes da expedição, provenientes de Londres, Guangzhou e Malaca e que, portanto, tinham três origens linguísticas diferentes —, Guang pintou "Escritório Sino-Britânico de Cooperação Científica" em grandes letras brancas, assim como em caracteres chineses, nas duas portas da boleia do caminhão e nos dois lados da carroceria. Além disso, instalou dois pequenos mastros ao lado dos faróis: num deles tremulava a bandeira inglesa, e no outro, a bandeira vermelha da China Nacionalista, com o sol branco no retângulo azul do canto superior esquerdo. (Apesar de sua amizade com os comunistas chineses de Chongqing, Needham considerou imprudente ostentar martelos, foices ou estrelas vermelhas. Aquela viagem era um empreendimento oficial da diplomacia britânica e, como diplomata, ele estava acreditado junto ao governo nacionalista de Chiang Kai-shek.) As bandeiras esclareceriam qualquer dúvida possível, de amigos ou adversários, a respeito de quem estava viajando — e, como grupos desgarrados de soldados e aviões de caça japoneses tinham o costume de aparecer nos lugares mais inesperados, era possível que encontrassem inimigos. Ser capaz de demonstrar o inocente caráter científico da missão, pensou Needham, poderia se tornar uma questão de vida ou morte.

A equipe então carregou o caminhão, primeiro com os equipamentos que tinha de entregar, depois com suas próprias coisas: tambores de 180 litros de combustível,* todas as ferramentas e peças imagináveis de que poderiam precisar, camas de armar, fogareiros Primus, os rolos aparentemente inúteis de cordéis, oleados e folhas de lata sem os quais nenhum inglês que se desse ao respeito viajaria a algum lugar remoto, e uma imensa quantidade de comida enlatada — carnes da Hormel e Fray Bentos, biscoitos Huntler & Palmer, mostarda Colman's ou Keen's, bem como garrafas do intragável café Paterson's Camp ou do chocolate preparado Fry's, um pouco melhor, e, aparentemente, toneladas de barras de chocolate Cadbury.

Só faltava agora a obtenção das licenças necessárias, junto a nove repartições: o Departamento do Exterior, a Divisão de Transportes, o quartel-general do Exército e outras unidades da burocracia chinesa. Além disso, era preciso assinar e autenticar dúzias de fotografias em delegacias de polícia e seções de concessão de vistos, e esse processo custou vários dias ao exasperado Needham. Mas depois de tudo isso, no fim da primeira semana de agosto, armados com um pacote de documentos oficiais, cobertos de carimbos e selos, vazados em linguagem diplomática e assinados, reconhecidos e autenticados, estavam prontos para partir.

Saíram de Chongqing com o que seria, de início, um comboio de dois caminhões. Needham ia em seu próprio veículo, com H. T. Huang e três outros passageiros: um geólogo americano, Ed

---

* Needham era um ferrenho defensor do uso de álcool automotivo, destilado de arroz, milho ou melado, e mandou converter o motor de seu caminhão para empregar esse combustível, que considerou satisfatório "até mesmo nas estradas das grandes montanhas". Não era esse o caso dos muitos ônibus chineses que tinham sido convertidos para rodar com gasogênio e só funcionavam adequadamente em estradas planas. A gasolina, embora cara e difícil de obter, era produzida, em algumas refinarias, a partir de óleo de tungue ou, mediante um processo mais complexo, de raízes e tocos de pinheiro.

A ambulância Chevrolet adaptada em que Needham viajou ao noroeste da China, fotografada na Rota da Seda durante uma parada para reparos.

Beltz, que estava pegando uma carona; o escritor e professor Robert Payne, que também precisava de uma carona para visitar um amigo agonizante em Chengdu; e uma chinesa, Liao Hongying, química formada pelo Somerville College, em Oxford, que atuaria como secretária de Needham e lhe proporcionaria — quase com certeza platonicamente — a companhia feminina de que ele precisava. Era uma moça de extrema beleza, além de intelectualmente muito bem preparada, e tinha havido muitos cutucões e piscadelas na missão quando o mulherengo conselheiro a escolhera. (Levando-se em conta o que a srta. Liao acabou por fazer, como veremos, os murmúrios na embaixada revelaram-se ironicamente equivocados.)

Em outro caminhão Chevrolet da embaixada seguiam sir Eric Teichman, que estava sendo levado a uma cidade do norte, para dali tomar o caminho do oeste, numa outra viagem épica por terra para a Índia, de onde enfim pegaria um avião para a Inglaterra. A data da partida dos dois veículos foi marcada para 7 de agosto, um sábado. Previa-se que, nessa primeira aventura deles na China, ficariam fora de Chongqing cerca de oito semanas ou pouco mais.

Durante todo o transcurso da expedição, pensavam sem parar nas cavernas de Dunhuang. Chegar a elas era o objetivo supremo, não importando o que acontecesse. Mas havia outras coisas a ver no caminho — outras maravilhas chinesas. A primeira delas, que Needham conseguiu visitar apenas uma semana depois que deixaram Chongqing, envolvia um tema que tinha sido fundamental para a China desde os primórdios de sua história: a água.

O território da China é constituído, basicamente, de um gigantesco planalto, ligeiramente inclinado de oeste para leste. O maior rio chinês, em que deságuam quase todos os outros, corre quase sempre nessa direção, desde suas nascentes no Himalaia,

144

no oeste, até seus estuários no oceano, no leste. As cheias dos rios ocorrem na primavera, como resultado do derretimento das neves, e pouco tempo depois eles se enchem novamente com as chuvas da monção do sul. Consequentemente, as questões ligadas a inundações e controle hídrico tornaram-se, desde o surgimento do país, de importância crucial.

E de importância não apenas local. Desde os primórdios de sua história, os chineses perceberam que, no que dizia respeito a inundações, os interesses locais tinham de estar subordinados a uma política nacional mais ampla. As cheias dos rios causavam prejuízos ou benefícios a vastas áreas e a enormes populações, que, se fossem prudentes, e quaisquer que fossem suas lealdades locais, deviam reunir esforços para controlar cada um dos rios. Assim, já no passado distante da China, tornou-se vital a criação do que se poderia chamar de uma entidade nacional encarregada dos recursos hídricos, atendida por uma vasta burocracia.

O imenso poder que essa organização acabou por adquirir na China antiga contribuiu para fortalecer o incipiente sistema imperial como um todo, e logo ficou evidente que quem controlava os rios do país exercia, simultaneamente, enorme poder sobre o império. Alguns sinólogos vão mais longe: a natureza historicamente despótica dos imperadores chineses derivava de uma realidade imutável: quem controlava as águas da China dispunha dos meios para fazer com a China o que bem entendesse.

Os engenheiros hidráulicos gozavam de poderes extraordinários, e quando tinham êxito ganhavam fantástica reputação. Um deles, na dinastia Qin, foi Li Bing, que há 2300 anos criou um gigantesco sistema de irrigação no rio Min. Inacreditavelmente, ele ainda funciona. Parte do plano de Needham, quando partiu naquele mês de agosto, consistia em inspecionar essa estrutura; a visita seria sua apresentação ao fato de que a China antiga tinha feito muito bem não só coisas pequenas — a exemplo da enxertia de ameixas e da invenção do ábaco e da bússola magnética —, como também havia executado proezas de escala hercúlea.

Chegar ao local da represa acabou sendo uma longa tortura. Os homens e a srta. Liao avançavam no calor e na poeira da Bacia Vermelha num ritmo de bichos-preguiça. Poucos minutos depois de terem dado início à viagem, toparam com uma coisa que perturbou os motoristas chineses. Um cortejo fúnebre passou bem diante do caminhão de sir Eric Teichman. O presidente da República da China, Lin Sen, tinha falecido na semana anterior, e ao subir uma ladeira, saindo de Chongqing, o pequeno comboio foi obrigado a parar e esperar, durante uma hora, a demorada passagem das pessoas que, vestidas de branco, acompanhavam o funeral. O motorista de Teichman comentou, pesaroso, que aquilo era um mau presságio. Um atraso tão desagradável só podia indicar que a viagem dele — talvez de todos — seria malfadada.

Needham e seus caminhões levaram mais de oito horas para chegar à vila de Yongqiang, que hoje fica a apenas dez minutos de carro de Chongqing. Quando o sol se punha na tarde de sábado, o pequeno comboio havia transposto, com esforço e sacolejões, somente cem quilômetros, chegando à cidade de Neijiang. Passaram aquela noite na pousada do China Travel Service, que,

em contraste com as pousadas chinesas tradicionais, é limpíssima (e não se acham espécimes entomológicos em suas camas confortáveis e modernas). Nas pousadas antigas, o leito consiste em algumas poucas tábuas nuas, e o viajante deve trazer sua própria roupa de cama. Evidentemente, serviços modernos de saneamento são coisa de que nunca se ouviu falar. Nas antigas regiões do norte, as camas, chamadas *kang* em chinês, são plataformas feitas de barro, com cerca de sessenta centímetros de altura. É preciso manter um fogo aceso debaixo delas durante toda a noite, mas invariavelmente ele se apaga mais ou menos às três ou quatro da madrugada, e com isso a pessoa quase congela até de manhã. Pior ainda, esse primitivo sistema de aquecimento central pode ser perigoso; sei de um caso em que ele causou um incêndio que destruiu as roupas de um de meus colegas chineses.

Não sabemos se as roupas do próprio Needham pegaram fogo ou se seu caminhão apresentou defeito — já estava com um vazamento de óleo e o radiador perdia água —, mas o comboio não fez nenhum avanço no domingo. Needham preferiu jantar com um coronel de cavalaria chinês que lhe mandou seu cartão de visitas. O coronel tinha estudado em Saumur e falava um francês impecável. Na manhã de segunda-feira, Needham fez uma incursão a um lugar próximo para comprar combustível — quatrocentos litros de álcool automotivo e 45 litros de álcool absoluto, que ele tencionava diluir com um pouco de gasolina de baixa octanagem que havia comprado em Chongqing. Irritado, descreveu a estrada para as distantes montanhas azuis como "carroçáveis",* embora tenha ficado encantado ao encontrar alguém vendendo rebuçados. Comprou também maçãs e uma cesta de tomates, e conseguiu evitar o controle policial, normalmente obrigatório, na estrada principal para o norte, chegando a Chengdu pouco antes da hora do jantar, mas ainda a tempo de levar correndo o caminhão a uma oficina mecânica.

Finalmente, a cordilheira azul surgiu diante deles, com o rio Min precipitando-se de uma escarpa com vertiginosa velocidade. Needham conhecia os dados estatísticos mais importantes. Sabia

---

* Os diários de Needham estão repletos de indicações da amplitude de seus interesses. Em determinado ponto de sua travessia da Bacia Vermelha de Sichuan, ele observou que a paisagem lhe recordava a "Morna Moruna em Wm. de Ourob". A referência críptica constitui uma alusão a uma montanha num livro de ficção fantástica, *The worm ouroboros* [O verme uróboro] (1922), de Eric Eddison, que alguns dizem ter inspirado Tolkien a escrever *O senhor dos anéis*.

que ao longo de apenas 650 quilômetros, desde sua nascente, o leito do Min tinha um declive de 360 metros, de modo que apresentava um gradiente de 5,5 metros por quilômetro, o que, em termos fluviais, aponta para perigos aterradores. Sabia também que em 250 a. C. o competente Li Bing havia se disposto a domar o Min, criando a estrutura que estava diante dele agora, e que, na opinião de visitantes anteriores e posteriores, devia ser listada como uma das maravilhas do mundo.

O sítio chama-se Dujiangyan. Pode parecer que um mero projeto de irrigação não mereça ser equiparado às pirâmides do Egito ou ao Taj Mahal, mas na realidade ele é uma das mais extraordinárias realizações da humanidade. Needham gostava de citar as palavras do engenheiro romano Sextus Julius Frontinus, deixando claro que concordava com elas. Frontinus escreveu, no século I da era cristã, que seus aquedutos eram indispensáveis e seriam lembrados muito tempo depois "das pirâmides ociosas e das inúteis, embora famosas, obras dos gregos".

Needham gostava dessa citação, não só porque Frontinus tinha razão em relação aos egípcios e gregos, como também porque suas proezas em Roma haviam sido realizadas três séculos inteiros *depois* das de Li Bing na China. Ademais, ao contrário dos pomposos monumentos à margem do Nilo e do Yamuna, as obras de Dujiangyan visavam puramente o bem comum, e ainda funcionam hoje exatamente como foram concebidas para funcionar, ao passo que muitos aquedutos romanos acham-se em ruínas. O fato de Dujiangyan ainda prestar serviços era o que mais emocionava Needham.

Em 250 a. C., Li Bing tinha sido nomeado governador da província de Shu — a moderna Sichuan —, no reino de Qin, durante o instável período dos chamados Estados Guerreiros e pouco antes da formação da dinastia Qin unificada, da qual deriva o nome China. Como todo mundo, Needham estava bem consciente dos caprichos mortíferos do Min. Era um rio que muitas vezes quase secava no verão, prejudicando seriamente a vida dos plantadores de arroz das planícies, ou então, mais comumente, transbordava de modo descontrolado e causava um rastro de destruição e morte até Changdu e ainda além. Era preciso obrigar o rio a se comportar. Depois de obter permissão junto ao rei de Qin, Li Bing empreendeu o trabalho que viria a ser descrito como "o maior e o mais bem planejado projeto de obras públicas já visto em qualquer parte da porção oriental do continente eurasiano".

Para controlar o rio, Li Bing decidiu abrir um novo sangradouro e canalizar por ele todo excesso de água, mediante uma barragem de desvio ajustável e projetada especificamente para esse fim. Precisou de sete anos para cortar a montanha. Para isso, os operários queimavam montes de feno na superfície das rochas, para aquecê-las, e a seguir despejavam água fria para resfriá-las rapidamente, fazendo com que a contração quase instantânea as rachasse. Esse trabalho de corte produziu por fim uma abertura de 21 metros de largura, e as águas do rio Min, desviadas para ela pela barragem de Li Bing, em forma de peixe, começaram a correr por ali no momento em que se rompeu a parede final: uma cerimônia denominada "rompimento das águas" é realizada a cada verão, comemorando esse feito da engenharia oriental, executado há mais de 2 mil anos, quando os ocidentais (mas não Platão, Aristóteles, os egípcios ou os mesopotâmios) ainda se cobriam de tintas coloridas e faziam pouco mais que grunhir.

Needham ficou fascinado com o que viu em Dujiangyan. A obra de engenharia era assombrosa; o projeto, esteticamente adequado; e sua duração, notável. Encantou-se também com a arquitetura dos templos construídos nas encostas havia séculos, para comemorar o trabalho de Li Bing. Deixou-se ficar várias horas felizes a contemplar o rio de um fresco ponto de observação no alto de um dos pagodes na floresta.

Depois esteve com o diretor do sistema de irrigação, tecnicamente um sucessor de Li Bing. Encontrou-o caminhando em meio à névoa úmida ao lado do sangradouro principal, verificando dispositivos de monitoração e conferindo hidrômetros. Uma régua de cálculo se projetava de seu bolso, e ele contou que tinha se formado em Manchester. Needham comentou que estava muito impressionado com o sistema — o sangradouro, as barragens, as torrentes de água intermináveis — e com o fato de ele ter sido criado havia tanto tempo. Não era de admirar, disse, que houvessem erguido um templo a Li Bing. "Para nós", respondeu o diretor, sorrindo, "ele era quase um deus. Sem dúvida merecia um templo."

Needham virou então para o norte. Planejava atravessar um contraforte da cordilheira e seguir no rumo de noroeste, para chegar à Rota da Seda — um caminho que poderia levá-lo, teoricamente, até Bagdá ou ao Mediterrâneo, em Antioquia. As páginas de seu diário relativas à segunda e terceira semanas de agosto estão cheias de referências a defeitos mecânicos, esperas intermináveis e desastres inesperados — mas entremeadas com observações bem-humoradas e perspicazes, como se, apesar de todas as frustrações, ele achasse tudo aquilo engraçado e instrutivo:

> Às 2h30 da tarde, o álcool acabou [...] trocamos a tampa do carburador [...] retiramos a bomba de combustível, passamos graxa entre as lâminas do diafragma [...]. Como havia quarenta caminhões esperando para atravessar pela balsa, hospedamo-nos numa pequena pousada, a céu aberto. Houve um alerta de tempestade, mas também um arco-íris lunar. Sir Eric complicou-se com a polícia, por fotografar uma ponte. Fomos informados de que a estrada está bloqueada e de que temos de esperar. O hotel em Hanzhong estava

cheio, de modo que partimos para a China Inland Mission* e ficamos todos hospedados lá. Fizemos uma prazerosa visita ao bispo Civelli e seus alegres colaboradores.

Seu prazer deveu-se à descoberta de que o bispo era católico romano e que todos os domingos rezava uma solene missa cantada, em latim. Needham assistiu à missa com H. T., e ficou boquiaberto de satisfação ao ver toda a congregação chinesa acompanhando com os lábios os recitativos em latim e, sobretudo, por escutar a música sacra que tinha ouvido pela última vez em sua igrejinha em Thaxted. Disse que se sentiu transportado de volta à Europa medieval — e também à Essex da década de 1930.

O que mais irritava Needham era a crescente frequência com que a viagem era interrompida. Às vezes sua ladainha de queixumes transformava-se num verdadeiro discurso — como quando quis atravessar o rio Bao, dez dias depois de ter saído de Chongqing:

Chegamos a [ao terminal da barca em] Wuguanhe às 10h da manhã. Decepção total. Filas de caminhões e de carroças — estas, intermináveis — o dia inteiro. Organização péssima. Um oficial de inspeção deveria ser indicado, com plena autoridade, para cuidar do engarrafamento de tráfego, até onde ele chega, de cada lado.

* Nessa época, a China Inland Mission (CIM) [Missão para o Interior da China], criada para promover a evangelização interdenominacional da China, por missionários que deveriam viver na medida do possível como chineses, contava em todo o país com cerca de 350 postos, que ofereciam hospitalidade cristã a viajantes como Needham. Esses postos haviam alcançado seu número máximo em 1934, tendo resistido à rebelião dos Boxers, à revolução e a várias depredações de grupos paramilitares. A guerra com o Japão causou à CIM graves problemas e, na época da revolução comunista, o número de postos havia caído para menos de cem e eles acabaram por ser tachados de santuários de espiões imperialistas. As missões restantes foram fechadas, e os últimos missionários deixaram o país, através de Hong Kong, em 1953.

Também aqui, como no caso das pontes podres do lado de Sichuan [eles haviam atravessado para a província de Shaanxi, onde a ineficiência era notória], evidentemente há necessidade de muito mais homens, dinheiro e trabalho nessa importante artéria do noroeste do país.

Ovos e batatas no jantar. H. T. pagou. Dormi bastante bem dentro e fora do caminhão. Durante a noite, passaram mais cem carroças e elas só pararam às 3h da manhã, quando o motorista de um caminhão atrás do nosso manobrou o veículo e com ele fechou a estrada. Mais ou menos às 5h da manhã tomei um ótimo banho de rio e fiz um bom desjejum. Lá pelas 8h30, um truculento oficial da Força Aérea forçou a passagem com quatro caminhões em direção ao sul — tivemos um trabalhão para deter o tráfego que ia para lá: Ed estava parado no alto da ladeira, e H. T. na parte de baixo, enquanto descíamos com o caminhão, quebrando um suporte no caminho. Estávamos a ponto de atravessar quando passaram quilômetros de suprimentos militares, transportados por soldados a pé, nos interrompendo e fazendo todo mundo esperar. Por fim atravessamos, às 12h10, uma demora de 26 horas.

Depois de vários dias como esse, Needham resolveu fazer uma parada. Detiveram-se na cidadezinha de Shuangshipu, acampando numa várzea em morros que ficavam a cerca de 130 quilômetros da Rota da Seda. Needham escolheu esse lugar em parte por simples conveniência e para consertar o feixe de molas de seu caminhão, que se quebrara. Mas também parou em Shuangshipu na esperança de ver um dos mais famosos residentes estrangeiros da China — um homem com o insólito nome de Rewi Alley, que graças a essa breve interrupção logo se tornaria um membro privilegiado do círculo mais íntimo de Needham. "Não tive amigo melhor", disse este, muito tempo depois, "nem colega mais digno de confiança."

* * *

Rewi Alley era muitas coisas — uma de suas biografias o qualifica como "escritor, educador, reformador social, ceramista e membro do Partido Comunista da China" — e foi também, indiscutivelmente, o mais famoso neozelandês que já morou na China. Viveu ali sessenta anos, tornando-se uma figura mítica ainda em vida, íntimo dos líderes comunistas chineses, um homem que seus admiradores consideravam quase divino, e seus adversários, um charlatão, um propagandista traiçoeiro, libertino e pederasta. Seu aspecto físico era notável — baixo, atarracado, queimado de sol e pernas que lembravam troncos de árvores. Tinha recebido o nome de um chefe maori e era filho de um mestre-escola e de uma pioneira do sufragismo. Fanático pela forma física, era entusiasta do nudismo e — uma admissão que seus detratores não cansavam de repisar — homossexual assumido.

Alley chegara à China em 1927, levado ao menos em parte por seu sôfrego interesse por rapazes chineses (tinha sido iniciado sexualmente por um soldado de Shandong que conheceu na França quando ambos serviam nos últimos meses da Grande Guerra). Morara em Shanghai, cidade que lhe oferecia um amplo leque de diversões eróticas, e havia trabalhado lá primeiro como bombeiro e depois como inspetor de fábrica. Nos dez anos em que morou na cidade, aprendera o chinês quase à perfeição, escrevera volumes de poesia homoerótica, apresentara-se como voluntário em projetos de socorro a famintos e desalojados por inundações e outras causas humanitárias no interior e demonstrara paixão pela assistência social e por programas destinados a melhorar a vida dos chineses. Tinha deixado forte impressão em todos que o conheceram — entre os quais, em meados da década de 1930, W. H. Auden e Christopher Isherwood.

Mas em 1937, quando tropas japonesas ocuparam Shanghai

e seus bombardeiros atacaram alvos na cidade, ele fugira rumo ao oeste, radicando-se de início na cidade de Hankou, às margens do Yangzi. Ali, no ano seguinte, na companhia de Edgar Snow e sua mulher, Helen Foster (conhecida também como Peg Snow e por seu pseudônimo literário, Nym Wales), e do secretário do embaixador britânico (o embaixador naquele tempo era o pitoresco sir Archibald Clark-Kerr, que escrevia todos os seus despachos diplomáticos com uma pena de ganso), Rewi Alley dispusera-se a ajudar na criação de uma indústria nova e revolucionária.

A ideia básica era simples. Como, naquela altura dos acontecimentos, os japoneses controlavam ou tinham destruído quase todo o parque industrial chinês, e como a resposta militar chinesa ao poderoso exército invasor baseava-se em táticas guerrilheiras de fustigação e surpresa, por que não organizar também uma indústria de guerrilha? Por que não construir centenas de fábricas que fossem leves, flexíveis e, talvez, até móveis? Que pudessem operar nos confins do interior da China? E que fossem capazes de, ao mesmo tempo, proporcionar trabalho para a população local e produzir bens a baixo custo para a economia nacional? A ideia — ninguém pode afirmar com certeza absoluta quem foi que, na reunião, a apresentou, mas os admiradores de Rewi Alley dizem que foi ele — foi aceita imediatamente por muita gente, e descrita como brilhante. O governo chinês contribuiu com algum dinheiro; lançaram-se apelos internacionais em busca de mais recursos; e fundou-se formalmente uma organização conhecida como Indusco, ou Cooperativa Industrial Chinesa (CIC).

Por acaso, os dois primeiros caracteres do nome em chinês da nova organização eram *gung ho* — e, embora não houvesse nenhuma ligação linguística, logo depois as duas palavras foram adotadas como lema por um amigo de Alley que pertencia ao Corpo de Fuzileiros Navais dos Estados Unidos. Elas se tornaram o grito de guerra dessa unidade naval, e tantos foram seus triunfos no campo

154

de batalha que a frase — com o sentido de "Vamos acabar com eles!" ou "*Banzai!*" — se insinuou no léxico do inglês americano. Não demorou muito para que *gung ho* ganhasse um novo significado — um pouco diferente de seu emprego inicial como grito de guerra e bastante diferente de sua origem como nome de uma organização industrial chinesa. Passou então a significar entusiasmo insaciável e quase temerário. Mas, como algum piadista poderá dizer que ambas as acepções, a velha e a nova, estavam na base dos esforços da cooperativa na China, talvez haja, afinal, alguma lógica nessa na mudança de sentido. (Por outro lado, o fato de a frase ter sido criada numa reunião de quatro simpatizantes da esquerda, estrangeiros, numa agência do Yokohama Specie Bank em Hankou, no começo de 1938, não teve lógica nenhuma.)

Depois de recebido o dinheiro enviado por gente que apoiava a causa, mensageiros e organizadores espalharam-se pelo interior do país, e minifábricas surgiram em cidades distantes em toda a China. Eram unidades que em geral empregavam somente vinte ou trinta trabalhadores — sete era o mínimo habitual, e raramente uma fábrica da CIC teve mais de cem empregados em sua folha de pagamento. Elas produziam uma espantosa variedade de bens de que a China necessitava. Faziam velas e lâmpadas incandescentes; imprimiam panfletos e mineravam bauxita; curtiam couro, fabricavam rusticamente caldeiras, chapas de zinco, botes e peças sobressalentes para locomotivas. Tudo que era necessário e não estava sendo produzido nas fábricas bombardeadas de lugares como Shanghai, Fuzhou, Tianjin e Wuhan estava sendo feito no interior, por uma entusiasmada e otimista mão de obra rural, que havia ganho um novo alento.

Rewi Alley estava invariavelmente no campo, na linha de frente do processo, enquanto os Snow e os demais teóricos do movimento (que viria a ser muito admirado por E. F. Schumacher e os adeptos de seu movimento "Pequeno é bonito" na década de

1970) permaneciam na capital. Alley pedalou, caminhou e pediu carona para percorrer milhares de quilômetros na China, no começo da década de 1940, fazendo palestras sobre as ideias da CIC, atraindo voluntários, instalando fábricas e depois indo em frente. Era visto como um cigano de coração de ouro e, em abril de 1940, a revista *Time* noticiou, num tom claramente aprovador, que suas perambulações haviam ajudado a criar cerca de 2 mil fábricas da CIC, que empregavam 50 mil trabalhadores e produziam, a cada mês, bens avaliados em 6 milhões de dólares, bem fora do alcance ou do interesse dos bombardeiros japoneses.

Rewi Alley foi muitas vezes comparado a Lawrence da Arábia — Edgar Snow, por exemplo, escreveu que, "se Lawrence levou aos árabes a técnica destrutiva da luta de guerrilhas, Alley trouxe a técnica construtiva da indústria de guerrilha. [...] Ela poderá chegar a ser vista como uma das grandes aventuras humanas de nosso tempo". Snow e outros jornalistas e escritores de esquerda empenharam-se em tornar Alley — com seu aspecto imponente, seu passado romântico e sua atitude corajosa e descuidada — a face pública do movimento "Gung Ho". Na verdade, milhões de dólares foram arrecadados com base em sua história.

No entanto, Alley era também uma figura muito controvertida. Mais tarde, já aposentado e idoso, residindo em Beijing como "amigo estrangeiro do povo chinês", numa casa doada pelo governo, ele descreveu a frequente precariedade de sua situação na década de 1940:

> Eu tinha muitos inimigos, que não se detinham diante de nada para espalhar histórias a meu respeito. Eu era um agente inglês, que tentava se apossar da indústria chinesa; um engenheiro de habilidade diabólica que procurava se informar sobre os recursos chineses para firmas estrangeiras; um aventureiro religioso e sentimental em busca de fama às custas do povo chinês; um maníaco sexual com uma

mulher em cada cidade grande do interior do país. Diziam que eu levava uma atriz para dormir comigo em viagens longas; que era um agente japonês, que espionava para os japoneses. Um simpatizante do comunismo. Um agente dos russos. Um agente da Terceira Internacional, um bobo que nada entendia de indústria, um bandido que estava acumulando uma fortuna em bancos na Índia.

Na época em que ele chegou a Shuangshipu, seus inimigos ao que parece tinham triunfado. Em 1942 ele fora despedido sumariamente quando disseram que algumas fábricas Gung Ho estavam produzindo armas e cobertores especialmente para os exércitos comunistas. Os nacionalistas ficaram furiosos, sobretudo porque Chiang Kai-shek havia interferido para que o governo destinasse cerca de 2 milhões de dólares para ajudar a Gung Ho a se organizar.

Assim, Alley foi afastado de sua função de secretário de campo e rebaixado. Continuou na folha de pagamento da cooperati-

Rewi Alley, o mais famoso neozelandês que já viveu na China. Veio a ser um dos maiores amigos de Needham e deu ao mundo a expressão gung ho.

va, mas sua função reduziu-se à de professor nas escolas que davam capacitação aos aprendizes da Gung Ho. Essas instituições chamavam-se Baillie Schools, em homenagem ao missionário americano Joseph Baillie, o primeiro a defender a necessidade de capacitação técnica. Como o corpo discente era invariavelmente jovem e do sexo masculino, Alley não se incomodou com seu rebaixamento e, na época em que Needham o conheceu, no verão de 1943, ele estava feliz e encarava filosoficamente seu novo papel de mestre numa escola para rapazes.

O estrago sofrido pelo caminhão foi muito maior do que Needham imaginava, e ele teria de passar algum tempo na cidade enquanto se faziam os reparos necessários. Por isso ele se dispôs a procurar Alley, indo primeiro à Baillie School, atrás do gasômetro da cidade, e depois à famosa casa-caverna de Alley — mas a celebridade estava no banho. Um criado saiu para buscá-lo; e, enquanto esperava, Needham examinou uma cooperativa de fiação de algodão que estava sendo construída e flanou por uma oficina mecânica erguida alguns meses antes.

Por fim, Rewi Alley chegou. Os dois se cumprimentaram, encaminharam-se para o curioso chalé-caverna em que o neozelandês morava havia um ano e tomaram chá — espigas de milho, mel, o pão grande e chato chamado *da bing*, ovos, tomates e café. (A partir daquele momento, para o resto da vida, Needham tomou um gosto especial por pão com mel.) Quando completou oitenta anos, Gwei-djen fez com que ele se lembrasse de que "na China, quando uma pessoa está com fome ou quando quer comer alguma coisa doce, vai à farmácia, como ensinou Rewi Alley, e compra um vidro de mel para comer com o pão Gansu redondo, do tamanho de uma roda de carro".

Em seguida os dois homens foram à escola, onde os garotos, um grupo barulhento de uns sessenta adolescentes, a maioria de quinze ou dezesseis anos, estavam formados para fazer uma apresentação para o importante diplomata que os visitava. Cantaram músicas folclóricas do noroeste da China, e tanto Needham quanto H. T. narraram mais tarde terem ficado profundamente tocados por uma certa melodia muito marcante — era a hora do crepúsculo, e enquanto os jovens cantavam a bandeira foi arriada.

Depois Needham subiu ao palco e soltou a voz aguda numa miscelânea de canções folclóricas inglesas. Cantou "Lilli Bulero" e "The saucy Spanish boy" e, depois de concluir, pelos aplausos, que tinha agradado, resolveu não pensar no papel de bobo que faria diante dos garotos, tirou a túnica do Exército, arregaçou as mangas da camisa, pegou um pau pesado e durante quinze minutos executou, ofegante, uma série de antigas danças *morris* inglesas particularmente agitadas e rodopiantes, cantando animadamente o tempo todo. Para todos os que assistiram a seu desempenho naquele anoitecer de agosto, a imagem de um inglês executando danças *morris* na China tornou-se inesquecível. Aquilo deixou os estudantes chineses boquiabertos de espanto — e de prazer, como Needham mais tarde afirmou, sem modéstia.

Mais tarde ele disse achar que, embora não fosse nenhum Fred Astaire, compensava a falta de elegância com precisão histórica e entusiasmo físico. Uma de suas colegas concordou, compondo uma quadrinha: "*O dr. Needham, sem maldade, / Dança com filosófica liberdade. / Convém vigiar bem o pé / Se eu danço com Joseph*".

Sua amizade com Rewi Alley estava selada. Needham não se importava nem um pouco se a homossexualidade mantinha Alley na China ou, especificamente, naquela parte remota da China. Anos depois, viria a defender a causa de homens e mulheres gays — e é muito provável que o tenha feito, em parte, devido à sua profunda admiração por Alley, cujas preferências sexuais eram assumidas sem pejo e às claras.*

---

* Ou pelo menos foram, até 1949. Depois da revolução comunista, Alley teve de

O diretor da escola em Shuangshipu, George Hogg, um jovem inglês de modos aristocráticos, assim descreveu, mais tarde, a vida na estranha casa de Alley:

A principal característica da caverna de Rewi em Shuangshipu é exatamente a mesma de sua antiga casa em Shanghai: a qualquer hora, fora do horário de aulas, está cheia de garotos, folheando revistas ilustradas e fazendo milhões de perguntas. Garotos usando o gramofone e cantando fora do tom. Garotos fazendo acrobacias ou plantando bananeira apoiando-se nos ombros de Rewi. [...] Garotos puxando os pelos das pernas de Rewi ou brincando com o avantajado nariz do estrangeiro. "Os garotos são sempre iguais em toda parte", diz Rewi. "Esses meninos não se divertiriam a valer na Nova Zelândia?"

Ao norte de Fengxian, o cenário muda quase instantaneamente. As montanhas, que até aquele ponto da viagem eram blocos nus de granito, com umas poucas touceiras de bambu, dão lugar, nas serras junto da cidade, a suaves colinas ondulantes, com escalonamentos delimitados por sebes de tojo e com pequenas plantações de trigo, milho ou arroz; a característica que mais salta aos olhos é a quente tonalidade amarela da terra.

Era esse solo amarelo a causa do nome do rio Amarelo, para cujo vale amplo os caminhões de Needham começavam agora a descer devagar. O rio Amarelo, o Huang He, é amarelo porque arranca de suas margens uma enorme quantidade desse solo rico — 1,5 bilhão de toneladas por ano — e a transporta para o mar. Esse é o rio mais lamacento do mundo, 34 vezes mais que o Nilo. A lama, dizem muitos chineses, é a China. O Huang He é há mui-

---

esconder suas inclinações, pois tornaram-se ilegais. Foi obrigado a voltar para o armário, situação que o atormentava.

to tempo chamado de "aflição da China", porque está arrancando o coração dela e atirando-o no mar.

Esse solo — fino, friável e facilmente arável — é chamado de loess e ganhou esse nome na Alemanha, onde os geólogos o descreveram pela primeira vez. É voz comum que se trata do solo vestigial, gerado por poeira trazida pelos ventos, da última grande era glacial. Forma uma camada espessa e extensa — depósitos de loess são encontrados em toda a Europa central, na Ásia central, em vastas áreas do norte da China e nos estados das planícies centrais dos Estados Unidos. É muito apreciado pelos agricultores e foi definido por um vitoriano como "um solo leve e solto de prodigiosa fertilidade, a alegria do lavrador".

Mas não foi muito apreciado por Joseph Needham, que descobriu perto de Huixian que os afluentes do rio Amarelo apresentam tanta carga de silte e loess quanto o próprio grande rio. "Chegamos a um ponto de travessia difícil — um mar de lama, onde as montanhas se dissolviam como um creme marrom mole. Rewi saiu num bote a remo e verificou."* Três caminhões — os dois de Needham e o de um desconhecido — ficaram atolados muitas horas nas torrentes de lama. Esperando pacientemente,

---

* Needham havia levado Alley para um passeio, em busca de um local mais seguro para uma nova Baillie School, uma vez que os nacionalistas começavam a assediar Shuangshipu, tentando obrigar estudantes a aderir a seu exército, que estava perdendo soldados. Por fim, com a ajuda de Needham, Rewi Alley encontrou um local na velha cidade de Shandan, no deserto de Gobi. George Hogg, o diretor inglês da escola, transpôs então as montanhas com os sessenta garotos, uma epopeia de mil quilômetros que ombreia com as façanhas de Gladys Aylward narradas no livro *The inn of the sixth happiness* [A morada da sexta felicidade], que conta a viagem que ela fez com crianças igualmente sem-teto para um orfanato em Xi'an. O próprio George Hogg, que tinha apenas 29 anos, morreu de tétano durante a viagem, depois de cortar um dedo do pé num jogo de basquete com os garotos. Em 2008, o cineasta canadense Roger Spottiswoode adicionou umas pitadas de ficção à saga e transformou a história num filme, *The children of Huang Shi*.

Needham fotografou as ondulações características que se formavam no rio.

Needham notou outra mudança na paisagem. O primeiro sinal da presença do islã apareceu logo depois da cidade de Huixian. "Visitei a mesquita [...] muito bonita", anotou em seu diário. "Deve ser a mesquita mais oriental na Ásia central." Desenhou o templo e acrescentou uma legenda com uma descrição adicional:

Nave da mesquita, jardim, terraço com três anciãos sentados, pátio das abluções, parede do espírito das estradas; torres de três andares ([com um] muezim) ao estilo chinês com inscrições em árabe e também em chinês. Um arco no andar inferior. Casa do mulá com seu próprio pavilhão de abluções. Tijolos reforçados com bambu nos arcos. Painéis de tijolos em forma de losangos. Árvores muito bonitas. Todo o conjunto bem pintado e bem conservado. Todos muito simpáticos e obviamente orgulhosos de serem muçulmanos.

À medida que transcorria, a viagem tornava-se cada vez mais difícil, pois aconteciam com os caminhões coisas inacreditáveis. A cada dia o grupo era detido por causa de gaxetas de cabeçotes quebradas, vazamentos de óleo, problemas de transmissão, pneus furados. Os viajantes habituaram-se de tal modo a problemas mecânicos que um ou dois pistões quebrados pareciam uma ninharia, e Needham enfrentava cada episódio com calma e tranquilidade. "Comprei pêssegos maravilhosos", registrava. "O sol saiu. Um excelente café da manhã." "Tapetes lindos. Vasos de flores por toda parte." Numa certa aldeia, achou as pessoas pouco atraentes, por serem "muito pobres e malcheirosas", mas ficou emocionado ao descobrir que as mulheres tinham pés atados. As mulheres da aldeia ainda enfaixavam os pés das meninas com longas tiras de pano — depois de quebrarem seus artelhos, que se dobravam para penetrar nas solas, e arrancar as unhas para apressar o processo de criação dos "pés de lótus", que os homens aparentemente apreciavam. Needham exultou com a descoberta de um costume que, embora bárbaro, não havia sido completamente erradicado. A república tinha proibido essa prática em 1911 e ordenado que todas as mulheres desatassem os pés, mas esse processo era tão doloroso e mutilador quanto fora o do enfaixamento. Ainda que revoltado, Needham achou tudo aquilo fascinante.*

Needham não cessava de descobrir tesouros que, sabia, seriam úteis para seu livro. "Encontrei cacos de cerâmica da dinastia Song numa fortificação a cavaleiro da vila", escreveu durante uma parada forçada, e a seguir ficou matando o tempo enquanto os mecânicos consertavam uma bomba de água, ou alguma coisa assim, refletindo sobre os métodos dos antigos ceramistas chineses e constatando que as técnicas de modelagem, vitrificação e cozimento eram muito mais avançadas na China dos Song — nos séculos X e XI da era cristã — do que na Europa. Em sua missão comercial à China, em 1792, lorde Macartney havia levado peças de cerâmica recentes, saídas da fábrica de Josiah Wedgwood na Etrúria, para presentear o imperador chinês. Não era de admirar, observou Needham, que o imperador, ressentido, tivesse se recusado a aceitar as peças — a cerâmica inglesa deve ter lhe parecido primitiva em comparação com a porcelana chinesa da época. (Há quem proponha uma explicação alternativa para a recusa do im-

---

* Nunca ficou bem explicado por que os pés atados fascinavam tanto muitos chineses. Dizia-se que os sapatinhos femininos em forma de lótus excitavam alguns homens — mas eles próprios ficavam horrorizados se uma mulher tirasse o sapato para mostrar o pé mutilado. Consta que o chamado "andar de lótus" das mulheres que tinham os pés atados também provocava excitação erótica. Gladys Aylward, a missionária cuja vida foi narrada no livro *The inn of the sixth happiness* e no filme *A morada da sexta felicidade*, foi pioneira de campanhas contra esse costume: seu avô, em Londres, tinha feito botas para as mutiladas.

perador. Ao rejeitar o presente de Wedgwood, ele teria reconhecido tacitamente que a cerâmica inglesa era mesmo de qualidade
igual à dos artesões chineses. Admitir essa igualdade representa-
ria uma humilhação para todos os ceramistas do império.)

Entretanto, à medida que os problemas com os caminhões se
agravavam, o estado de espírito do grupo tornava-se mais sombrio. A gaxeta do cabeçote rebentou de novo, e agora não havia
mais peças sobressalentes porque, para profundo desgosto de
Needham, o motorista de Eric Teichman tinha levado todas. "Para o inferno três vezes com o velho Tai", registra o diário — a
única manifestação de fúria até aí. Haveria outras.

Naquela noite tiveram de dormir num quarto com um porco,
o que em nada melhorou a disposição de Needham. Na manhã
seguinte, tentaram fabricar uma gaxeta nova, aplainando a marte-
ladas a tigelinha de alumínio que Rewi Alley usava para fazer a
barba e revestindo-a de cortiça. Essa gaxeta improvisada estourou
no momento exato em que o caminhão estava tentando cruzar
um ribeirão. Estavam parados no meio da corrente quando passou por eles um outro caminhão cujos passageiros gritaram para
eles, alarmados: "Enchente! Enchente!" — e, de fato, daí a momentos o capitânia encalhado da expedição do Escritório Sino-Britânico de Cooperação Científica estava debaixo de dois metros e
meio de água, e o veículo até então apenas paralisado estava agora
também inundado.

No dia seguinte, retiraram o sofrido Chevrolet do atoleiro e
fabricaram outra gaxeta, dessa vez com um velho saco de lona.
Esta durou apenas cinco minutos. "UPC", escreveu Needham, "uma
porcaria completa". Needham e H. T. abandonaram o caminhão e
pegaram uma carona, viajando sozinhos e com muito desconforto cerca de cem quilômetros, em cima de uma instável carga de
tambores de gasolina na carroceria de um caminhão do Exército.
Chovia, fazia um frio de matar e a dupla se espremeu como pôde

debaixo de uma lona — com Needham sonhando, sem dúvida, com uma lareira aconchegante e chá com bolinhos em seus aposentos no Caius. Depois que o chofer do caminhão deixou-os numa encruzilhada, pegaram um jinriquixá até uma vila chamada Lizhishi, encontraram uma gaxeta feita na Índia, pegaram outra carona para retornar e ao anoitecer estavam em seu próprio caminhão. O mecânico instalou a gaxeta, e o veículo funcionou à perfeição. Mas aí Needham foi acometido de uma forte dor de dente, que o pôs fora de combate por mais dois dias.

Por fim, entraram na província de Gansu, e depois de outro dia chegaram à sua cidade principal, Lanzhou, um lugar medonho conhecido hoje em dia como a cidade mais poluída do mundo. Na época, ela se destacava por outro motivo: era um dos poucos lugares onde uma ponte cruzava o rio Amarelo, e essa ponte talvez fosse robusta o suficiente para suportar o comboio de caminhões. Se Needham atravessasse o rio e virasse para a esquerda, estaria na antiga Rota da Seda, a caminho de Dunhuang e de suas grutas.

SOBRE AS ANTIGAS PONTES PÊNSEIS

Nessa região [Chang-ku, hoje Tan-pa, na fronteira entre Sichuan e Xizang (Tibete)], há três pontes pênseis. Centenas e centenas de estacas são cravadas nas duas margens do rio, e junto delas amontoam-se pedras. Longos cabos feitos de bambu são suspensos entre as duas margens, suportando pranchas de madeira, enquanto grossas cordas laterais ajudam o viajante a se firmar. As pessoas que atravessam essas pontes sentem os pés virar de lado e afundar, como se caminhassem sobre lama mole. Mas tais pontes podem ser construídas onde não é possível erguer nenhuma estrutura de pedra.

Li Xinheng, *Chin Chuan So Chi*, século XVI

*Ali fica o mercado, numa ponte pênsil de cabos, bem no ponto
em que a linha da Grande Muralha cruza o rio Amarelo a sudoeste de Ningxia e vira para noroeste a fim de cruzar o deserto de Gobi e proteger a antiga Rota da Seda.*

Joseph Needham
Science and civilisation in China, volume IV, parte 3

Depois que, prendendo a respiração, atravessaram a ponte meio arruinada e chegaram a Lanzhou, todos estavam exaustos e deprimidos. Como na maioria eram britânicos fleugmáticos, resolveram parar por ali algum tempo, para que os veículos fossem consertados de cabo a rabo. Todas as gaxetas, molas, bombas de óleo e bielas de aspecto duvidoso que os haviam atormentado desde Chengdu seriam trocadas; e para fazer esse trabalho contrataram um sujeito chamado Liu, considerado o melhor mecânico no noroeste da China. Needham, recuperado da dor de dente, prontamente retomou suas explorações.

Durante as duas semanas de sua estada forçada em Lanzhou, ele dedicou-se a tudo que se relacionasse com ciência e tecnologia que conseguiu encontrar. Conversou com biólogos no Departamento de Prevenção de Epidemias, com um homem que construía cata-ventos e estava tentando achar lençóis de água subterrâneos com uma técnica mais sofisticada do que a rabdomancia, com especialistas em vírus de batatas e doenças de cavalos e com veterinários que sabiam tudo a respeito dos estranhos problemas que acometem os ovinos no deserto de Gobi. Visitou uma oficina mecânica, uma fábrica de pilhas secas, um moinho de trigo, uma usina elétrica e um hospital tão moderno que os refletores da sala de cirurgia tinham espelhos incorporados em seu interior, para melhor iluminar o paciente. Atravessou de balsa o rio Amarelo para visitar uma família de nome Bairnsfather, encontrou outras com sobrenomes inusitados — um bispo chamado Buddenbrook, um americano chamado Lowdermilk — e observou com prazer que na escola profissionalizante local um javanês dava aulas de desenho técnico a dois rapazes da fronteira tibetana, enquanto uma moça sino-tibetana cuidava das contas.

Além disso, cumpriu uma série de tarefas rotineiras, de modo geral prazerosas — cortou o cabelo, comprou um casaco de pele de carneiro e um conjunto de cobertores Gung Ho extraordinariamente quentes e deu com a biblioteca de uma missão alemã, onde se entregou ao deleite de ler jornais berlinenses de um ano antes. Encontrou caixas de cigarros russos, baratos mas satisfatórios, e de charutos feitos ali mesmo, grossos porém menos saborosos. Mandou também fazer selos de pedra-sabão entalhados com seu nome em chinês e vários títulos honoríficos.* Comeu bolos da lua (durante a festa chinesa do outono, que teve lugar quando ele estava detido ali), comprou novelos de lã e cerziu suas próprias meias. Por fim, conseguiu que um alfaiate lhe fizesse calças de algodão cáqui e, usando uma delas e seu recém-polido cinturão com talabarte, levou o cônsul americano da cidade para jantar num restaurante muçulmano.

No entanto, Needham estava também um tanto assustado, devido a várias experiências perturbadoras e a uma torrente de sonhos muito inquietantes.

Lanzhou era uma cidade que se mantinha num equilíbrio instável entre campos de batalha, nos quais transcorriam sem cessar conflitos de uma espécie ou outra — lutas entre japoneses e chineses, entre nacionalistas e comunistas, entre chefes parami-

---

* Seu nome chinês habitual, Li Yue-se, já havia sido ampliado com outros dois, que lhe tinham sido conferidos na viagem — Shi Xin Dao Ren, que significa "o taoista de dez constelações", e Sheng Rongzhi, que pode ser traduzido, aproximadamente, como "o mestre que triunfa sobre a confusão". Needham fez com que os artesãos de Lanzhou entalhassem em selos todos os três nomes, e às vezes os utilizava para assinar cartas, provocando muita confusão.

litares descontrolados, entre tribos isoladas rivais, entre invasores russos e destacamentos de proteção de fronteiras. Todos esses conflitos deixavam um triste e sofrido rastro de vítimas humanas. Needham relata ter visto, por exemplo, grandes números de soldados rebeldes que, "amarrados feito porcos", eram levados para o fuzilamento. Viu "uma moça camponesa alta" tentando oferecer um pacote a um desses infelizes, até um soldado golpeá-la no rosto com o fuzil e mandar que ela se afastasse. Viu o que chamou de "pelotão do tracoma", formado por soldados desnorteados de Sichuan, que pareciam não fazer ideia de onde estavam e se comportavam como "cegos conduzindo cegos". Encontrou bandos de crianças desnutridas e abandonadas que viviam de restos dos acampamentos militares e, como ele observou com pesar, morriam de noite como moscas. Segundo Rewi Alley, 81 dessas crianças morreram durante uma parada particularmente assustadora.

Após dias de cenas penosas como essas, é compreensível que Needham dormisse mal e que suas noites fossem interrompidas por sonhos bizarros. No entanto, nenhum de seus pesadelos tinha ligação óbvia com as atrocidades da China, mas relacionavam-se a ansiedades com respeito a sua vida em Cambridge. Uma delas era simplíssima — ele sonhou que tinha perdido sua cadeira de bioquímica, estava discutindo com as pessoas em seu laboratório e achava que não teria autorização de voltar para a Inglaterra depois de terminado seu período na China. Talvez isso se devesse à ansiedade que lhe provocava a perspectiva de viagens aéreas, que ele detestava e que o obrigavam a preparar-se para enfrentá-las.

Houve outro sonho que ele considerou menos fácil de explicar. Ele se encontrava na plataforma de uma estação ferroviária com a mulher, Dophi — em seu diário da China, a referência a ela está grafada em grego, como ele costumava fazer —, quando passou um trem expresso, que colidiu com um veículo e lançou para fora o corpo de uma mulher, "que se esborrachou". Outras sete mulheres levantaram-se então, uma delas entre os trilhos das linhas, e, aterrorizadas, fugiram apressadamente. Então vieram soldados, e Needham tentou em vão encontrar o chefe da estação para lhe informar o que tinha acontecido. "Foi tudo muito vívido e impressionante", observou. "Seria aquilo uma premonição de perigo?"

Se alguma serventia tinham, esses sonhos — e haveria outros, sobretudo quando as condições meteorológicas de noite eram extremamente ruins — lembravam a Needham que, por mais irritantes que fossem as dificuldades diárias da viagem, sua vida na China lhe proporcionava uma excelente escapatória. As contrariedades profissionais e domésticas de seu cotidiano acadêmico e pessoal estavam longe dali, e, se o subconsciente resolvia de vez em quando cutucá-lo e fazê-lo pensar em Cambridge, em bioquímica, em suas convicções religiosas, em sua mãe (que se achava então à morte), em sua mulher, em sua amante e, talvez, nas consequências de sua inclinação, em geral descuidada, por aventuras sexuais, talvez esse fosse um preço baixo a pagar. Algumas noites ruins em troca de uma vida de tamanha liberdade como a que ele estava levando pareciam uma pechincha que a maior parte das pessoas estaria disposta a aceitar, como ele escreveu em seu diário.

Partiram de Lanzhou, com o caminhão dado como consertado, em meados de setembro. O grupo tinha mudado um pouco. Ed Beltz, o geólogo americano de quem Needham havia gostado muito — era um homem "de 49 anos, excelente sujeito e durão" —, fora trabalhar num campo de petróleo na província de Gansu. Liao Hongyang, a bela química de Somerville, optara por ficar em Lanzhou, alegando que ia dar aulas numa escola dali. E sir Eric Teichman também partira, rumando para a fronteira distante.

Needham lamentou vê-lo partir, porque, apesar de seus modos autoritários (principalmente quando se tratava de requisitar caminhões e motoristas), que haviam causado alguns problemas, era um homem de extrema inteligência e coragem. Needham nunca mais voltaria a ver Eric Teichman, e isso por uma razão lamentável. Depois de deixar Lanzhou, Teichman seguiu pela Rota da Seda exterior, atravessando os desertos da bacia do Tarim, cruzou a fronteira da China, como planejado, em direção aos montes Pamir, e finalmente chegou à Índia, onde passou meses fazendo viagens ao léu, sem maiores percalços. Depois, em Nova Delhi, pegou um avião para a Inglaterra. Mas dias depois de ter chegado à Inglaterra flagrou um soldado americano que caçava furtivamente em sua propriedade particular, Honingham Hall, no condado de Norfolk, e foi assassinado com um tiro. Tinha apenas sessenta anos.

Mais tarde Needham se referiu a Teichman como um grande mentor, e à sua morte como uma perda irreparável. Talvez a passagem do cortejo fúnebre diante do caminhão de Teichman em Chongqing tivesse sido mesmo um mau presságio.

Somente Rewi Alley continuou ao lado de Needham para procurar um local onde construir uma escola — e assim o grupo que viajava para o norte compreendia agora somente Alley, H. T. e Needham, que escreveu quando partiram: "Eu simplesmente não imaginava, antes de empreender essa viagem para o noroeste, que tipo de coisa ela seria. Desfiladeiros impressionantes, cenários espetaculares, estradas imprevisíveis, pontes em ruínas, estradas levadas pelas águas [...] lugares estranhos onde dormir noite após noite".

Depois de Lanzhou, a estrada se bifurca. Para a esquerda, o caminho principal leva a Xizang (Tibete); e para a direita, um pouco mais adiante, em outra bifurcação, uma estradinha segue em direção à bacia do Tarim e ao deserto de Taklamakan, sabidamente inóspito. Needham não tomou nenhum desses dois caminhos, mas optou pelo primeiro ramo principal para a direita, avançando pela estreita garganta de mil quilômetros de extensão conhecida como o corredor Hexi, a única passagem disponível para os comerciantes que vinham do Ocidente para a China e, durante a maior parte da história do país, também a única saída dele.

Os caminhões sacolejavam por uma estrada que não passava, na época, de uma trilha execrável. Deixaram para trás as colinas de loess, a poeira amarela sufocante e os rios lamacentos que lhes haviam causado tantos problemas mecânicos, avançando para o norte, rumo à secura e ao frio do deserto de Gobi. Ao longo de centenas de quilômetros, acompanharam seu progresso pelos marcos à beira da estrada e pelo prolongamento ocidental da Grande Muralha.

À esquerda erguia-se uma cadeia de montanhas coroadas de neve. A Nan Shan, que na época de Needham era chamada de serra Richthofen, em homenagem a seu descobridor, um tio do Barão Vermelho, o explorador e geólogo Ferdinand Richthofen. À direita corria o que parecia uma linha baixa de tijolos crus, com seis metros de altura, com dúzias de cavernas abertas em sua base. Essa estrutura meio melancólica, em desagregação e habitada — pois havia pessoas vivendo naquelas cavernas, e canzarrões saíam delas aos saltos e latiam para os caminhões —, era remanescente da Grande Muralha original, feita de barro, pedras, paus e (diz-se, decerto falsamente) dos ossos de seus construtores.

Quase nada restava da restauração revestida de tijolos realizada durante a dinastia Ming, de seiscentos anos atrás, que confere à Grande Muralha, em outros locais, seu aspecto de inexpugnabilidade e permanência. No extremo oeste, ela é uma estrutura um tanto patética, desmoronada, erodida pelo tempo e — como termina num forte Ming na aldeia de Jiayuguan, a 350 quilômetros do ponto onde segue paralela à Rota da Seda — muito fácil de transpor. Qualquer saqueador, mongol ou de outra origem, a teria visto como uma barreira absolutamente ineficaz, uma versão oriental da Linha Maginot.

No entanto, ela assinala uma fronteira — topográfica, geológica, antropológica e linguística — e por isso constitui um lembrete do motivo pelo qual foi construída. Ela delimita o território da China. Do lado de fora fica a barbárie, e os nomes das cidades e aldeias situadas além da Grande Muralha, no oeste — Ehen Hudag, Amatatunuo'er, Ar Mod, Qagan Tungg —, são claramente os nomes de um povo estrangeiro, que quase nada tem a ver com os chineses, além de ser seu vizinho e, na época de Needham, seu vassalo.

Aqueles campos, de um verde intenso e pontilhados de rebanhos de ovinos, lembravam a Needham a ilha do Sul, na Nova Zelândia, ou o *machair* do oeste da Escócia. E, quando ele avistou pela primeira vez a Grande Muralha, armava-se um verdadeiro espetáculo, no qual os relâmpagos e trovões de uma tempestade faziam uma conflagração sobre as cordilheiras do sul e meninos pastores, vestidos apenas com capas de pele, corriam para abrigar-se nas cavernas.

Needham gostou de saber que os morros mais distantes, que se erguiam do Gobi, chamavam-se montes Cinábrio, e todo o conjunto — os nomes, as condições meteorológicas e a antiguidade do lugar — lhe causou forte impressão. Essa sensação acentuou-se quando ele atravessou um circo glaciário chamado Passo de Areia do Corvo Negro, desceu velozmente a encosta do outro lado, indo dar em Anyuan, uma aldeia sem nada de mais, almoçou numa missão próxima e descobriu que o abade era um inglês e, além disso, estudara em Eton. Só mais tarde naquela noite, quando o caminhão voltou a dar defeito e ele teve de passar a noite num alojamento de caminhoneiros, foi que perdeu a calma: aquela noite, escreveu, "foi como dormir num lavatório público com galos cantando debaixo da cama".

Na direção do noroeste, a paisagem tornou-se mais dura, mais desértica. Logo surgiram camelos. A princípio, estavam em geral solitários, porém mais tarde Needham viu alguns jungidos dois a dois, em tropas. Eram camelos bactrianos, de duas corcovas e muito peludos; e, embora fossem, aparentemente, bastante numerosos na época de Needham, um dono de hospedaria no oásis de Shandan* informou recentemente que se tornaram raríssimos e estão atualmente sob ameaça de extinção. Existirão, talvez, quinhentos camelos bactrianos na China, disse o hospedeiro, a maioria vivendo e trabalhando nessa parte remota da província de Gansu.

Depois de Shandan ficava Jiayuguan, a decrépita fortaleza de torretas e muralhas que o primeiro imperador Ming fez erigir na extremidade ocidental da Grande Muralha em 1372. Para esse forte, situado no local conhecido como "Primeira Garganta sob o Céu", eram mandados os desterrados, depois despachados para os ermos lúgubres do mundo desconhecido, distante das delícias civilizadas do império chinês. Era também em Jiayuguan que ficava o primeiro posto da alfândega imperial. Todos os viajantes que lá chegavam, vindos do mundo desconhecido — as caravanas de camelos que provinham da Arábia ou chegavam da cordilheira Pamir e dos desertos da Ásia central —, pagavam ali seus primeiros tributos e prestavam vassalagem aos representantes da corte de

---

* Foi para essa encantadora cidade murada antiga que Rewi Alley enfim decidiu transferir a Baillie School localizada em Shuangshipu. George Hogg e os sessenta alunos viajaram a pé até onde Needham tinha levado o caminhão, acabando por chegar lá (sem Hogg, que tinha morrido) depois de muitas peripécias e dores de cabeça — uma dose suficiente de ambas as coisas para fascinar Hollywood.

173

Beijing, muito embora ainda tivessem 3500 quilômetros a percorrer antes de chegar à capital. E, mesmo quando a capital era Chang'an, hoje Xi'an, ela ainda ficava a árduos 1500 quilômetros de distância.

A entrada oeste da fortaleza, a mais distante do centro da China, é chamada de Porta das Aflições, e por ela passavam todos os condenados ao exílio por edito imperial. Para esses desterrados, era uma porta sem volta, e a passagem era conhecida popularmente como "boca da China". Estar no interior do forte, estar "dentro da boca", era estar protegido, íntegro, feliz, ser um dos filhos amados do imperador Amarelo. No entanto, estar fora dela, estar além do alcance do Império Celestial, equivalia a enfrentar um destino pavoroso e inimaginável numa terra de monstros que tinham cabelos vermelhos, bebiam leite, tinham buracos nas costelas e gemiam com dores perpétuas.

Antes de chegar a seu destino, Needham dormiu várias noites em hospedarias solitárias no deserto de Gobi. Elas eram administradas pelo Movimento Vida Nova, um dos mal planejados projetos de Chiang Kai-shek para reviver os ideais confucionistas. Needham gostava dessas pousadas, e observou que em uma delas as colheres vinham de Leningrado e que uma outra tinha sido edificada sobre um forte de arenito parecido com outro de que ele se lembrava em Dubai, no sul da Arábia. As lojas que ele encontrou dispunham de artigos russos; evidentemente, os alimentos enlatados japoneses, tão comuns em outros lugares, não tinham chegado tão longe.

No fim de setembro, quase dois meses depois de ter saído de Chongqing e quase quinhentos quilômetros mais longe do que imaginava, Needham finalmente chegou a seu destino, Dunhuang. De repente, as árvores verdes do oásis surgiram da areia — e perto dali ficavam as cavernas.

No começo ele teve a impressão de que o lugar talvez fosse

meio decepcionante. Seu diário leva a crer que ele ficou meio desapontado. Cabe imaginar que depois de ter atolado, mais vezes do que se deu ao trabalho de relatar, na fina areia branca que circunda a cidade, ele estivesse simplesmente cansado demais. Suas anotações tratam mais de conforto do que de cultura: Dunhuang, registrou ele, era muito limpa, e as nectarinas, as peras, as maçãs silvestres, que pareciam grandes cerejas, e os melões Hami da grande depressão de Turfan, a alguns quilômetros dali, eram "deliciosíssimos".

No dia seguinte ele saiu, como planejado, para visitar as famosas grutas da cidade, as centenas de cavernas ocultas que abrigavam inumeráveis pinturas e relevos do Buda, e onde tinha sido encontrado o *Sutra do diamante*. Mas suas anotações eram ainda superficiais — "trabalhei em grutas o dia inteiro" é sua única observação no diário, e ao que parece escrita sem muito entusiasmo.

Mas tudo isso havia de mudar, graças a um fato que, em vista de suas experiências anteriores nessa viagem épica, ele bem poderia ter previsto. O caminhão sofreu nova avaria, dessa vez tão catastrófica (a bronzina do virabrequim rasgou-se de alto a baixo) que Needham e seu grupo ficaram sem transporte não durante seis horas ou seis dias, mas durante as seis semanas seguintes.

O oásis de Dunhuang, onde palmeiras e melões surgem de repente das areias infindáveis do Turquestão, existe graças a um rio chamado Daquan e ao pequeno e cristalino lago da Lua Crescente, que, embora cercado de dunas de altura fantástica, por algum mistério hidrológico nunca se cobre de areia. A vista que se tem das mais elevadas dessas dunas, os Morros das Areias Cantantes, é inesquecível. O amanhecer é a melhor hora para subir: o céu, como o lago, é invariavelmente cristalino, com um azul esverdeado claro. As dunas mais baixas sobem, descem e rebrilham, formando imensas e esculpidas ondulações de cristal amarelo-claro até onde a vista alcança. O sol sobe depressa sobre um horizonte aquecido ao branco. Para as bandas do oeste, na direção dos ermos intransitados dos desertos de Taklamakan e de Lop, tudo ainda é escuridão, mas sem nuvens, e os topos das dunas distantes riscam-se de ouro no momento em que os raios do sol os tocam. É então que, surgindo entre as dunas mais próximas, com seus longos cones verticais fazendo um contraste dramático com a horizontalidade do deserto, aparecem árvores verdes aos milhares. Existe água por ali. Este é verdadeiramente um oásis, um lugar de refúgio e residência, e entre as árvores veem-se construções que cintilam ao serem atingidas pelo sol, dezenas de estruturas, os beirais revirados de um conjunto de pagodes, os minaretes de uma ou duas mesquitas, um aglomerado de hotéis.

Dunhuang é o mais importante entroncamento desse trecho da Grande Muralha, um lugar onde, em séculos passados, os mercadores e peregrinos tinham de decidir se seguiriam para o norte ou para o sul. Se fossem para a Índia e a Arábia, o caminho do sul era melhor; mas, no caso de pretenderem ir para Antioquia ou o Mediterrâneo, dariam preferência ao caminho do norte. Era em Dunhuang que quem viajava para fora da China parava e decidia o caminho a tomar; e, se estava voltando para casa, era ali que descansava e dava graças por ter sobrevivido.

Dentre as centenas de pessoas que passavam pelo entroncamento de Dunhuang, eram principalmente os budistas que com mais ardor manifestavam gratidão. Faziam-no em três locais específicos perto da cidade, em gargantas abertas pelo rio em pontos onde as encostas erodidas dos morros eram suficientemente altas e largas para permitir a criação daquilo que os budistas indianos já haviam, desde muito tempo, demonstrado apreciar — dezenas e dezenas de cavernas superpostas, com decoração elaborada, projetadas especificamente para seus mendicantes e suas meditações.

Dos três conjuntos de grutas, o maior e mais importante ficava numa ribanceira de 2,5 quilômetros de extensão, em Mogao. As cavernas começaram a ser abertas por monges nas ribanceiras de arenito macio de Mogao e de vales próximos durante o século IV, e na época em que a última delas se abriu, no século XIV, já eram mais de setecentas. Algumas tinham o tamanho de ataúdes, feitas para uma pessoa dormir e se abrigar; outras tinham vários andares, abrigavam enormes estátuas do Buda e eram usadas para culto e saudação.

Um dos grandes exploradores da Ásia no século XX, o arqueólogo Marc Aurel Stein, nascido na Hungria e cidadão britânico, chegou a esse conjunto de cavernas na primavera de 1907 — com consequências que teriam considerável impacto sobre o trabalho posterior de Joseph Needham.

Stein, que nasceu na cidade de Pest, na margem do Danúbio, em 1862, formou-se em sânscrito, persa antigo e numa ciência então nova, a filologia, nas universidades de Viena, Leipzig e Tübingen. Na época de suas descobertas no Turquestão chinês, estava entrando na meia-idade e era admirado por sua coragem, por sua determinação e por estar disposto, graças à longa experiência, a arrostar quaisquer provações que tivesse de enfrentar em suas viagens. Desde o começo do século, quando terminou uma tradução em dois volumes de uma obra do século XII em sânscrito, o *Rajatarangini*, ficara obcecado por uma questão fascinante: como o budismo teria sido levado de seu local de origem, nas montanhas do Himalaia, na Índia, para o vasto e xenófobo império da China, transpondo cordilheiras e mais cordilheiras.

Não havia dúvida de que a migração do budismo passara por ali: o templo do Cavalo Branco, na cidade de Luoyang, no leste da China, tinha sido edificado no século I d. C. e constituía uma inequívoca celebração do budismo. Entretanto, qual fora o processo pelo qual, em tão pouco tempo, um fenômeno religioso tão indiano tinha se transformado e transmutado em algo tão naturalmente chinês? Viajando pacientemente pelos desertos ao norte das cordilheiras, Stein estava decidido a descobrir a resposta.

Foto antiga das cavernas budistas escavadas nas ribanceiras de Mogao, perto de Dunhuang. O mais antigo livro impresso do mundo, o Sutra do diamante, *foi encontrado no anexo de uma caverna ricamente decorada, como a do detalhe.*

Sua pesquisa, bem como a de outros estudiosos na França e na Alemanha, mostrou que esse processo fora obra de monges resolutos e andarilhos. Alguns desses monges eram indianos, outros chineses, e nas primeiras décadas do primeiro milênio haviam conseguido, às força de inabalável determinação e, sem dúvida, proezas memoráveis, levar a mensagem do Buda, em geral por transmissão oral, para o outro lado das cordilheiras, pelos perigosos desfiladeiros a escarpados caminhos entre os dois grandes impérios. Tinham trazido suas histórias para a principal ligação comercial entre a Ásia central e a China, o caminho que posteriormente viria a ser conhecido como a Rota da Seda — a mesma rota que Needham percorrera pacientemente nas últimas oito semanas.

Tendo chegado a essa estrada, a palavra do Buda alcançara rapidamente a corte chinesa. Assim que os grandes mandarins de Chang'an, ou Xi'an, tiveram ocasião de contemplar imagens de grandes estátuas douradas em que transparecia o porte sereno do Buda e de escutar pormenores de seus ensinamentos, declararam-se oficialmente impressionados. Com o tempo, a religião havia se arraigado na classe dominante da China. Quando já se achava bem estabelecida, peregrinos chineses tinham começado a fazer a longa e perigosa viagem à sua origem, a fim de ver por si mesmos a fonte de sua nova fé. Grupos de monges tradutores puseram-se também a viajar e a procurar detalhes do budismo, e nesse processo tivera início a coleta, tradução e disseminação, entre os chineses, dos grandes textos búdicos, os sutras.

Um desses monges andarilhos é especialmente recordado hoje em dia, e com reverência. Esse monge foi Xuan Zang, filho de um letrado do leste da China. Relatos de suas aventuras na Rota da Seda no século VII, e de suas expedições ao Nepal e à Índia e também aos atuais Paquistão e Afeganistão, tornaram-se correntes em Chang'an e mais além. Suas narrativas, todas elas baseadas em diários escritos com precisão sacerdotal, são repletas de ocorrências tão fantásticas que chegaram até os tempos modernos, e atualmente estão presentes até no mundo dos quadrinhos — os mangás japoneses.

O explorador Marco Polo, igualmente romântico, esteve nesse mesmo deserto e também deixou textos abundantes, estudados por Stein. Mas as aventuras de Xuan Zang haviam sido sua principal inspiração. As memórias e as narrativas desse velho monge tinham acabado por levar o próprio Stein a partir para Dunhuang, a fim de encontrar as grutas e desvendar o assombroso tesouro de documentos budistas que o tornariam famoso em todo o mundo. Essa descoberta propiciaria uma epifania ainda maior para Joseph Needham quando ele próprio, exausto, sujo e com seu veículo quebrado, chegou a Dunhuang 36 anos mais tarde.

4. As recompensas do desassossego

SOBRE A INVENÇÃO DE PALAVRAS PARA DESCREVER
PECULIARIDADES CHINESAS INDESCRITÍVEIS

Nosfimérico *foi uma palavra que inventei durante a guerra.*
Em minhas eternas viagens, encontrava muitas vezes o bispo
Ronald Hall, de Hong Kong, em visita a suas congregações chi-
nesas distantes, e um dia tive a oportunidade de estar com ele
em Annan, Kweichow. No jantar, falando de assuntos diversos,
mencionei de passagem que precisava de uma palavra não pe-
jorativa para extorsão, suborno e corrupção, fenômenos que
foram sempre tão característicos da burocracia chinesa e que
pareciam tão surpreendentes aos olhos dos modernos empresá-
rios do Ocidente empenhados em comprar e vender no país.
Nossos caminhões estavam sendo reparados naquela noite, e,
como o dele ficou pronto antes do meu, ele partiu primeiro —
não sem antes me dar um pedaço de papel em que estava escri-
to "veja Atos 5, 1-11". Quando fui à Bíblia, vi que se tratava da
história de Ananias e Safira, que tinham prometido uma im-

180

portância em dinheiro à igreja, mas ficaram com uma parte
dele, e por isso morreram, amaldiçoados por são Pedro. Como a
palavra grega usada no Novo Testamento para "sequestrar" é
nosphizein, e meros significa "uma parte", podemos formar o
adjetivo em questão.

Joseph Needham, 1994
Science and civilisation in China, volume VII, parte 2

A essa altura, Joseph Needham estava tão longe quanto possível dos confortos do Ocidente, mais embrenhado nos confins da China interior do que era possível imaginar. Mas, embora isolado, adotou uma atitude filosófica tranquila: as semanas que estava obrigado a passar no deserto do Turquestão — ele não tinha ideia de quantas seriam — lhe permitiriam o luxo da reflexão e lhe dariam tempo para um inventário, contabilizando o que tinha realizado até então e planejando o que havia por fazer.

A tarefa mais imediata era clara: as cavernas de Mogao estavam a poucos passos de sua barraca, e ele gostaria de aprender tudo o que pudesse sobre a história delas, já que considerava pouco provável que algum dia conseguisse tempo e recursos para visitá-las outra vez.

Tinha lido bastante sobre Marc Aurel Stein, a quem via como herói, e na época em que chegou ao Turquestão admirava profundamente aquele homem inteligente, culto, intrépido e curioso, parecido com ele mesmo em muitos aspectos. Needham não tinha meios de saber que, no exato momento em que se iniciava sua estada em Dunhuang, imprevistamente demorada, seu herói estava bem perto.

Sir Aurel Stein (fora sagrado cavaleiro em 1912 por serviços prestados à arqueologia) tinha 81 anos, mas era um curioso incansável, e em 1943 estava no Oriente de novo, a algumas centenas de quilômetros de Needham, do outro lado da cordilheira de Hindu Kush, hospedado na legação americana em Cabul. Tinha ido realizar um velho sonho, ou pelo menos foi o que disse: organizar uma expedição para procurar a lendária cidade de Balkh, que se supunha fundada 2 mil anos antes no interior do Afeganistão por seguidores de Alexandre, o Grande.

Needham tampouco sabia, e continuaria sem saber até voltar a Chongqing, em meados do inverno, que Stein estivera muito doente em Cabul. Em 27 de outubro, dia que para Needham acabou sendo infernal — "a primeira coisa que fiz foi arrumar as malas, esperando partir [...] virou um dia de pesadelo [...] o motor não queria pegar [...] quinze soldados empurrando [...] finalmente começou a funcionar [...] o mancal tinha sido apertado demais" —, o estado de Stein agravou-se muito e ele morreu. Isso empresta certa ironia ao caso: a maior das descobertas de Stein em Dunhuang, em 1907, foi, com toda probabilidade, o que mais motivou Needham, na China, a escrever sua grande obra — e mais, ele chegou a compreender isso praticamente no mesmo dia em que a vida de Stein chegava ao fim.

A história da descoberta de Stein em Dunhuang é a que conta a lenda.

Stein tinha deixado sua base de exploração na Caxemira no ano anterior. Preparou-se muito bem para uma viagem àquela parte do Turquestão, sobre a qual tinha ouvido rumores de descobertas fantásticas — tesouros fabulosos dos quais, ele acreditava, o mundo inteiro devia tomar conhecimento. Certificou-se de estar o mais bem equipado possível: mapas e livros em caixas revestidas de folha de flandres como proteção contra formigas, instrumentos topográficos, cordas, ferramentas para consertos de objetos de couro, estacas de bambu para as barracas, muitas ar-

Sir Aurel Stein em 1906, sentado diante de uma elevação coberta de tamariscos, em sua segunda expedição ao deserto de Taklamakan, no oeste da China. Na foto aparecem também seu secretário chinês, seu assistente muçulmano, três ajudantes sikhs e seu querido Dash, o Grande.

mas e munição, telescópios, ataduras, agulhas e alfinetes de segurança, além de um fraque e calças risca de giz para o caso de precisar impressionar algum mandarim que encontrasse. Deixou presentes para todos os amigos que fariam aniversário enquanto ele estivesse longe. Levou bastante comida para o cachorro, que — como todos os seus antecessores e sucessores, sete no total — chamava-se Dash. Era um homem meticuloso — pequeno, robusto e muito atento aos detalhes.

Levou meio ano para chegar ao interior da porção oeste da China, e passou a maior parte do inverno de 1906-1907 percorrendo os inóspitos desertos de areia do Turquestão. Durante os meses de fevereiro e março, avançou para leste através da imensidão do deserto de Lop (onde mais recentemente a China testou sua bomba atômica), com seus homens montados em burros e camelos, levando blocos de gelo em balaios de palha em vez de água. Os burros tinham morrido; a água estava acabando — e um dia, no fim de março, desencadeou-se uma tempestade gelada, conhecida localmente como *buran*, que deixou todos azuis de frio.

E então, de repente, ele encontrou seu oásis. Poucos quilômetros adiante — porque ele não queria perder tempo —, chegou a Mogao e às cavernas.

Eram absolutamente fantásticas. Havia enormes esculturas, intrincados relevos na pedra, ícones. A maior parte das paredes estava coberta de imagens pintadas. Algumas cavernas continham centenas, talvez milhares, de imagens coloridas do Buda, todas elas idênticas, pintadas à mão ou impressas na parede havia nada menos que 1300 anos, mas tão vívidas que pareciam ter sido terminadas na véspera. Além disso, havia o teto — cada centímetro quadrado de algumas das cavernas estava também preenchido. Todas essas ilustrações eram cenas — 86, todas diferentes — que mostravam as diversas fases da vida do Buda. Eram da época da dinastia Zhou do norte, que floresceu entre 557 e 588 d. C.

Havia gigantescas estátuas caiadas e coloridas de mulheres, cavalos e Budas — Budas em abundância — e em outras cavernas havia imagens de homens e mulheres que pareciam indianos. Tinham sido criadas havia muito tempo por artistas que viam o budismo como uma teologia que, provindo da Índia, além do Himalaia, pouco tinha de chinesa. Duas das maiores cavernas continham estupendos Budas de trinta metros de altura, grandiosos, esplêndidos e, pensou Stein, inestimáveis para toda a humanidade.

Mas o melhor estava por vir. Logo depois da entrada principal de uma das cavernas, à direita, havia uma abertura na parede. Era a minúscula caverna que, desde então, ficou conhecida como Caverna 17. O fato de Aurel Stein tê-la visto, e visto o interior dela, deve-se a um monge taoista local cujo nome, Wang Yuanlu, é hoje em dia venerado e ao mesmo tempo execrado, por algo que ele faria depois.

Needham conhecia bem essa história, que começa quando Wang, que viveu em Dunhuang no fim do século XIX, decidiu auto-nomear-se guardião das cavernas. Ninguém mais cuidava delas, ninguém as visitava, e ele temia que estivessem desmoronando e fossem invadidas pelas areias sempre em movimento. Achou que poderia tentar uma pequena restauração das estátuas que estavam se esfarelando e tinham a pintura descascada, e lançou-se a essa tarefa com toda a energia de um amador entusiasta. Enquanto tra-balhava no lugar que agora se conhece como Caverna 16, restau-rando a estátua de um cavalo, notou o que parecia ser uma porta secreta, à direita da entrada, coberta de estuque e pintada por cima.

Mandou quebrar a porta — e lá dentro encontrou uma enor-me coleção de rolos de documentos, dezenas de milhares de volu-mes antigos de papel, centenas de flâmulas de seda e metros e mais metros de tecidos.

A notícia do achado se espalhou rapidamente. Autoridades da capital chinesa ordenaram que os tesouros fossem levados a uma cidade próxima para serem guardados em segurança, mas não foi possível encontrar transporte; assim, Wang recebeu or-dem de lacrar a pequena caverna e aguardar instruções. Por al-gum tempo ele fez isso. Mas cometeu seu grande erro em maio de 1907, 36 anos antes da visita de Needham, ao abrir uma vez mais a caverna. Dessa vez, foi para satisfazer à insistência mal-inten-cionada de Stein, que estava em sua expedição de coleta para o Museu Britânico. Stein ouvira falar da coleção de documentos e achou que a resposta a uma questão que o intrigava havia muito tempo — como o budismo tinha chegado à China — provavel-mente estaria naqueles textos. O conteúdo da Caverna 17 tor-nou-se o Santo Graal de Stein, que decidiu se apoderar dele.

* * *

"Empilhados em camadas", escreveu Stein sobre os conteúdos que um dia seriam mundialmente famosos,

> mas sem ordem alguma, pareciam, à luz baça da lamparina do padreco, uma massa compacta de manuscritos amontoados que chegava a uma altura de três metros e ocupava, como mais tarde se constatou, um volume de catorze metros cúbicos. Nem no solo mais seco relíquias de um sítio em ruínas poderiam estar tão a salvo de danos como naquele lugar, uma câmara de pedra cuidadosamente escolhida onde, escondida atrás de uma parede de tijolos [...] aquela massa de manuscritos permanecera durante séculos sem ser incomodada.

Ele os queria. Queria-os desesperadamente — mais do que qualquer coisa que já tivesse visto. A cultura precisava deles, argumentou, para que de uma vez por todas o mundo pudesse saber como o budismo chegara à China.

Assim, por meio de negociações elegantes e sutis como um minueto, encerradas com o desembolso de apenas 220 libras do contribuinte inglês — quantia irrisória que qualquer colegial chinês vê até hoje com um exemplo horrível da perfídia ocidental —, o visitante conseguiu convencer o pobre, risonho e simplório monge Wang Yuanlu a deixá-lo levar os documentos. Em outras palavras, a vender para um estrangeiro praticamente todo o conteúdo da caverna.

Stein começou a levar embora os papéis. Levou, levou e levou. E, quando a orgia terminou, o monge tinha entregue a seu visitante britânico algo como 24 vagões cheios de papéis: milhares e milhares de objetos antigos que integravam o que agora ninguém duvida que tenha sido um dos mais ricos achados da história da arqueologia.

O mais importante de tudo eram os rolos que tinham sido trazidos até ali por monges nômades havia centenas de anos, redigidos em línguas diversas: sânscrito, turco antigo falado pelos maniqueus, turcomano grafado com caracteres rúnicos, uigur, tibetano, sogdiano, brami da Ásia central e chinês clássico. Havia também mapas estelares — os mais antigos do mundo, produzidos na dinastia Tang entre os séculos VII e X, mostrando o céu visto do hemisfério norte, com a Ursa Maior e a estrela Polar, tão nítidas e perceptíveis como no jornal da manhã.

E lá estava também o *primus inter pares*, um rolo amarelo-acinzentado de quatro metros de comprimento com um cólofon em que se dizia, inacreditavelmente, que ele deveria ser entregue de graça a qualquer pessoa que quisesse uma cópia. Esse documento é hoje conhecido pelo nome de *Sutra do diamante*.

Esse era o objeto que satisfazia a mais urgente das obsessões de Stein, o objeto que tanto impressionou os britânicos cultos que o viram em Londres pela primeira vez, o objeto que tanto impressionou Joseph Needham quando ouviu falar dele pela primeira vez, em Cambridge, no início da década de 1940. Esse documento único, coberto de inscrições em chinês e ilustrado com retratos do Buda e outras cenas sagradas, não era, como todos imaginaram de início, um manuscrito. Na verdade, o *Sutra do diamante* tinha sido *impresso*. Era uma xilogravura, impressa com blocos de madeira, da qual tinham sido tiradas, com toda probabilidade, centenas ou talvez milhares de cópias, das quais aquela era a única sobrevivente.

Até a descoberta desse sutra na Caverna 17, dava-se por certo — poderíamos acrescentar: com arrogância — que o primeiro livro tinha sido impresso por um ocidental. Mas ali estava um forte indício do contrário. Ali estava uma prova de que um documento antigo — a tradução para o chinês de um texto budista em sânscrito — fora impresso com blocos de madeira, seiscentos anos antes. Ali estava a prova irrefutável de que uma técnica tida durante longo tempo como monopólio de inventores europeus devia muito, na verdade, a criadores da China, bem mais antigos. Ali estava uma clara indicação de que a China não era uma nação atrasada, mas que durante sua idade de ouro fora uma civilização extremamente requintada, fonte, com certeza, de pelo menos essa invenção humana e, bem possivelmente, fonte de quase tudo de importante conhecido pelo resto do mundo.

Stein foi e ainda é extremamente mal-afamado na China como embusteiro e pilhador — como foram também uma sucessão de ambiciosos caçadores de tesouros que vieram depois dele.* As cavernas de Dunhuang finalmente foram fechadas, tão assustados ficaram os governos chineses posteriores com a possibilidade de novos saqueadores estrangeiros levarem os tesouros embora. Mas, quando Joseph Needham chegou lá, em setembro de 1943, ele vinha como diplomata e por isso teve acesso praticamente irrestrito às cavernas, sem ser incomodado por funcionários ou soldados enjoados. Seu acesso foi ainda mais pleno depois que os mandarins da jurisdição local perceberam que seu caminhão estava em péssimo estado e que ele teria de passar muitas semanas no lugar.

Needham fez bom uso desse acesso e de seu tempo. Dia após dia, desenhava e fotografava as cavernas nos mínimos detalhes, a ponto de se convencer de que tinha material suficiente para pu-

---

* Entre eles estava Langdon Warner, de Harvard, um historiador de arte que por sua vez levou 26 afrescos das cavernas de Dunhuang, e o fez com tanto arrojo e insolência que se tornou um dos modelos de Steven Spielberg para o personagem Indiana Jones.

blicar uma monografia — Dunhuang naquele tempo era praticamente desconhecida e muito exótica. Foi atraído pelo som dos sinos de vento de um templo, que ouviu quando estava sentado no silêncio do deserto, numa noite enluarada. Xingou quando ladrões levaram as lâminas de barbear que ele comprara em Nova York no ano anterior, quando estivera com Lu Gwei-djen, para quem ele agora escrevia quase todos os dias. Encontrou um forte chinês da dinastia Han e certo número de estupas nunca visitadas por europeus, que "escarafunchou" detidamente. Celebrou o "duplo dez"— o aniversário da revolução chinesa, celebrado anualmente no dia 10 de outubro, como até hoje — fazendo um lanche com bolo de chocolate, de pé defronte à entrada das cavernas, com uma dupla de simpáticos lamas vestidos com túnicas avermelhadas que usavam "contas e estranhos chapéus". Depois de ser perseguido por um par de lobos, passou a manter fogueiras acesas durante a noite para espantá-los.

Pouco depois, encontrou uma mandíbula que julgou ter sido do abade de algum mosteiro, e a descoberta proporcionou-lhe novos sonhos perturbadores e roubou um pouco da paz de suas noites; trocou uma cartela de comprimidos de sulfa por uma caixa de marmelos da região; andou de burro pelas dunas. Copiou mapas de diversos livros sobre a Rota da Seda, escritos pelo grande especialista americano Owen Lattimore. Foi a uma imensa procissão em homenagem a uma divindade de uma cidade da região, quando comeu uma torta de carne nem um pouco chinesa. Comprou e fumou cigarros russos e pediu a um artesão do Gobi que entalhasse para ele um novo conjunto de selos de pedra. E certa ocasião, ao passar a noite numa pousada, estava na cama quando, graças a um *kang* superaquecido que havia mais abaixo, houve uma explosão que queimou toda a roupa de seu companheiro de quarto. Todos os integrantes do grupo tiveram de dar à vítima alguma roupa extra, servisse ou não. O próprio Needham não era muito dado a usar roupas normais no deserto: quando a temperatura do outono começou a cair, ele simplesmente se enrolava numa pele de ovelha ou em tapetes tecidos no local.

Antes que ficassem ilhados pelo inverno — época em que os desertos do Turquestão se tornam terrivelmente gélidos —, Needham decidiu mandar buscar ajuda. Despachou seu fiel assistente H. T. pelo deserto com uma parelha de burros. Disse-lhe que não ficasse preocupado, com medo de não ser bem-sucedido; o instinto de sobrevivência dos animais, como Needham se empenhou em demonstrar, garantiria a sobrevivência de quem quer que os montasse.

A principal missão de H. T. — depois de certificar-se de que seu chefe seria resgatado — seria retornar para Chongqing. Deveria atravessar o deserto com os burros até encontrar uma estrada onde pudesse pegar um ônibus, encontrar um caminho que o levasse a Lanzhou, depois encontrar uma conexão aérea para a capital e, chegando lá, ir ao escritório de Needham e recomeçar o trabalho que o chefe tivera de abandonar — abastecer as universidades de acordo com suas necessidades e encomendar esses materiais na Índia.

Mas essa viagem dele para a base tornou-se tão frustrante quanto a expedição como um todo. O ônibus de H. T. derrapou e caiu numa vala; o carro que ele alugou teve uma gaxeta estourada e problemas com as velas de ignição; e quando finalmente conseguiu chegar ao campo de pouso de Lanzhou, ele foi retirado de todos os aviões em que tentou embarcar porque todos os aparelhos estavam reservados para transportar imensas quantidades de melões de Hami para Chiang Kai-shek e sua esposa, apaixonada pela fruta.

H. T. esperou no aeroporto durante a maior parte do mês até decidir voltar a Langzhou. Ao chegar, verificou que o grupo de

Needham tinha feito o mesmo. Uma equipe de mecânicos de um campo de petróleo no deserto fizera alguns consertos no motor do caminhão, que conseguira chegar com dificuldade a Lanzhou, onde um técnico mais competente ia deixá-lo em condições de percorrer os 1600 quilômetros de volta.

Restava um pequeno problema. Embora tanto Needham quanto H. T. estivessem em Lanzhou, o primeiro estava na margem sul do rio Amarelo, e o outro, na margem norte, e a ponte tinha caído.

"Por isso, todos os dias passávamos um bom tempo atravessando o rio", escreveria H. T. anos depois.

Eu gostava particularmente [...] da balsa de pele de carneiro, que me dava a sensação de estar sendo carregado pela forte correnteza. À medida que o tempo esfriava, começaram a aparecer blocos de gelo na água, e no começo de dezembro o rio inteiro estava totalmente congelado. Foi um espetáculo assustador ver o poderoso rio transformar-se numa sólida lâmina de gelo no intervalo de apenas duas semanas.

No início de dezembro, depois de fazer o que tinha sido possível no noroeste da China, Needham entrou para uma longa lista de pessoas que tentavam tomar um avião da China National Aviation Corporation. Tinha muitos contatos, graças a suas viagens, e depois de apenas duas semanas de espera um desses contatos acabou operando o milagre. Conseguiu para ele um lugar num velho e malconservado avião de guerra americano e, espremido entre bagagens, melões e outros passageiros também embarcados às pressas, Needham decolou. Às cinco da tarde de 14 de dezembro, o avião aterrissou na língua de areia que servia de campo de pouso em Chongqing, onde um funcionário da embaixada estava a postos para recebê-lo. Ele deveria ter se ausentado por um mês: tinham se passado quatro.

Enquanto isso, H. T. Huang voltava para casa no velho e castigado caminhão Chevrolet. Passou mais um mês de apuros — em certo momento ficou sem óleo lubrificante e não teve alternativa senão encher o motor com óleo de canola. Mas no fim de janeiro de 1944, cinco meses e meio depois da partida, ele e Needham finalmente se reencontraram e puderam dar um suspiro de alívio, além de devolver o caminhão à garagem da embaixada para nunca mais pôr os olhos nele.

A viagem teve ainda um outro agradável desfecho — um romance que floresceu debaixo dos olhos de todo mundo e mesmo assim passou despercebido devido aos inúmeros percalços da viagem. Liao Hongying, a bela jovem que Needham tinha deixado em Langzhou, conheceu um diplomata britânico visitante, Derek Bryan. O casal tinha vindo para Chongqing no caminhão de H. T. Durante a viagem, Bryan destacou a disciplina e a eficiência dos soldados comunistas de Mao Zedong — e Liao percebeu claramente que ele não era um dos empertigados simpatizantes de Chiang Kai-shek, mas "um de nós, uma pessoa do povo".

Os dois se apaixonaram, ficaram noivos em um mês e se casaram pouco depois — e daí em diante tornaram-se presença constante, primeiro em Beijing e mais tarde na Inglaterra, do grupo de elite que, nas décadas de 1950 e 1960, fez uma campanha entusiástica e decidida em apoio aos ideais da República Popular da China.

Bryan e Hongying não eram comunistas e sim socialistas militantes, como Needham. Seja como for, caíram em desgraça junto ao Foreign Office britânico, que afastou Bryan do serviço diplomático em 1951, depois que ele disse a um diplomata americano que aprovava as reformas sociais de Mao Zedong.* Eram quacres fer-

---

* De imediato, o Foreign Office removeu Bryan de Beijing, apesar de seu hábil desempenho na crise de 1949, quando os comunistas capturaram a fragata *HMS*

vorosos, e mais tarde participaram, com Needham, da fundação da Sociedade para o Entendimento Anglo-Chinês. Pertencer a essa entidade era um dos poucos meios de que um britânico dispunha para conseguir visto de entrada na China nos anos de maior restrição. O casal dedicou-se a ensinar chinês, realizaram pesquisas e quando se aposentaram foram residir em Norwich. Quando morreram — Hongying em 1998, Derek Bryan em 2003, aos 92 anos —, deixaram uma importância considerável para um fundo de apoio a jovens chineses que quisessem estudar na Grã-Bretanha.

Por mais árdua que tenha sido a viagem de Needham ao noroeste, o percurso, no que se refere a riscos relacionados à guerra, era razoavelmente seguro. Pode-se dizer que não havia soldados japoneses a oeste de Chongqing, e os bombardeios aéreos japoneses tinham praticamente cessado em 1941.

O mesmo não se podia dizer do leste da China. Em 1943, o Japão controlava grande parte dessa região do país, da Manchúria para baixo, até um ponto do litoral bem ao sul de Shanghai. E Tóquio também se mantinha firme no território que ia do antigo porto franco de Xiamen, no sudoeste, até a fronteira da Indochina — mais precisamente, do Vietnã. Todo o sul da província de Guangdong — inclusive a colônia britânica de Hong Kong, desde o cerco do dia de Natal de 1941 — estava sob as ordens do imperador do Japão. Onde os dois exércitos se encontravam — de um lado as tropas nacionalistas e comunistas, mais ou menos unidas,

---

Amethist, e ofereceram-lhe um lugar na embaixada britânica em Lima. Disseram que, por causa de suas opiniões, ele jamais retornaria à China como diplomata. Bryan preferiu uma aposentadoria precoce. Talvez tenha sido melhor: ele já tinha irritado o embaixador britânico ao reclamar que na embaixada em Beijing havia banheiros separados para chineses e não chineses, uma forma de segregação asiática.

e de outro o Exército imperial japonês —, instalava-se a frente de batalha, sempre móvel. As cidades dessa faixa de território mudavam de mãos com frequência desconcertante e viviam confrontos, bombardeios e todos os múltiplos horrores da guerra total. Por mais estranho que pareça, entretanto, as forças japonesas tinham deixado fora de seu controle um trecho pedregoso da costa leste da China, com cerca de quinhentos quilômetros, que mais ou menos acompanhava o litoral da província de Fujian. Havia muitas teorias sobre a razão disso, mas o mais provável é que os estrategistas tenham achado mais importante ocupar os centros industriais e vias de transporte principais e deixar os pontos mais isolados e pouco povoados à sua própria sorte. Assim, embora grande parte de Fujian tenha sido ocupada por algum tempo no fim da década de 1930, em 1944 estava de volta às mãos dos chineses. No ponto médio da costa ficava a principal cidade da província, o antigo porto franco de Fuzhou; este também permanecia sob o controle tenaz dos chineses, funcionando como antes da chegada dos japoneses.

Needham ficou fascinado. Para começar, pelo fato de descobrir um consulado britânico funcionando em Fuzhou, em território quase totalmente cercado pelo inimigo — as possibilidades de espionagem e de outros inconvenientes eram certamente numerosas. Logo de início, quis saber como as comunidades acadêmicas estavam se virando naquela parte da China, espremida entre os invasores japoneses a norte, oeste e sul, e o mar a leste. Assim, com o interesse espicaçado pela extraordinária situação de Fuzhou, ele partiu mais uma vez.

Começou sua grande "Jornada ao sul e ao leste", como mais tarde foi chamada, em abril. Poucas semanas antes, sua mulher, Dophi, tinha chegado de Cambridge para assumir o posto de sua assessora em química. Mas ele decidiu não levá-la consigo. Seu companheiro, mais uma vez, foi H. T. Huang, e o veículo deles seria

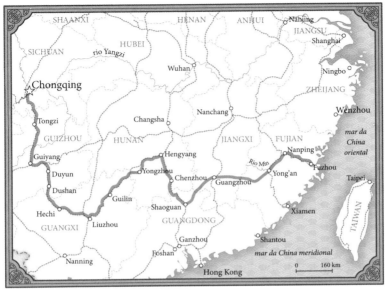

Mapa da expedição de Needham ao leste, Chongqing-Fuzhou.

uma ambulância Chevrolet adaptada, muito parecida com o malfadado calhambeque que tinham usado antes, embora um pouco menor e menos potente. Era parecida, mas claramente diferente.

Seja como for, devido à distribuição geográfica da ocupação japonesa, Needham e H. T. tiveram de dirigir o caminhão diretamente para o sul* e depois tomar um trem a vapor. Para levar o caminhão, alugaram um vagão-plataforma que foi acoplado à traseira do trem, e durante os cinco dias seguintes, Needham, obcecado por ferrovias, permaneceu em êxtase adolescente — "vimos

---

* A rota para o sul não era desprovida de interesse: já no primeiro dia, eles se viram rezando em voz alta enquanto o caminhão avançava palmo a palmo por uma passagem na montanha, perto de Zunyi, tão escarpada que a estrada tinha nada menos que 72 curvas fechadas consecutivas. Um Needham aliviado, aparentando indiferença, escreveria mais tarde que as íris azul-claras do vale próximo eram lindíssimas.

o primeiro trem, com uma locomotiva que parecia a 2-8-0 britânica, com dois carros de passageiros e duas gôndolas".

Seu entusiasmo por trens era muito semelhante à devoção ardente que dispensava às moças, e em seu diário ele expressava, quase todos os dias, o mais profundo interesse por uns e por outras. "Vimos muitas garotas Miao bonitas, vestidas com saiotes brilhantes"; "rosto de mulher cozinhando [...] curva perfeita sob o cabelo negro"; "encantadora barqueira, forte e bela"; "encontramos no observatório uma linda moça formada no Japão"; "dividi a cabine com uma bela jovem do mais puro aspecto pele-vermelha". Seu entusiasmo às vezes o levava longe: a garota pele-vermelha acabou sendo uma chinesa que estudara na mesma escola de Lu Gwei-djen em Nanjing; e a gigantesca locomotiva 2-8-0 que ele vira não tinha nada de britânica: fora construída na Tchecoslováquia.

Em pouco tempo, Needham e H. T. se adaptaram à rotina do trem, e Needham descia em todas as paradas para conversar com o maquinista ou fazer anotações sobre as diversas locomotivas a vapor que via manobrando nos pátios. Havia militares americanos e britânicos por toda parte, ajudando os chineses a manter a linha de frente contra os japoneses — e esses estrangeiros, quando viajavam para suas diferentes bases, ocupavam a maior parte dos lugares da primeira classe e dos vagões-dormitórios.

Mas uma vantagem compensava a superlotação: os americanos normalmente viajavam com intérpretes e, se fossem mulheres jovens e bonitas, o simpático casanova de Cambridge tinha oportunidade de fazer amizade com elas. No primeiro dia, Needham conheceu a srta. Zhao Baoling, uma boa soprano cujo repertório aparentemente inesgotável de canções folclóricas chinesas o entreteve durante horas. H. T. foi obrigado a escrever as letras para a posteridade, para os arquivos. "É tudo pesquisa", dizia Needham. "Claro que sim", assentia H. T.

Havia muitas atividades militares para manter os oficiais ocupados: houve poucos dias em que Needham não anotasse algum ataque aéreo ou um susto de outro tipo que indicasse que o japoneses estavam tramando alguma coisa.

O trem deveria partir à 1h50, mas soou o alarme aéreo, subiram duas bolas [no mastro de sinalização], o trem retrocedeu para o campo e todos se dispersaram pelas matas nos morros. As duas bolas desceram e, como nada aconteceu, as pessoas voltaram para o trem. Pouco depois, barulho de aviões: todos correram para as matas. Sete aviões de guerra americanos, provavelmente P40, descreveram quatro círculos e se afastaram. Todos voltaram para o trem. Barulho de aviões: todos para as matas; dois aviões não identificados em voo rasante fizeram um círculo e se retiraram. Finalmente houve o sinal de tudo bem e o trem partiu, às 4h da tarde.

O que Needham e seus superiores na embaixada em Chongqing ignoravam era que Tóquio estava efetivamente tramando algo.

Havia tempos os japoneses vinham se aborrecendo com a presença incômoda da ponta de lança que os Aliados mantinham no território por eles controlado no leste da China, e Tóquio ordenou a seus comandantes na área que acabassem com ela ou a sufocassem. Assim, quase no mesmo momento em que Needham e H. T. começavam sua viagem de trem para Fuzhou, a Força Aérea e o Exército do Japão se mobilizavam para isolar completamente a área, fechando as lacunas que permitiam aos chineses trazer homens e suprimentos — além de acadêmicos visitantes, como Needham — para a região.

Assim, no momento exato em que eles se aventuravam cada vez mais longe naquela região aparentemente tranquila do leste da China, os japoneses estavam fechando todas as entradas e saídas. Se Needham não andasse rápido, ou se não tivesse muitíssima sorte, seria capturado — na qualidade de prisioneiro de guerra de alto valor.

Mas ele não sabia nada disso e, no fim de abril e começo de maio ("blusão e shorts esta manhã — primeira vez este ano"; "manhã agradável e quente [...] tempestade violenta com chuva, relâmpagos e trovões à tarde"), persistia alegremente em seu caminho. Como tinha feito na viagem ao noroeste, dedicou o maior tempo possível a visitar universidades, fábricas e escolas, dar palestras, reunir listas de compras para os voos sobre a Hump, marcar a presença britânica e, de modo geral, levantar os ânimos.

Mas tudo isso ia ficando muito mais difícil à medida que passavam os dias. Os ataques dos japoneses se tornavam mais numerosos e, embora ninguém soubesse explicar como, essa frequência estava fazendo com que muitos chineses ficassem nervosos e fisicamente doentes. Um bibliotecário que Needham conheceu numa faculdade da cidade de Pingshi — "maluco, mas gente boa" — estava sofrendo de uma forma crônica de malária, e sua mulher também. "Examinei fotos deles em Cantão antes da guerra, e ela parecia bem ativa, eles tinham um carro, assim como uma casa, enquanto agora ambos estavam amarelos e emaciados. Mas ele tem a marcenaria como passatempo e está fazendo casas de bonecas."

Needham parecia encontrar gente interessante em toda parte. Numa cidadezinha, conheceu um parasitologista escondido numa ruela, fazendo muito pouco trabalho científico mas feliz com a chegada de uma dúzia de microscópios recém-contrabandeados de Hong Kong. Num pequeno observatório, descobriu um especialista em fonética, formado em Princeton, que pouco tempo antes tinha sido sequestrado por bandidos e mantido preso numa caverna durante quatro meses. Em Ganxian — onde Rewi Alley havia morado e cidade que, segundo declarou Needham, era a mais limpa e com mais indícios de prosperidade que ele tinha visto na China até então, e tinha edifícios com colunatas como no centro de Nova Delhi —, encontrou um jovem chinês que falava grego muito bem. Tomaram chá e, com Needham recorrendo a sua imensa capacidade linguística, "tiveram um bom papo".

Needham pode ter tido suas razões para achar que o bibliotecário que sofria de malária era "maluco", mas suas próprias esquisitices frequentemente vinham à tona, como H. T. constatou várias vezes. Em Ganxian, por exemplo, seus excêntricos cafés da manhã davam motivo a comentários e alguma consternação. Ele gostava da torrada matinal queimada e preta. O carvão, dizia, fazia um bem incalculável ao estômago. O cozinheiro da pousada do China Travel Service, onde estavam hospedados, tinha sua própria opinião sobre como devia ser uma torrada, e a de Needham foi servida marrom. Um Needham cada vez mais impaciente mandou a torrada de volta para a cozinha três vezes, e a questão só foi resolvida quando H. T. aplicou a inestimável combinação de diplomacia e química que caracterizava seu trabalho. "Temos aqui um professor da Inglaterra muito excêntrico", explicou. "Por favor, diga ao chef que não se preocupe se as torradas queimarem. É assim que ele quer — e o carvão é bom para a digestão dele."

Em meados de maio, o carro que eles tinham levado de trem e agora conduziam pelas montanhas de Fujian — segundo Needham, elas lembravam o Jura — precisou de reparos. Como tinham de esperar que as águas de uma enchente baixassem, aproveitaram a oportunidade para consertá-lo. Durante três dias não tiveram nada para fazer e ninguém a visitar, e Needham, sempre disposto a aproveitar cada hora do dia, decidiu traduzir canções folclóricas chinesas para o inglês, mantendo a métrica original (o

199

exercício mostrou ser lamentavelmente infrutífero), e ensinar a algumas beldades chinesas em trânsito as três músicas que ele conhecia melhor: "Gaudeamus igitur", a "Internacional" comunista e a "Horst Wessel Lied", uma canção que então era cara a todo bom nazista.

Além disso, em certo momento Needham teve de dar tratos à bola quando um químico chinês que ele conheceu perguntou-lhe sobre um destacado cientista britânico que o homem dizia chamar-se Queenie Woggin. Depois de coçar a cabeça durante algum tempo, Needham percebeu que se tratava de dame Helen Gwynne-Vaughan, especialista em fungos que chegou a liderar a ala feminina do Exército britânico. Quando se afastava apressadamente do chinês, Needham caiu num buraco na estrada que lhe chegava à altura do pescoço, fato que, contaria ele depois, divertiu todo mundo, especialmente as mulheres. Retirou-se para a varanda de uma casa vizinha a fim de restabelecer sua dignidade ferida, acendeu o charuto da noite e passou uma hora observando em êxtase as colinas azuladas de Fujian, as moitas de rododendro tremulando na brisa gelada e sentindo o perfume de gardênia no ar.

Escreveu, apenas, que em momentos como aquele a China era com certeza o lugar mais adorável da terra.

Finalmente, depois de um mês de estrada, o destino deles estava à vista. Exaustos de tanto viajar entre cadeias de montanhas, decidiram ir a Fuzhou — uma ilha de civilidade ocidentalizada encravada num mar de hostilidade japonesa — num barco fluvial a vapor. O rio Min corre placidamente para o mar desde sua nascente, nas montanhas do oeste parecidas com o Jura, e Fuzhou se situa bem na sua foz — assim, um barco era um meio muito mais confiável de chegar à cidade, e Needham amava os barcos quase tanto quanto os trens.

Enquanto esperava pelo barco na cidade ribeirinha de Nanping, ele descobriu por acaso — como normalmente acontecia

— um americano mais conhecido como ornitólogo, John Caldwell. Needham, um observador de pássaros diletante, tinha já havia tempos um exemplar da obra definitiva de Caldwell, *The birds of south China* [As aves do sul da China]. No entanto, oficialmente, John Caldwell, nascido na China e falante nativo do chinês, era muito mais do que isso.

Para efeitos externos, ele estava empregado como jornalista pelo U. S. Office of War Information. Mas na realidade, como muitos estrangeiros enérgicos e misteriosos que viviam naquela parte da China, era um espião. Um espião muito tagarela e prático. Aparentemente, sabia o que estava acontecendo ali e achava que de repente a situação se mostrava perigosa. Avisou Needham de que havia leves mas inconfundíveis sinais de uma tempestade em formação. Disse que estava "ficando tenso" e se preparando para evacuar seus pais, que moravam ali perto. Tratava-se de uma mensagem sutil, em código, que Needham entendeu muito bem: de agora em diante, tenha cuidado, muito cuidado; os japoneses estavam tramando alguma coisa.

Fosse como fosse, Needham ainda tinha de cumprir uma missão para a Coroa. O barco para Fuzhou zarpou no dia marcado ainda no escuro, levando-o sentado alegremente na proa enquanto corcoveava rio abaixo nas tenebrosas corredeiras do Min. A viagem demorou pouco mais de doze horas, e o primeiro homem que Needham conheceu quando o barco atracou no porto de Fuzhou naquela tarde também era um espião. Mas dessa vez seu novo conhecido era um espião britânico: Murray MacLehose, que naquele momento estava envolvido numa missão ultrassecreta. Mais tarde, MacLehose deu um jeito de abandonar a nebulosa atividade da espionagem e embarcou numa vitoriosa e bem pública carreira diplomática.

Murray MacLehose, que mais tarde seria feito par do reino, era um escocês gigantesco que passou quase toda a vida — exceto um breve período no fim da década de 1960, quando, ninguém sabe por que, foi designado embaixador na Dinamarca — trabalhando no Oriente e encerrou a carreira como o mais benquisto dos governadores da Hong Kong colonial. No início de sua vida profissional, quando trabalhou no serviço civil da Malaia Britânica, fora mandado ao porto franco-chinês de Xiamen, na época conhecido como Amoy, algumas centenas de quilômetros ao sul de Fuzhou, onde agora estava lotado e onde podia aprender o hokkien, dialeto litorâneo local. Mas em dezembro de 1941 os japoneses haviam capturado Amoy e levado todos os diplomatas britânicos que puderam encontrar, entre eles MacLehose. De início, os britânicos ficaram confinados; depois, em atenção aos termos da Convenção de Genebra, a Cruz Vermelha tinha sido chamada como intermediária e todos foram mandados se volta para a Grã-Bretanha.

MacLehose poderia ter ficado em casa, mas os espertalhões dos serviços de inteligência britânicos tinham outros planos. Decidiram mandar o jovem escocês ambicioso, de ótima aparência e poliglota de volta à China — ao porto de Fuzhou, que ainda estava livre. Ele trabalharia lá como se fosse vice-cônsul britânico, mas treinaria a guerrilha chinesa para lutar atrás da linhas japonesas e praticar atos de sabotagem. Era isso o que MacLehose fazia, com apoio oficial mas de modo dissimulado, quando ele e Needham se conheceram, ao lado da velha ponte do rio Fuzhou, em maio de 1944.

Por causa da natureza secreta desse trabalho, Needham preferiu suprimir toda e qualquer menção a MacLehose — que pode ser descrito como um dos britânicos mais interessantes e festejados que ele encontrou na China — de todos os trabalhos que veio a publicar sobre aquele país. "Na manhã seguinte pegamos o vapor fluvial para Fuzhou", escreveu no livro *Science outpost* [Posto avançado da ciência], "onde passamos cinco dias agradáveis. A narrativa recomeça depois que voltamos." E nada mais que isso.

Mesmo as poucas referências a MacLehose e ao cônsul britânico Keith Tribe que aparecem nos diários particulares e inéditos de Needham são bastante reticentes e anódinas. Ele diz que MacLehose levou-o para hospedar-se no consulado, na velha Concessão Estrangeira — que lhe lembrou Clapham, onde tinha crescido. Conta que ela era uma adorável propriedade antiga cheia de objetos de arte e que H. T., por ser chinês, teve de ficar num hotel do outro lado da rua. Diz ainda que seu quarto era enorme e tinha um banheiro bem amplo. Quando tomaram chá — brioches, mel, geleia —, ele fechou os olhos e imaginou-se de volta à Inglaterra.

Os homens, então, obviamente, entregaram-se à boa vida. Receberam massagens caprichadas; tomaram um junco para o Pagoda Anchorage, onde os barcos chineses costumavam ser carregados de chá; passaram o tempo no ainda elegante Clube Fuzhou, cujo bar era frequentado por ocidentais prósperos; visitaram várias oficinas de laqueação e cerâmica, pelas quais a cidade é famosa; e jantaram peixe com o igualmente famoso molho de Fuzhou de arroz vermelho fermentado e vinho, cujo preparo — à mistura eram adicionados fungos *Monascus* — deixou Needham muito entusiasmado (ele tomou nota dos detalhes para seu livro). Visitaram ainda dois grandes antiquários de livros que também faziam a fama de Fuzhou.

Needham precisou comprar dois enormes baús de ratã para despachar todos os livros (entre os quais 56 volumes que ganhou de membros do Clube Fuzhou) para Chongqing. A maior parte deles versava sobre história da ciência chinesa, e estão todos até hoje em Cambridge, na grande biblioteca de ciências do leste da Ásia que ele formou ao longo dos anos.

No total, os cinco dias foram passados num turbilhão de atividades, muitas delas em companhia de Murray MacLehose, embora Needham não tenha deixado uma nota sequer, seja no livro publicado, seja em seus diários particulares, sobre suas conversas com o vice-cônsul ou sobre suas ocupações. De vez em quando aparecem as iniciais do homem, como em "almocei com MM" ou "jantar com MM", mas isso é tudo. Outras pessoas receberam tratamento mais pródigo: um certo sr. Pearson é descrito como "pretensioso e tagarela", Keith Tribe como "interessante e gentil". Sobre Murray MacLehose, nada.

Nesse ponto, Needham e H. T. empreenderam a volta para casa — dessa vez por causa dos relatórios do consulado (e presumivelmente dos dois espiões) segundo os quais os japoneses estavam a ponto de fechar o cerco.

Foi uma correria. Quase todas as cidades por onde eles passavam já tinham sido visitadas por bombardeiros japoneses, que vinham abrindo caminho para o avanço da infantaria. Era frequente que tivessem de fazer longos desvios para passar ao largo de edifícios em ruínas e estradas destruídas. Em 29 de maio, a rádio estatal chinesa anunciou que a ofensiva japonesa tinha começado. Em poucas horas, as estradas começaram a ficar bloqueadas, tantos eram os refugiados em pânico, e o céu se encheu de aviões, principalmente americanos e chineses, voando para oeste e para o norte a fim de deter as incursões do inimigo.

Needham ainda insistia em visitar lugares de interesse — uma mina de tungstênio aqui, uma usina de gás ali, um laboratório de epidemiologia numa cidade, uma fazenda experimental acolá —, mas H. T. o pressionava a seguir adiante. H. T. entendia o hokkien e Needham, não, por isso estava plenamente consciente do perigo cada vez maior. O ponto crítico da viagem foi a tentativa de atravessar uma ponte sobre o grande rio Xiang, na cidade de Hengyang, travessia que tinham feito sem nenhum sobressalto três semanas antes.

Mas agora os japoneses estavam a um passo deles, e pela primeira vez a lendária calma de Joseph Needham deu sinais de fraquejar. Se não cruzassem a ponte antes dos japoneses, seriam capturados e confinados — ou coisa muito pior. Normalmente, ele ficava indiferente às vicissitudes da guerra, preferindo ler seu *Dicionário chinês-inglês* enquanto duravam os ataques. Mas em 2 de junho convocou H. T. para um conselho de guerra. Gostaria de visitar uma série de fábricas em Taiho, sede do governo provincial, mas estava preocupado. Escreveu em seu diário: "Mesmo que Changsha fique de fora, pode haver uma grave transposição do tráfego em Henyang, impedindo-nos de chegar ao oeste com nosso caminhão e nossos preciosos apontamentos também. Então decidi não ir". Eles agora tinham de alcançar a ponte ou seriam presos.

Ouviram relatórios alarmantes — que Hengyang tinha sido bombardeada sem cessar durante três dias; que os americanos tinham bombardeado e destruído 22 locomotivas japonesas a vapor em Hankou; e, o mais assustador, que tropas japonesas estavam avançando de Guangzhou para o norte a fim de reunir-se às que se deslocavam do sul para o norte do Yangzi, e que os dois exércitos em breve se encontrariam num gigantesco e esmagador movimento de pinça. Needham começou a falar nisso com muita seriedade, às vezes até mesmo ouvindo rádio — "Estou ouvindo a conversa entre pilotos de aviões americanos e o pessoal de terra!", exclamava, agitado.

Decidiram correr para a ponte. Fizeram uma breve parada numa segunda mina de tungstênio para observar os homens eliminando a volframita por lavagem do quartzo moído — enquanto H. T. rangia os dentes de ansiedade —, mas depois se apressaram, pois a urgência crescia e a cada hora a situação tornava-se cada vez mais perigosa.

Sábado, 3 de junho. Depois do almoço, passou um número fora do comum de caminhões [...] a maior parte deles cheios de gasolina para os campos de pouso americanos [...] alguns evacuavam gente dos escritórios e fábricas. Passamos por diversos quilômetros de atividade frenética — milhares de homens e mulheres carregando pedras, sem dúvida para um novo campo de pouso. Não há um só dia a perder agora.

Domingo, 4 [...] o avanço é interminavelmente moroso [...] alarme de ataque aéreo, por isso saímos da estação e esperamos debaixo de uma espessa garoa. Infelizmente, o corpo decapitado de um cule jazia entre os trilhos [...] depois desse incidente, o pessoal da ferrovia deixou o trabalho e ficou de braços cruzados durante horas, enquanto uma multidão observava e dizia "ai-ya"— possivelmente *pour encourager les autres*. Depois disso, enquanto caía a noite e aparecia o luar, fumei um charuto com H. T. [...] linda região montanhosa, à noite, em todas as direções.

A locomotiva a vapor subiu devagar e com dificuldade a última cadeia de montanhas antes de começar a lenta descida costa abaixo, para o vale do rio Xiang. De vez em quando parava de repente, às vezes por causa de ataques aéreos, às vezes para que passageiros vestidos com suas longas túnicas descessem penosamente e sumissem em vilarejos escondidos pela mata. Mas, a cada vez que eles paravam, muitos outros candidatos a passageiros pediam aos gritos que os deixassem subir no trem para escapar ao avanço contínuo da infantaria japonesa. Needham e H. T. abriram espaço para recém-chegados até que o compartimento deles ficou lotado de gente suarenta e assustada, bagagens e vários animais de criação. De tempos em tempos, Needham tentava puxar uma música para manter o ânimo dos refugiados, mas eles estavam nervosos demais e a maioria olhava ansiosamente para fora pelas janelas poeirentas. Acima de tudo, odiavam os japoneses e estavam dominados pelo medo do que os soldados poderiam fazer.

Terça-feira, 6. Finalmente Hengyang. Ouvi o chefe de estação dizer que nos levaria para o outro lado do rio pela grande ponte ferroviária em três horas mais ou menos […] situação muito calma e normal, a não ser pelos soldados preparando ninhos de metralhadoras e deixando a estação em condições de se defender. A ferrovia está mandando três expressos por dia na direção de Guilin, removendo com presteza os refugiados.

Durante o dia grande atividade aérea, esquadrilha após esquadrilha de P-40 e outros aviões de guerra, com os chineses de olho neles, vindos do campo de pouso bem a leste da estação e dirigindo-se para o norte — outras esquadrilhas voltando — uma visão maravilhosa — os aviões voando ainda muito baixo, com suas caras de tigre em destaque. Dois trens de evacuados de Changsha, diversos trens carregados de trilhos, sinaleiras e variado material ferroviário atravessando o rio em relativa segurança em relação aos japas.

Nas plataformas, alguns excelentes soldados chineses, com aspecto de fortes, com espadas, ventarolas e guarda-chuvas, assim como fuzis, ouviam a palestra de um capitão com um revólver e uma bengala.

Examinei duas grandes locomotivas (4-8-4 e 2-8-2), respectivamente inglesa e alemã, danificadas demais para serem consertadas; e finalmente, lá pelas 5h, quando todas as esperanças de atravessar ainda naquele dia pareciam perdidas, as locomotivas chegaram, nos reorganizamos e um trem se preparou para a travessia.

Mas não antes das 7h, e nisso ele parou na entrada da ponte durante longo tempo — um alvo perfeito. Sentamos em nosso próprio vagão-plataforma sob o brilho do luar e fumamos charutos. Tomei banho numa lagoa, depois dormi.

Deve ter sido um sono bastante profundo, porque a anotação seguinte relata o resultado:

Acordei às 11h30 e vi que já estávamos do outro lado, e na Estação Oeste.
Sendo assim, tomamos um chá.

Eles escaparam bem a tempo. Dois dias depois, a ponte de Hengyang explodiu, e a margem leste do Xiangjiang foi irremediavelmente perdida. Em questão de dias, exatamente como se temia, toda a posição avançada dos chineses no leste da China foi anexada à força ao império japonês. Chongqing, a capital do país, ficaria a partir de então totalmente separada do leste até o fim da guerra.

Needham decidiu empreender o longo caminho de volta. Passou algum tempo com o velho amigo Alwyn Ogden (o que era parecido com H. G. Wells), cônsul em Kunming, cidade que permanecia incólume e tão em paz como antes. Recontatou ali uma amiga, a quem havia prometido uma semana de férias. O casal se embrenhou pelo interior de Yunnan, caminhou por florestas de bambu, colheu morangos silvestres e tomou banho nu em fontes de água quente — tudo em nome da recuperação do susto de ter estado tão perto de um Exército japonês que subitamente tomara a ofensiva.

Depois disso, em 1º de julho, com ajuda de Ogden, Needham conseguiu lugar num voo para a capital. Terminou seu relato sobre a grande viagem ao sudeste de maneira simples e lacônica: "Não havia ninguém esperando por mim, mas peguei uma carona no carro do brigadeiro Wilson-Brand. Encontrei-me com Dophi no jantar".

Needham faria muitas outras viagens pelo país, mas nenhuma tão ambiciosa quanto as anteriores. A mais perigosa foi a tentativa de chegar à fronteira da Birmânia, em 1944. Os combates prosseguiam ali, entre os japoneses, de um lado, e britânicos e americanos, de outro. Os japoneses estavam agora em franca desvantagem* e lutavam com a tenacidade dos encurralados e desesperados. No entanto, não foi a guerra, e sim a instabilidade geológica da região e os consequentes deslizamentos de terra, que causou à expedição de Needham as maiores dificuldades. A situação só piorou quando o caminhão deles bateu e capotou ao descer velozmente uma encosta do vale do Mekong. O grupo perdeu grande parte de seus equipamentos, mas ninguém se machucou.

Durante essa aventura tropical, Needham visitou botânicos, especialistas em fisiologia vegetal e nutricionistas, constatando, entre outras coisas, que eles tinham acabado de descobrir a mais rica fonte de vitamina C do mundo, a planta *Emblica officinalis* (ou *Phyllanthus emblica*), conhecida localmente como azeitona chinesa, "mas na verdade pertencente à família das euforbiáceas".**

---

* Três meses antes da viagem de Needham à frente de batalha, o avanço dos japoneses para o oeste tinha sido detido decisivamente na famosa batalha de Kohima, cidade do estado indiano de Assam, conhecida como "a Stalingrado do Oriente", "as Termópilas britânicas" e "uma das maiores batalhas da história". Entre abril e junho de 1944, um pequeno contingente britânico repeliu milhares de japoneses num período que teve seu clímax na lendária "batalha da Quadra de Tênis", uma luta corpo a corpo travada nos jardins da casa de campo do representante diplomático interino que terminou bem na linha central da quadra de tênis. Kohima foi o ponto mais ocidental a que os japoneses chegaram: de junho em diante, eles foram implacavelmente empurrados de volta a Tóquio e lutaram como tigres durante a retirada. Em Kohima existe ainda uma singela cruz em memória dos britânicos caídos: "Quando voltarem para casa / Falem sobre nós e digam / Que por seu amanhã / Demos nosso hoje".
** Cem gramas de suco da fruta fornece quase um grama de vitamina C, de modo que não é estranho que seja encontrado facilmente em lojas de alimentos naturais.

Outros trabalhavam em métodos de melhoramento da produção de resinas secretadas pelos insetos da laca, matéria-prima da goma-laca. Um deles estava elaborando um "Guia das lagartas de Yunnan", "com especial referência às pragas", enquanto outro terminava um guia abrangente sobre a flora de Yunnan. E tudo isso num único edifício. Em outro, ele se deparou com cientistas que trabalhavam nas reações das plantas a estímulos elétricos, na frutificação subterrânea do amendoim, no metabolismo do bicho-da-seda, na criação de uma taxonomia dos cogumelos, na distribuição geográfica da giberela do trigo e na constituição de um vasto catálogo de plantas medicinais encontradas na China — este último projeto estava sendo executado no antigo templo de um povoado que tinha uma imagem gigantesca de Guanyin, a deusa budista da compaixão, olhando para baixo com ar de impassível aprovação.

Muitos desses cientistas falavam francês, fato que reflete a influência colonial da França naquela região da China, e a proximidade dos territórios da Cochinchina e os de *l'Indochine*. A tradição europeia era forte: todos os cursos na escola de medicina eram ministrados em francês, e um dos pesquisadores do departamento de biologia, que tinha sido criado na Alemanha, conversou com Needham em sua língua adotiva sobre seus estudos acerca da anatomia do nariz das rãs.

Fora do centro, numa cidade chamada Lufeng, Needham passou algum tempo com geólogos que tinham acabado de surpreender o mundo com o achado de um fóssil praticamente completo do pequeno dinossauro herbívoro que ficou conhecido como *Lufengosaurus*. Comprou uma porção de tesouras, já que, antes de ter seu nome associado a animais do Jurássico, Lufeng era famosa por sua cutelaria, e suas lâminas afiadas haviam sido apreciadas durante todo o antigo império.

Num templo confucionista nas proximidades, Needham encontrou dezenas de estatísticos trabalhando sob uma solene imagem do sábio gravada numa tábula de ouro. Sem palavras para descrever quanto estava encantado com a visita, ele anotou em seu diário que Confúcio teria ficado feliz se visse seu templo usado dessa forma, a serviço de um povo do qual ele dissera, em Analetos 13, "Enriquece-os primeiro, educa-os depois"; e, em Analetos 12, "Para governar é preciso comida suficiente e armas suficientes; quanto às pessoas, que sejam sinceras".

Com tudo isso, Needham ainda encontrou momentos para parar e refletir. O mais importante aconteceu justamente quando ele estava deixando a cidade na tentativa de alcançar a fronteira (frustrada por causa do acidente com o caminhão). Em seu diário, ele admite que, embora Kunming mostrasse que os chineses cultos tinham uma capacidade imensurável para a investigação, restava um mistério: se os chineses eram tão argutos, inquisitivos, inventivos e criativos, por que, durante tanto tempo, tinham sido tão pobres e cientificamente atrasados?

Por que motivo essa espécie de curiosidade a respeito do mundo natural, que a pesquisa de Needham mostrava que eles vinham praticando havia mil anos ou mais, tinha permanecido moribunda durante tanto tempo? Essa pergunta o espicaçava, incomodava e exasperava — e não lhe saía da cabeça, por mais impressionantes que fossem as atividades então realizadas em lugares como Kunming. Era um desdobramento da nota que ele rabiscara na carta da BBC havia dois anos: "Ci. em geral na China — por que não desenvolve?". Alguma coisa tinha acontecido, talvez centenas de anos antes, que de um jeito ou de outro fizera malograr a promessa daqueles tempos iniciais. Needham jurou que um dia saberia o que tinha acontecido.

Essa pergunta mais tarde ficaria famosa como "a pergunta de Needham". É um quebra-cabeça que tenta definir a China e a história chinesa. E, até onde diz respeito à comunidade acadêmica mundial, é um quebra-cabeça que ajuda também a definir Joseph Needham.

Joseph Needham ficaria na China por mais dezoito meses. Ao partir, tinha visitado 296 institutos, universidades e estabelecimentos de pesquisa; providenciara a entrega de milhares de toneladas de equipamentos, produtos químicos e publicações científicas; tinha lido vorazmente milhares de documentos que reunira e que, em seu entender, melhorariam seus conhecimentos sobre a China. Passou grande parte dos últimos meses no país lançando as bases de uma organização com privilégios diplomáticos destinada a apoiar a ciência chinesa — uma organização que continuasse a funcionar sem ele, muito depois que tivesse partido.

Mesmo tendo Dophi a seu lado, estava solitário. Sentia muito a falta de Gwei-djen: escreveu para ela linhas apaixonadas em seu diário, nas quais há momentos de grande amargura que podem tê-lo levado às lágrimas. Lembrou o momento em que chegou a uma cooperativa das tropas americanas, no oeste da China, onde conseguiria comprar sapatos para substituir os que vinha usando, pagando em moeda americana. Achou na carteira uma nota de cinco dólares, esquecida desde a viagem a Nova York para ver Gwei-djen, dois anos antes. Foi tomado de uma súbita e terrível onda de saudade. Escreveu-lhe uma longa carta, que ela diria mais tarde ter apreciado mais do que qualquer outra. Acima de qualquer coisa, é um depoimento dele sobre a China:

> Nada pode ser maior que o impacto que seu país e seu povo causaram em mim desde que aqui cheguei. Tem sido um período de muita confusão, mas por isso mesmo consegui penetrar em todos os aspectos da vida de aldeias e cidades (passando bastante aperto, é claro, nesse processo); e dirigi meus solitários passos para tem-

plos confucionistas, budistas e taoistas, quase sempre desertos e por isso mesmo perfeitos para a fruição plena da grande beleza da arquitetura tradicional num cenário de árvores seculares e jardins esquecidos. E tive liberdade para conhecer a vida nos lares e nos mercados chineses, e ver em primeira mão as misérias de uma sociedade em colapso, à espera da aurora que deve chegar em breve. E não exagero quando digo que passei aperto. Às vezes armei minha cama de campanha num templo vazio, outras vezes nos fundos de uma oficina cooperativa. Além de todos os insetos de costume, havia montes de ratos — eles ficavam pulando para cima e para baixo a noite inteira na lona que servia de teto quando eu estava de cama na Câmara de Jialing com 40 graus de febre por causa da vacina de Haffkine contra a peste. Mas, por outro lado, que delícias gastronômicas encontrei, muitas vezes em bancas de rua em aldeias, coisas de comer que os ocidentais convencionais (entre eles, é claro, alguns de meus colegas da embaixada) teriam receio de experimentar! Nada me fará esquecer o *doujiang* com *bing tung* e *you tiao* que comi ao ar livre numa manhã de primavera em Ganxian, em Jiangxi, ou o *you zha bing* de Guangdong saindo de seu óleo fervente, ou o *huo guo* e o *bai gan'er* capazes de esquentar até a alma quando o vento gelado entra pelo papel rasgado das janelas.

Foi então que surgiu uma oportunidade inesperada de revê-la. Por acaso, no início de 1945 — quando já era evidente que a guerra estava chegando ao fim —, pediram a Needham que fosse a Washington para um encontro diplomático regional e para discutir um projeto das Nações Unidas para o pós-guerra, no qual mais tarde ele se envolveria. Chegou à capital americana depois de sucessivos voos em aviões militares. Acabadas as reuniões, tomou um trem expresso da Pennsylvania Railroad para ver Gwei-djen em Manhattan, e sem demora lhe disse o quanto era intolerável ficar longe dela. Para sua grande alegria, ela perguntou se não poderia, quem sabe, visitar a China. Afinal de contas, seu trabalho em Columbia estava concluído e ela gostaria muito de voltar a seu país natal, ficar com Needham e talvez, depois da derrota dos japoneses, ver o que tinha acontecido com sua família.

Foi assim que, ainda em 1945, o astuto Needham deu um jeito de enviar Gwei-djen de Nova York para a China, para se juntar a sua equipe na condição de funcionária assalariada, como especialista em nutrição.

A guerra acabara — Alemanha e Japão tinham capitulado — e, como diplomata recém-designada, Gwei-djen podia chegar à China por via aérea, sem complicações e sem demora. Needham estava impaciente esperando sua chegada, e escreveu "Gemido!" em letras bem grandes na página final do diário que escrevera durante sua última grande viagem, ao norte da China, quando chegou à embaixada e viu que ela ainda não estava lá. Mas ela chegaria poucos dias depois; e Dophi registrou que as duas tomaram o chá da tarde com a mulher do embaixador* no começo de dezembro. As anotações de Dophi prosseguem dizendo que naquela tarde a amante de seu marido defendeu com eloquência a necessidade de autorizar a China a importar "o tipo certo de soja", e não uma variedade com baixo teor de gordura que algumas empresas estrangeiras estavam tentando vender. A vida amorosa de Joseph Needham evidentemente tinha voltado ao normal.

Mas o acerto não foi bem digerido por todos os colegas dele. A nomeação de Gwei-djen, em vista de seu caráter flagrantemente nepotista, causou uma agitação no pombal diplomático. Não havia nenhuma necessidade acadêmica premente para a vinda de

---

* Lady Seymour tinha voltado de seu exílio voluntário em Wiltshire para reunir-se ao marido logo que a paz fora firmada e se julgou que pudesse voltar a Chongqing em segurança.

214

Gwei-djen à China, e ela permaneceu só o tempo suficiente de fazer uma viagem pelo sul.

Nenhuma reclamação teve tom mais contundente que o memorando formal dirigido ao escritório central em Londres, redigido por um dos mais destacados — e raivosos — membros da equipe de Needham, o biólogo Laurence Picken.

Picken, que morreu no início de 2007, tinha uma formação abrangente como poucos. Começara a carreira de biólogo como especialista nas propriedades elásticas dos músculos, a mesma área de Dorothy Needham. No fim de 1943, havia entrado para a equipe de Needham na China, como biofísico e conselheiro agrícola. Foi então que, para desgraça de sua carreira biológica, aprendeu a tocar o *qin*, uma espécie de cítara chinesa de sete cordas. A partir daí, os músculos tiveram de abrir espaço. Picken tornara-se fanático por música — especialmente sua etnologia, que ia dos aspectos sociais do canto dos pássaros à adaptabilidade moderna da música cortesã da dinastia Tang.

Há pouco tempo, um colega de Pickens em Cambridge descreveu-o como

> um acadêmico da escola antiga, reconhecido especialista nos campos da bioquímica, citologia, musicologia, língua chinesa, estudos e etnomusicologia eslavônicos, além de autoridade mundial em instrumentos musicais turcomanos, cantatas de Bach, ciência chinesa antiga e reprodução celular. Podia-se extrair dele grandes conhecimentos sobre uma infinidade de assuntos — da ornamentação dos teclados barrocos à viticultura da Borgonha, da estrutura ondulatória do anel benzênico à tradução das odes de Confúcio, da teoria de Frazer sobre a magia à cronologia de Cavalcanti — e a própria irrelevância para o mundo circundante de tudo o que ele sabia tornava esse saber ainda mais interessante.

Mas no outono de 1945 ficou claro que Pickman era um homem com um lado mesquinho. Seu memorando, enviado a Londres e dirigido a um mandarim do Conselho Britânico, Sydney Smith, era um modelo de diatribe:

[Needham] persuadiu o Departamento de Ciência a nomear para a equipe uma especialista chinesa em nutrição. Só Deus sabe o que ela deverá fazer (terá um salário maior que o meu ou o de Sanders). Mas a verdadeira razão para essa nomeação, pelo visto, é o fato de ser essa pessoa *uma de suas amantes*. É difícil acreditar, mas o arquivo pessoal dela (em que se encontram todos os documentos referentes à sua nomeação) contém ofícios recebidos de Needham com observações no chinês macarrônico de JN do tipo "Zequinha está com saudade do corpo cheiroso de sua irmãzinha". Dophi lê essas cartas, mas não entende chinês! Normalmente, Joseph mantém esse material trancado a chave, mas tive de consultá-lo outro dia em ausência dele. Aliás, quando ele voltar de Xi'an (onde já se encontra há dois meses), terá de enfrentar a pergunta que lhe hão de fazer: sua viagem era realmente necessária? O Conselho finalmente enviou um administrador especializado em finanças e JN terá de dar explicações bem difíceis. Seu passeiozinho pela única região da China livre onde ainda não tinha estado, onde não há nada além de instituições de terceira classe, e mesmo assim muito poucas, deve ter custado 3 mil libras ao Conselho. O atrativo [foi] a antiga capital de Chang'an, que se segue a Pequim em beleza e interesse histórico. Se ele tivesse um pretexto incontestável para fazer essa viagem, poderia fazê-la de avião em três horas. Mas seu complexo de Deus é estimulado pelo fato de ir de caminhão, por isso ele vai assim, passando várias semanas em viagem e gastando não sei quanto dinheiro. Dophi foi também, além de uma pessoa da equipe para acompanhá-la e um intérprete. Para essa acompanhante, foram férias à custa do Conselho, e com salário pago. Ela é outra de suas relações.

Mas creio que essa tenha sido sua última trampolinada. Com exceção do velho Percy Roxby [um professor de geografia enviado pela Universidade de Liverpool para uma temporada na China], que é uma alma nobre e não vê maldade em ninguém, toda a equipe britânica e alguns dos chineses estão a par da situação. Como disse o próprio JN numa ocasião, "Não estou a serviço do Conselho; o Conselho está a meu serviço".

Needham ficou estupefato quando voltou da viagem e viu o memorando. Sem dúvida, ele gostava de repetir o tranquilizante provérbio árabe segundo o qual "os cães ladram e a caravana passa", mas ao mesmo tempo ficou irritado e decidiu que Picken não levaria a melhor sobre ele. Escreveu sem demora para Smith em Londres, assumindo o ar autoritário que achava adequado para ele como líder do SBSCO: "O senhor leu a carta de Picken — o homem está ficando maluco [...] ele tem estado estranho já há muitos meses [...] possivelmente por alguma decepção em assuntos do coração".

Tendo, com isso, imaginado que evitaria qualquer possível averiguação de Londres, começou a preparar sua vingança. Redigiu uma avaliação formal de Picken, que permaneceria como peso morto no arquivo funcional do biólogo pelo resto da carreira: "O menos cordial e agradável colega que tive o desprazer de conhecer [...] desagradável e, com certeza, incompreensível". O veneno estava diluído, o ácido, neutralizado.

Seria ocioso imaginar que *l'affaire* Picken tenha tido alguma consequência importante, tão elevado e inatacável era o prestígio de Needham na China, em Londres e em Cambridge. Ainda as-

217

sim, menos de seis meses depois que o memorando foi escrito, embora provavelmente os dois fatos não se relacionem, a primeira grande aventura de Joseph Needham na China chegou ao fim. Ele decidiu partir, e a decisão foi tomada com espantosa rapidez. Numa manhã do início de março, inesperadamente, ele recebeu um telegrama urgente do biólogo Julian Huxley, seu velho amigo esquerdista de Cambridge.

Nos últimos três anos, Needham tinha participado de discussões sobre a possibilidade de fundar, assim que a guerra chegasse ao fim, uma organização científica mundial de incentivo à cooperação na pesquisa. Outras pessoas tinham tido ideias análogas, de modo que em 1946 o projeto de criação de uma organização muito mais ampla — que abarcasse a cultura e a educação de forma abrangente — contava com grande apoio. Por isso, Huxley perguntou a Needham se ele estaria disposto a voltar para a Inglaterra imediatamente, a fim de ajudar a formar essa nova organização, que seria criada sob os auspícios das Nações Unidas, que sucederam à Liga das Nações. A entidade deveria chamar-se Organização das Nações Unidas para a Educação, a Ciência e a Cultura (United Nations Educational, Scientific and Cultural Organization — Unesco), e fora idealizada para promover a paz mundial por meio do incentivo ao intercâmbio e à cooperação cultural. Todos, incluindo Huxley, achavam que Needham, tanto por suas experiências na China como por sua afinidade com esse projeto (e sua única viagem a Washington, em fevereiro de 1945), seria o homem ideal para estabelecer a Divisão de Ciências Naturais da organização.

Ele viria a fazer muito mais do que isso. Naquela manhã de março, agiu com rapidez. Respondeu a Huxley, aceitando a oferta. Disse a seu embaixador, sir Horace Seymour, que estava de partida, mas ocorreu que Seymour não só já estava a par disso como tinha sido convidado pelo Foreign Office a dar sua bênção oficial à partida do colega diplomata. Needham mandou um telegrama a Dophi, que já estava de volta a Londres para se recuperar de uma tuberculose contraída na China no começo do inverno. Por fim, deu a notícia a Gwei-djen, que ficou exultante. Disse-lhe que fizesse as malas. Os dois partiriam imediatamente. Viajariam daí a três dias a Nanjing, Shanghai e Beijing, depois a Hong Kong, de onde um avião da Real Força Aérea os levaria para casa. Não havia tempo a perder.

Seguiram-se dois dias de frenética atividade doméstica, com empacotamento de livros, organização de arquivos, entrega de chaves, pagamento de contas e quitação de despesas — além da entrega ao adido militar britânico, para devolução a Fort William, da arma e da munição recebidas em Calcutá. Vários almoços e jantares foram programados às pressas para que a comunidade chinesa pudesse se despedir. Needham não era homem sentimental: uma vez que recebera novas ordens, queria simplesmente girar sobre os calcanhares e partir. Mas os chineses tinham de observar o protocolo, e ele sabia disso. Portanto, aguentou sorridente, em cada banquete, uma infinita lista de pratos e um insuportável desfile de oradores.

"Ele nos deixará em dois dias", disse o secretário-geral da Academia Chinesa, com a voz entrecortada. "Estamos tristes. [...] Para nós, ele é da família e não queremos que vá embora. Os amigos dos tempos difíceis são os que mais deixam saudades."

Em resposta, Needham prometeu que estaria de volta em cinco anos. Cabe imaginar que já tivesse comunicado essa ideia ao quartel-general de Zhou Enlai: como bom socialista, Needham esperava, é claro, que os comunistas chineses arrebatassem o poder aos nacionalistas agora que a guerra tinha acabado, e tudo indicava que eles iriam mesmo triunfar, e que isso não tardaria muito. E, nesse caso, queria estar em boas relações com o novo governo, que provavelmente seria encabeçado pelo líder do Partido Comunista, Mao Zedong. Ele só conhecia Mao de passagem, mas considerava Zhou um amigo de quem esperava que interviesse a seu favor quando chegasse a hora. Antes de mais nada, precisaria de um visto da próxima vez que viesse à China, algo que suspeitava que seria bem difícil de obter.

Needham era capaz de agir com tato e discrição, e naquela noite de primavera manteve em reserva suas expectativas de uma vitória comunista. A ideia de que ele não demoraria a voltar pareceu confortar a todos, embora um homem tenha dito aos comensais que sua tristeza pouco se amenizaria com a esperança da volta de Needham. Citando o filósofo taoísta Zhuangzi, disse: "Depois de nos despedirmos de um amigo no cais, nos sentimos tão longe quanto o horizonte".

Deram a Needham um pergaminho comemorativo como presente de despedida e saíram da sala em silêncio. A China seria um lugar completamente diferente, quase impossível de reconhecer, na próxima vez que ele a visitasse.

Numa tempestuosa manhã inglesa de abril, três semanas depois, o avião que levava Joseph Needham e Lu Gwei-djen pousou na pista do aeródromo de Northolt, a oeste de Londres. Tremendo de frio, o casal caminhou até o prédio do terminal, particularmente cheio naquele dia porque Northolt, normalmente um campo de pouso militar, tinha sido aberto para aeronaves civis que não podiam usar as pistas de grama do aeroporto de Heathrow, ali perto, que estava sendo pavimentado para sua enorme expansão de pós-guerra.

Esperando por eles estava o homem que convidara Needham, em segredo, para ir à China, quatro anos antes: J. G. Crowther, funcionário do Conselho Britânico para assuntos científicos e antigo correspondente do *Manchester Guardian*. Tinha acabado de deixar ambos os cargos, desde que sua crítica aberta às bombas atômicas lançadas sobre o Japão no ano anterior o tinham distanciado do establishment científico. Ainda assim, fora contratado por Huxley e agora estava em campanha pela inclusão da ciência entre as competências da nova organização — a ciência, como ele e Needham tinham discutido por longo tempo, era patrimônio de toda a humanidade e sua corrupção pelo capitalismo devia ser combatida. Ele levou o casal ao centro de Londres, falando animadamente sobre os planos de Huxley para a nova instituição, quase a ponto de se esquecer de perguntar a Needham sobre sua estada na China.

Em poucos dias, Needham tinha um novo escritório em Londres, em Belgravia, e passou a viajar diariamente para chegar ao trabalho. A casa da família Needham, no número 1 da Owlstone Road, em Cambridge, estava intacta, como também a antiga sala dele no Caius College. Needham adotou uma nova rotina: com licença do departamento de bioquímica, que já estava acostumado a suas longas ausências, deu início ao período de dois anos de trabalho para as Nações Unidas. Posteriormente, o escritório da Unesco seria transferido para Paris, mas em 1946 o novo organismo funcionava numa casa avarandada perto da Victoria Station, tão pequena e apertada que as primeiras entrevistas de Needham para formar uma equipe de secretários foram realizadas no banheiro.

A imprensa logo o descobriu. "O doutor Needham está de volta!", escreveu um colunista de jornal de Londres, pouco depois de sua chegada, pálido e cansado da viagem.

O dr. Needham é um osso duro de roer — alto, musculoso, fumante inveterado, 46 anos, com uma língua ferina e brilhante e sem paciência com tolos. Não sei se herdou a língua do pai, o anestesista, ou de Alicia, sua mãe irlandesa, pianista. No caminho para

Chongqing ele teve um entrevero com bandidos — quem se meter com ele agora vai achar que teve sorte de sair com um olho roxo e palavrões de arrepiar. O dr. Needham pode aprender qualquer coisa — esteve respondendo a todo tipo de charada, sobre o açúcar de beterraba e as sementes da dedaleira, culturas de levedo e os tamancos dos aviadores chineses.

Needham morria de saudades da China. Além disso, estava preocupado pelo fato de negligenciar a pesquisa bioquímica. Mas no final concordou que naquele momento, e levado por um sentimento de dever público, realmente faria o que Huxley lhe pedira. Afinal de contas, tinha se envolvido a fundo com o planejamento do projeto quando ainda estava longe, sabia como ninguém abrir caminho no inevitável cipoal burocrático em projetos como esse e por isso faria o que pudesse para ajudar os fundadores da Unesco a materializar aquele sonho. Podia e queria, como mais tarde seus admiradores diriam, "pôr o 'S' em Unesco".* Afinal, o trabalho lhe dava uma posição de destaque e status, ele achava bom ter de ir a Paris com frequência e, de modo geral, aprovava os objetivos declarados da Unesco, embora achasse o introito do preâmbulo de sua constituição — "Posto que as guerras nascem na mente dos homens, é na mente dos homens que se devem construir os baluartes da paz" — um tanto bombástico para seu gosto.

Needham aguentou o tranco durante dois anos. Em Paris, nos escritórios provisórios no Hotel Majestic, observava com amarga fascinação os vitoriosos da Segunda Guerra Mundial —

---

* Até fevereiro de 1945, o organismo era conhecido provisoriamente como Uneco. Na visita que fez aos Estados Unidos naquela época, Needham defendeu com veemência a inclusão da ciência entre as competências da instituição e escreveu de próprio punho um memorando sugerindo que ela se chamasse Unesco. Isso foi decidido formalmente em novembro.

Grã-Bretanha, União Soviética, França e Estados Unidos — brigando por firulas a respeito do novo organismo. Algumas pessoas admitiam que a Unesco era mesmo um disfarce para a espionagem. A ideia de Needham, que era abrir escritórios da área científica em diversos lugares do mundo, inspirados no modelo de seu sbsco na China, não passava, para as mentes mais paranoides, de um recurso velado para instalar espiões sob proteção segura.

Os americanos eram os mais desconfiados. O ramo parisiense da Agência Central de Inteligência (cia) pôs o Hotel Majestic sob vigilância estrita, e em fevereiro de 1947 estava alarmado o bastante para avisar o presidente Truman de que comunistas estavam infiltrados na Unesco. O general Hoyt Vandenberg, diretor da cia, escreveu um memorando altamente secreto ao presidente, datado de 15 de fevereiro de 1947, no qual apontava Needham como o principal problema:

A embaixada em Paris informa que o professor Joseph Needham, britânico, funcionário temporário da Unesco, aparentemente *protégé* de Julian Huxley (diretor-geral da Unesco), é membro do Grupo Comunista da Universidade de Cambridge. Huxley minimiza o problema observando que Needham é um comunista "bom". Fundamentado na autorização da conferência geral da Unesco, Needham propõe a discussão de um acordo entre a Unesco e a Federação Mundial de Trabalhadores da Ciência [apoiada pelos soviéticos] [...]. Os planos anunciados para a Unesco, juntamente com a recente condenação contra outro cientista britânico, o dr. Allen Nunn May, que teria fornecido amostras de urânio à União Soviética, indica os sérios riscos presentes se comunistas vierem a ocupar postos estratégicos em projetos científicos da onu.

As sirenes de alarme começaram a soar. Em um mês, a administração do presidente Truman interpôs numerosos entraves burocráticos no caminho de Needham e desautorizou categoricamente a Unesco a repassar verbas para entidades científicas que Washington supunha serem de esquerda. Para surpresa de muito poucos, Needham renunciou sem demora, aliviado por voltar a seus estudos e ficar longe da hostilidade fratricida que caracterizou aquele período da Guerra Fria.

Em março de 1948 ele estava em Cambridge, e a única lembrança de seu período em Paris era uma enorme escrivaninha de carvalho, enfeitada com âncoras de ouro nas quinas. Tinha pertencido a um almirante alemão, encarregado das operações navais do Eixo durante a guerra, que ficara hospedado no Majestic. Needham fizera seu trabalho administrativo para a Unesco sentado diante daquela magnífica peça de mobiliário teutônico, e Julian Huxley concordou que ela deveria ser remetida a Cambridge com ele, a título de agradecimento e como souvenir.

Agora Joseph Needham estava de volta a sua universidade, com a mulher e a amante à mão, e uma imensa quantidade de livros começava a chegar da China. Com o amor pela musa chinesa completamente sedimentado e a obsessão pela China estabelecida com firmeza, ele agora começaria a pôr em prática a tarefa que definiria o resto de sua vida.

A primavera estava começando, época em que Cambridge resplandece, tempo de revitalização e novos começos. Needham achou muito bom estar de volta, longe das brigas sinistras de Paris. Agora podia mergulhar nas alegrias da vida acadêmica. Sua viagem — a primeira parte da pesquisa — tinha terminado. Era tempo de dar início a sua missão — criar os volumes que, como ele acreditava, elevariam a reputação da China a seu merecido lugar no panteão das principais nações do mundo. Era hora de dar vida a seu livro.

5. A realização da obra-prima

SOBRE AS IDEIAS FUNDAMENTAIS
DA CIÊNCIA CHINESA

*O céu tem cinco elementos: o primeiro é a madeira, o segundo
o fogo, o terceiro a terra, o quarto o metal e o quinto a água. A
madeira vem em primeiro lugar no ciclo dos cinco elementos,
a água em último e a terra fica no meio. Essa foi a ordem em
que o céu foi feito. A madeira produz fogo, o fogo produz terra
(isto é, cinzas), a terra produz metal (isto é, como minérios), o
metal produz água [talvez porque o metal fundido fosse considerado aquoso, ou mais provavelmente por causa da prática
ritualística de colher gotas de orvalho em espelhos de metal
expostos ao sereno], e a água produz madeira (porque as plantas lenhosas precisam de água). Essa é a relação de "pai para
filho" entre eles. A madeira fica à esquerda, o metal à direita, o
fogo na frente e a água atrás, com a terra no centro. Essa ordem também é de pai para filho, cada um recebendo o outro
em sua vez. Assim, a madeira recebe água, o fogo recebe ma-*

deira e assim por diante. Como transmissores, são pais; como receptores, filhos. Existe uma dependência invariável dos filhos em relação aos pais, e uma direção de pais para filhos. Assim é o Tao do céu.

Dong Zhongshu, *Chun Qiu Fan Lu*,
135 a. C.; explicações de Joseph Needham, 1956
Science and civilisation in China, volume II

Os membros mais antigos da Universidade de Cambridge normalmente recebem, como uma das prerrogativas de sua posição, o direito de ocupar permanentemente uma sala ou conjunto de salas destinadas a duas finalidades: a função acadêmica e a de refúgio. Algumas salas dos *colleges* mais modernos são bem comuns, mais para monásticas que para imponentes. Algumas, como as que dão para o rio e para os relvados do King's College, são enormes e muito cobiçadas: a personificação da magnificência do passado. Espera-se que uma sala voltada para um pátio no coração do Gonville and Caius College, uma das mais antigas instituições da universidade, seja — em decorrência de sua longa história — um lugar particularmente agradável, uma pérola perfeita, um santuário que será apreciado por quem for afortunado o bastante para ter o direito de ali viver.

A entrada de uma sala dessas será provavelmente um par de antigas portas de carvalho, ficando a exterior fechada de vez em quando — "*sported*" no jargão de Cambridge —, o que sinaliza que o ocupante da sala não quer ser incomodado. Haverá janelinhas separadas por mainéis, com molduras desgastadas de pedra calcária, debruçadas sobre uma paisagem de gramados e arbustos. Talvez haja jardineiras sob as janelas, com cravos ou madressilvas, cujo perfume paira no ar durante as longas tardes de verão. Haverá uma pequena sala de visitas, com uma lareira de pedra um pouco maior do que o necessário, o que garante o calor até nos mais rigorosos dias de inverno. Com frequência haverá um pequeno aquecedor elétrico para expulsar o frio da sala antes de mais nada. O quarto de dormir será minúsculo, espartano, raramente com armário. A tubulação será antiga, e inglesa.

É claro que o ocupante pode perfeitamente fazer torradas ou bolinhos espetando-os num garfo diante do aquecedor elétrico, e até mesmo preparar seu chá num bule pendurado sobre as brasas. Mas fora isso não há necessidade de cozinhar, já que tanto a sala do colegiado quanto o Hall (o refeitório do Caius) estão a poucos passos de distância. A tradição manda que o *college* ofereça os serviços de uma mulher prestativa de idade indefinida conhecida como *bedder*, para lavar a roupa e a louça e esvaziar cestos de lixo.

Uma boa sala universitária em Cambridge, onde em geral o ocupante só é perturbado pela passagem de acadêmicos atravessando o gramado (os estudantes estão proibidos de fazê-lo), ou pelos relógios antigos batendo as horas, é um lugar que merece ser mantido. É um lugar que, uma vez conquistado, deve ser preservado com tenacidade e prazer, só sendo abandonado quando seu dono vai para a sepultura.

Joseph Needham havia garantido seu minúsculo conjunto de salas no andar térreo, identificado como K-1 (já que era servida pela escadaria K), em 1930. Ele as recebera depois da aposentadoria do ocupante anterior, seu antigo tutor, o biólogo sir William Bate Hardy. Eram bem antigas — tinham sido projetadas na década de 1560 para abrigar um grupo inteiro de estudantes — e, apesar de revestidas de painéis de madeira no início do século XVIII e reformadas para uso de um único estudante, ainda eram bastante apertadas. Needham reduziu ainda mais o espaço enchendo-o de estantes que iam do piso ao teto, de modo que só o mais magrinho de seus assistentes conseguia se esgueirar entre elas. Mas ele gostava do aconchego que elas proporcionavam, convencido de que contribuíam para manter o aquecimento e o conforto durante os mais glaciais invernos de Cambridge.

Muitas coisas aconteceram durante as seis décadas e meia de ocupação dessas salas por Joseph Needham. Dezenas de guerras rebentaram, foram travadas e acabaram. O comunismo surgiu e desapareceu, pelo menos na Europa. Quatro monarcas reinaram no Reino Unido durante esse período, como houve também treze primeiros-ministros, desde Ramsay MacDonald. Herbert Hoover estava na Casa Branca quando Needham passou a ocupar sua suíte. E, enquanto outros acadêmicos gostavam de trabalhar em bibliotecas e laboratórios, Needham fazia bom uso de seu pequenino bastião acadêmico encravado no centro antigo de seu *college*: durante todos os longos anos em que ocupou essas salas, elas testemunharam um turbilhão de pensamentos, atividades e criação.

O trabalho começou quase que de imediato, e Needham fez com que todo o Caius tomasse conhecimento de que estava com a corda toda. Chegou de Paris em março. Passou quase todo o mês de abril desfazendo pacotes, espanando a poeira da China e da França acumulada em suas botas surradas e se recolocando entre seus pares no colegiado da instituição. No fim do mês, arregaçou as mangas, abriu um novo maço das cigarrilhas pretas birmanesas que agora fumava e se pôs a datilografar a abertura formal de seu projeto. Duas semanas depois, em 15 de maio de 1948, mandou por um mensageiro um breve documento endereçado à Cambridge University Press, a editora da universidade, no qual havia carimbada em vermelho uma única palavra: "Confidencial".

O documento de doze páginas tinha como título "Ciência e civilização na China" — pela primeira vez essas cinco palavras apareceram reunidas para formar o que finalmente se transformaria num título. Needham foi direto ao assunto. Dizia ele:

Master Copy   15th.May,1948

SCIENCE AND CIVILISATION IN CHINA

Preliminary plan of a book by Dr Joseph Needham,FRS. It will be addressed,not to sinologists,nor to the general public,but to all educated peoplemwhether themselves scientists or not,who are interested in the history of science,scientific thought,and technology, in relation to the general history of civilisation,and especially the comparative development of Asia and Europe.

I.   Introduction

1) Statement of the Problem. What exactly did the Chinese contribute in the various historical periods to the development of Science,Scientific Thought,and Technology ? Why did their science always remain empirical,and restricted to theories of primitive or mediaeval type ? What were the inhibiting factors in their civilisation which prevented the rise of modern science in Asia ? It is suggested that,apart from numerous theoretical and psychological factors which demand attention, the concrete factors which moulded asiatic civilisation differently from that of Europe are :
- (a) Geographical
- (b) Hydrological
- (c) Social
- (d) Economic

4) Brief Description of Culture Contacts (Embassies "etc")

2) Brief description of the geological structure and geography of China.

3) Brief introductory account of Chinese history.

5) Brief Account of the Ideographic Language

II.   Chinese Philosophy,both ancient and mediaeval. It may appear that the Chinese could speculate as well about Nature as the Greeks in their earlier period. But the inhibitory factors began to operate before the time at which they could have produced an Aristotle. Throughout Chinese philosophy at all ages,however,runs a dominant note of naturalism which has made it possible,for instance,for Chu Hsi to be compared to Herbert Spencer,although the Sung Neo-Confucians lacked almost entirely this Spencer's background of established scientific knowledge of the world.

1) The Rju Chia (Confucians). Not interested in Nature,only in Human Society,which they thought they could organise without scientific knowledge. Yet profoundly secular and this-worldly. Anti-manual scholasticism. Yet emphasis on social significance and value of inventions. Democratic elements,yet patriarchal traces. Kung-Fu-Tzu,Meng-Tzu,and their followers.

2) The Tao Chia (Taoists). "The only system of mysticism which the world has ever seen which was not profoundly anti-scientific"; (Feng Yo-Lan). Source of intuitive scientific philosophy. The Reaction against Confucian scholasticism;the Return to Nature. Significance of their opposition to early quasi-feudalism.

Proposta original de Needham para o projeto de Science and civilisation in China. *Ele imaginava fazer um único volume grande; até o momento a série compreende 24 volumes, com outros mais em preparação.*

Este é um plano preliminar de um livro escrito por Joseph Needham, FRS [Fellow of the Royal Society]. A obra será dirigida não a sinólogos, nem ao público em geral, mas a todas as pessoas cultas, sejam elas cientistas ou não, interessadas na história da ciência, do pensamento científico e da relação entre a tecnologia e a história geral da civilização, e sobretudo no desenvolvimento comparativo da Ásia e da Europa.

Como protocolo de intenções, essa simples frase permaneceria sem alterações durante toda a produção do livro. A afirmação indicava, ainda que de modo sutil, que o livro seria duas coisas.

Needham pretendia que ele contivesse, por um lado, toda a história da ciência na China. Mas, por outro, a obra deveria ser — e talvez isso fosse o mais importante — uma história do desenvolvimento da ciência e da civilização em todo o mundo e a história da contribuição da China para esse desenvolvimento, ao longo de milhares de anos e *em relação à história geral da civilização*. Needham estava convencido de que a China contribuíra numa proporção muito maior e muito mais ativamente do que todas as outras nações, e, sobretudo, tinha feito muito mais do que se sabia ou se admitia.

Ele destacou esse ponto numa palestra na Sociedade da China em Londres: "Precisa-se com urgência de um livro adequado sobre a história da ciência e da tecnologia na China. [...] Ele teria uma vasta influência sobre a história universal do pensamento e das ideias".

A ideia de que a China tinha permanecido durante séculos desligada desses pensamentos e ideias, e inexplicavelmente à margem do progresso mundial, deveria ser banida de uma vez por todas. Com esse conjunto de livros, Joseph Needham — um homem que não era especialista em China nem historiador, mas um bioquímico sem formação alguma para o trabalho acadêmico sobre a história da civilização — tentava agora reunir provas, chamar a atenção do Ocidente para a China e expor ao mundo, em detalhe, o tamanho da dívida para com esse povo notável, antigo e extremamente culto.

A Cambridge University Press aceitou prontamente a proposta de Needham, sem muito discutir ou hesitar. Ninguém na editora tinha ilusões: com certeza, o empreendimento seria colossal e muito caro, e como projeto comercial era provável que se passassem décadas sem que desse lucro. Mas em geral as editoras universitárias não são criadas para ganhar muito dinheiro, e o plano inicial de Needham não parecia irrealizável: a proposta deixava entrever que poderia ser materializada num único volume, e a resposta da editora, datada de 22 de maio de 1948, aceitava formalmente esse objetivo. Mas em poucas semanas a realidade se fez sentir, e Needham elevou drasticamenete sua estimativa. Agora ele achava que poderia executar o projeto em sete volumes — não mais que isso, viu-se obrigado a prometer — e que, ademais, poderia terminar todos eles num prazo que no mundo editorial acadêmico seria visto como breve. Com a mesma autoconfiança — ou arrogância — que caracterizou os primeiros editores do *Oxford English dictionary* um século antes, ele disse com toda despreocupação aos Síndicos, o conselho editorial da editora, que seu projeto podia e seria concluído num prazo que para um trabalho acadêmico seria bem curto. Dez anos, ele supunha, no máximo.

Nem todos aceitaram o projeto com a mesma tranquilidade. Um pequeno grupo de opositores logo lembrou que Needham, como professor contratado da universidade, deveria estar dando aulas — afinal de contas, era pago para isso. Medalhões de alguns colegiados comentavam que, em vez de escrever um livro sobre a China, ele deveria se limitar a ensinar embriologia nos cursos de graduação e prosseguir com suas pesquisas sobre os mistérios de

231

substâncias bioquimicamente intrigantes, como o inositol, das quais ele se ocupava havia seis anos, até pegar um avião para Chongqing, em 1942. Seria melhor para todo mundo que ele simplesmente parasse de se intrometer em assuntos para os quais não estava oficialmente qualificado e que por isso não eram de sua alçada.

Mas felizmente pouca gente tinha essa visão estreita, e em poucas semanas a universidade reconheceu formalmente o interesse de Needham pela China e deu-lhe autorização oficial para ministrar aulas apenas de bioquímica. Com isso ele se livrava da pesada responsabilidade de supervisionar estudantes de graduação. Foi uma pequena vitória. Poucas semanas depois veio a segunda: disseram-lhe que não precisava mais dar aula alguma; nem mesmo precisava voltar ao departamento de bioquímica. Poderia ficar no Caius College e preparar o projeto de seus livros lá mesmo, em tempo integral.

Esse consenso final de seus colegas acadêmicos foi um crédito concedido a sua evidente obstinação. De uma hora para outra, todos entenderam que esse homem extraordinário persistiria na criação de sua obra-prima de um jeito ou de outro. Além disso, se chegasse um dia a ser concluída, ela bem poderia abrilhantar a reputação da universidade — e nesse caso teria sido uma tolice permitir que detalhes, como ensinar as complexidades do ciclo de Krebs a universitários de dezenove anos, atrapalhassem o andamento do projeto. Do verão de 1948 em diante, ele ficou praticamente livre. "Foi um período esquizofrênico", diria mais tarde, "mas por fim eu estava em condições de seguir minha estrela sem distração."

Os professores do Caius College estavam tão felizes por receber a atenção plena de seu colega mais excêntrico que lhe permitiram assumir por algum tempo a função de bibliotecário, tarefa que lhe caía como uma luva. No entanto, ao visitar pela primeira vez a biblioteca do Caius, antiga, venerável e suntuosa, cheirando a couro velho e a cera de abelhas, percebeu com clareza o isolamento daqueles entre os quais tinha trabalhado: havia enormes estantes de carvalho dedicadas a assuntos como história constitucional, história eclesiástica, história local, história europeia; mas uma única e minúscula prateleira ostentava o rótulo "Mundo Exterior". Era um desequilíbrio que ele se propôs a corrigir sem tardança.

Apesar de sua energia inesgotável e de seus amplos conhecimentos, Needham não demorou a perceber que precisaria de um assistente, principalmente para cuidar de sua própria biblioteca, sempre em expansão. O homem escolhido, que permaneceria fielmente com ele pelos nove anos seguintes e o ajudaria a supervisionar a publicação dos três primeiros volumes, foi o historiador chinês Wang Ling. Tinham se conhecido na China em junho de 1943, quando Needham saltara de uma balsa que descia o Yangzi e deparara com as instalações da Academia Sinica na cidade de Lizhuang, nas margens do rio, praticamente evacuadas.

Wang tinha ficado tão entusiasmado com uma palestra dada por Needham aos membros da academia que decidira na mesma hora pesquisar tudo o que conseguisse descobrir sobre a história da pólvora. Impressionado com seu esforço, Needham havia lhe pedido que fosse a Cambridge, depois que a guerra terminasse, para lhe dar uma mão em seu projeto, se um dia esse projeto decolasse. Cinco anos depois, perto do aniversário do primeiro encontro deles, Wang Ling chegou a Cambridge vindo de Shanghai para trabalhar no Trinity College e assumir formalmente o cargo de editor-assistente de *Science and civilisation in China*. Os dois trabalharam juntos, tornaram-se muito amigos e permaneceram inseparáveis pelo resto da vida. Nos primeiros dias, Needham chegou a dividir com Wang seus proventos da universidade, até que a Cambridge University Press decidisse pagar-lhe um salário decente.

Antes de começar o trabalho, Needham achou que deveria reunir num só lugar sua coleção de livros de pesquisa e documentos sobre a China, que não parava de aumentar. Havia milhares — alguns preciosos, outros inúteis. Todos tinham sido enviados aos poucos da China durante a guerra, ou como parte da cota quase ilimitada oferecida a diplomatas repatriados. As caixas de papelão e os caixotes com que os carregadores chineses tinham lotado os compartimentos dos aviões de carga que iam para o Ocidente tinham pilhas e pilhas de livros, documentos e manuscritos que Needham tinha pedido, comprado ou tomado de empréstimo durante os anos em que estivera na China. Havia peças raríssimas: ele comprara, por exemplo, livros antigos impressos em blocos de madeira, cuja exportação foi rigorosamente proibida desde que Mao subiu ao poder, em 1949. Mas Needham tinha bons amigos, tanto no Ministério da Cultura quanto na Academia Sinica, e continuou a receber materiais proibidos até pelo menos 1958, apesar do regulamento.

Durante todo o início do verão, ele arrumou esses livros, colocou-os em estantes, classificou-os e arquivou os documentos. A tarefa exigia um esforço quase sobre-humano. E se tornaria, de repente, bem pior.

Sem nenhum aviso prévio, um grande número de arcas de chá de madeira, novos caixotes e mais caixas de papelão começou a chegar à portaria o Caius — cada um deles com grande quantidade de documentos e livros ainda mais raros e desconhecidos. Nada disso tinha sido reunido por Needham ou por algum conhecido dele. Soube-se depois que se tratava de um presente.

Todas as caixas tinham sido mandadas por um homem que Needham conhecera de passagem na China e de quem se esquecera por completo desde a volta. Era um paleometeorologista, dr.

Zhu Kezhen, que em 1944 fora presidente da Universidade de Zhejiang, chamada a "Cambridge do Oriente". Como ocorreu com muitas universidades chinesas, a de Zhejiang fora obrigada pela guerra a sair de sua sede, nas proximidades de Shanghai, para uma permanência temporária em Zunyi, cidade suja e pobre na mais remota região do oeste da China.

O dr. Zhu, que tinha especial interesse na história do clima na China, vinha fazendo o máximo que podia para manter a reputação nacional da Universidade de Zhejiang e estava em seus planos pedir à embaixada britânica uma visita de Joseph Needham, que poderia proporcionar-lhe livros didáticos e equipamentos. Mesmo assim, ao que parece, ele não causou em Needham uma impressão profunda, pois nas anotações da época é apenas mencionado e referido simplesmente como "o mais importante meteorologista da China", sem qualquer relato de conversas ou lembranças.

Realmente Needham tinha dito ao dr. Zhu que pretendia escrever uma história das contribuições chinesas para a civilização mundial, mas isso foi tudo. Seus diários mostram que ele estava na verdade muito mais seduzido pelos pesquisadores da Zhejiang que trabalhavam com a mecânica da seda, com a herança genética das cores nas joaninhas, a presença de flavonoides na jujuba e com o alto teor de ácido ascórbico na infrutescência da roseira naquela parte da China.

Needham não tinha a mais vaga ideia da fortíssima impressão que causara no dr. Zhu, que parecia, como ele mais tarde lembrou, um homem um tanto taciturno e distante. Zhu, no entanto, tinha pensado muito no projeto de Needham de escrever um livro e compreendeu que podia estar em condições inigualáveis de ajudar.

Assim, tão logo Needham voltou à Inglaterra, com os japoneses já expulsos e a situação política e militar da China um pouco mais estável,* o dr. Zhu começou a juntar livros e documentos, que empacotou com cuidado e despachou de navio para Cambridge.

Uma das peças enviadas por Zhu acabou sendo inestimável, tanto em termos de valor quanto de utilidade. Tratava-se de uma cópia completa de uma edição de 1888 daquele que era então, e continua sendo, o maior livro do mundo: a enciclopédia imperial chinesa, *Kuchin Tu-shu Chicheng* (*Gujin tushu jicheng*, na transliteração pinyin) ou *A coleção completa de ilustrações e textos dos tempos antigos e modernos*. Era uma destilação — ou melhor, uma consolidação, já que aparentemente nada ficou de fora — de tudo o que os maiores cérebros da capital do Império Celestial conheciam. Em outras palavras, era a soma de todos os conhecimentos chineses.

O livro** tinha sido encomendado em 1700 pelo imperador Kangxi — um dos primeiros dos imperadores Qing, cujo reinado de 61 anos foi o mais longo de toda a história da China. Os autores levaram 26 anos para concluí-lo e, quando foi impresso pela primeira vez, com tipos móveis de bronze, na Tipografia Imperial de Pequim, consistia, ao que se sabe, em 10 mil volumes e 170 milhões de caracteres.

---

* Entretanto, prosseguia a confusa Guerra Civil entre comunistas e nacionalistas, que terminaria em 1949 com a vitória de Mao e Zhou Enlai.

** Dois outros trabalhos rivalizam com o *Gujin tushu jicheng* em porte e magnificência. O *Yongle dadien*, *O grande cânone da era do imperador Yongle*, foi produzido no século XV, nos primeiros tempos da dinastia Ming, e compreendia 11 mil volumes manuscritos, dos quais só algumas centenas sobreviveram, quase todos em mãos privadas; e o *Siku Quanshu*, *Os livros completos dos repositórios do quarto império*, produzido pelos manchus em meados da dinastia Qing e constando de pelo menos 36 mil volumes. O original da Cidade Proibida, repaginado em 1500 volumes encadernados em couro, está no grande Museu Nacional de Taipei, e existe uma reprodução fotográfica no Instituto de Pesquisas Needham, em Cambridge. Cópias condensadas em fac-símile — além de uma edição em CD-ROM — podem ser encontradas a preços elevados.

A definição de "volume" era então um pouco diferente da nossa — a palavra "seção", ou "fascículo", talvez seja mais apropriada. A edição que Needham recebeu, publicada um século e meio depois da primeira (e que, devido à sua fragilidade, está agora acondicionada em caixas no arquivo de Needham), compreendia cerca de 2 mil livros; a edição da Biblioteca do Congresso em Washington tem quase 6 mil. Além disso, o termo "antologia" poderia ser aplicado à obra com maior propriedade — ela não se encontra ordenada alfabeticamente, mas por tópicos, e constitui essencialmente uma coletânea de tudo o que foi escrito de importante em chinês. Sua utilidade para Needham foi exponencial. Sua dívida para com o dr. Zhu, como mais tarde ele admitiu sem rodeios, tornou-se inestimável.

Assim que os livros foram postos no lugar e as salas ficaram mais ou menos em ordem, estabeleceu-se uma rotina, da qual também faziam parte viagens diárias de casa para o trabalho. A casa de Joseph e Dorothy ficava a menos de dois quilômetros do Caius College, no número 1 da Owlstone Road. Quando Lu Gwei-djen voltou de Paris, em 1957, foi morar a poucos metros de distância deles, no número 28 da mesma rua, o que era conveniente para todos os fins. A caminhada até o Caius — ou a ida de carro, já que Needham adorava dirigir, e em velocidades alucinadas — era belíssima: na primavera e no verão, a meia hora que se levava para atravessar os gramados do King's College, passar sob as castanheiras que ladeavam os Backs, descer o rio Cam pela Newham Road e, finalmente, cortar caminho pelo labirinto de casas eduardianas até a Owlstone Road proporcionava um tour pelas belezas de Cambridge perfeito para qualquer turista.

Embora Needham conservasse uma enorme parafernália chinesa em casa, a maior parte do trabalho nesse grande projeto foi feita em suas salas no Caius. Dia após dia, ele e Dorothy saíam de manhã cedo — se o tempo estivesse bom, por uma das diversas passagens para pedestres sobre o Coe Fen; se estivesse garoando, iam pelas ruas e atravessavam o Cam pela ponte da Silver Street — e depois caminhavam juntos até o departamento de bioquímica de Dorothy, na Tennis Court Road. Daí em diante Joseph prosseguia sozinho pela King's Parade até a entrada do Caius. Se por algum motivo ele estivesse sozinho, e o tempo, bom, ia de bicicleta.

Sua figura causava impacto, e isso, pelo menos em parte, se devia ao fato de ser alto e grandalhão como um urso. Usava invariavelmente um amarrotado jaquetão escuro risca de giz. No entanto, o colarinho de sua camisa recém-lavada nunca era visto desalinhado. A gravata estava sempre torta, e os sapatos, apesar de limpos, eram surrados e tinham os cordões remendados com nós. Os óculos marrons, de tartaruga, estavam sempre polidos. Ele repartia a cabeleira espessa do lado direito e tinha o cuidado de mantê-la bem escovada, embora um pouquinho longa demais.

Havia uma mancha de cinza na lapela, mas durante a produção do livro ele estabeleceu uma regra rigorosa: não fumar cigarros ou charutos antes do meio-dia. Foi rigorosamente disciplinado quanto a isso: à medida que a manhã ia passando, lançava olhares ansiosos ao relógio do *college* — com um cilindro de tabaco já pronto em cima da mesa e seu maço de Swan Vestas à mão — e, no momento em que davam as doze horas, ele o acendia e daí em diante fumava como a cidade industrial de Pittsburgh durante o resto do dia. Tinha um cigarro na boca o tempo todo e a cabeça envolta numa espiral de anéis azuis.

Chegando à K-1, ele se enfurnava num gabinete marrom e ali permanecia, impassível e imperturbável, durante horas e horas chinesas. Só Wang Ling podia interromper suas reflexões, para entregar-lhe um documento, procurar uma referência ou traduzir algum ponto mais delicado que nenhum dicionário ou enciclopédia podia resolver. Depois que começava, pela manhã, Needham trabalhava sem pausa, muitas vezes até bem depois do escurecer.

Needham trabalhando na K-1, a sala do Caius College, em Cambridge, que ele ocupou durante quase setenta anos. Mais tarde ele ocupou também a sala vizinha, atualmente usada pelo cosmólogo Stephen Hawking.

Não tinha datilógrafa nem secretária. Ele mesmo datilografava tudo em uma de suas máquinas Royal — uma portátil preta, que carregava em seu venerando estojo coberto de etiquetas de viagem, ou uma grande máquina de mesa* com um carro extragrande. Escrevia com apenas dois dedos, mas a uma velocidade fantástica (como fazem, inexplicavelmente, muitos datilógrafos de dois dedos). Sua datilografia era muito caprichada; o primeiro

---

* A predileção por essa máquina antiga levou ao nascimento acidental do novo sistema Needham de transliteração do chinês. Sempre que tentava escrever uma palavra com o *h* aspirado — como *Ch'iu* — ele constatava que a tecla do apóstrofo não funcionava, e por isso começou a representar o som aspirado com um duplo *h* — *Chhiu*. Isso acabou chegando à fase de impressão, e assim permaneceu em todos os volumes de *Science and civilisation in China*, com os editores convencidos de que tinha sido uma invenção deliberada de Needham e não um quebra-galho imposto por um problema de datilografia.

rascunho era sempre a versão final, e foi a partir desta que a Cambridge University Press preparou seus paquês (que, pelo contrário, em geral exigiam muitas emendas — que ele quase sempre fazia de cabeça enquanto permanecia na cama acordado).

Detestava ser interrompido e, embora fosse normalmente um homem cortês e atencioso, era capaz de ser rude e explosivo se fosse perturbado. Uma vez, quando seu velho amigo Julian Huxley, que tinha sido o primeiro diretor-geral da Unesco, telefonou da portaria para avisar que tinha vindo visitá-lo, Needham disse com glacial cortesia: "Estou ocupadíssimo. Você veio sem avisar e por isso, infelizmente, não posso recebê-lo". Huxley voltou de imediato a Londres, com o dia completamente perdido.

Em outra ocasião, o eminente geneticista sir Ronald Fisher bateu na porta da K-1, abriu-a sem esperar resposta e estava a meio caminho quando Needham rosnou o "estou ocupadíssimo" e continuou martelando na máquina. Fisher tentou explicar que tinha vindo simplesmente para dizer que sim, os visitantes vindos da China poderiam usar as salas dele na universidade durante o fim de semana seguinte, como Needham lhe pedira no café da manhã. Levantou a voz. Nenhuma resposta. Ele então gritou para Needham, por cima do matraquear da máquina: "Você me pediu, estou dizendo que sim". E precipitou-se para fora. Apesar de ter recebido um favor, Needham não se dignou sequer a levantar os olhos.

Certa feita, ele abriu um precedente, e por sorte a interrupção acabou sendo muito proveitosa. Um desconhecido telefonou, explicando que acabara de chegar da França e precisava muito de uma cópia de um trabalho que Needham mencionara na trilogia *Chemical embryology*. Needham despachou-o polidamente, dizendo que não tinha cópia desse documento e que ele fizesse o favor de não voltar a incomodar.

Mas o homem insistiu, alegando uma vez mais que tinha

vindo da França especialmente para isso, e convidou Needham para almoçar. Needham, um tanto quanto glutão, aceitou. O homem então lhe contou que a aplicação prática de uma obscura questão embriológica tratada na trilogia tinha transformado por completo seu negócio de produção de ovos na França. E então fez o gesto para o qual tinha vindo a Cambridge — estendeu para Needham um cheque de enorme valor.

Needham raramente jantava no Hall, preferindo continuar trabalhando na hora do jantar e ir para casa mais tarde. Christopher Brooke, destacado medievalista que acabara de se formar quando Needham começou seu trabalho sobre a China, lembra que numa das poucas ocasiões em que ele apareceu no Hall quis, por força, inquirir seus companheiros de jantar sobre assuntos que achava importantes para seu livro, e ia anotando as respostas com cuidado na contracapa do menu ou em guardanapos de papel. Os mais jovens gostavam de conversar com ele: achavam-no esquisito, mas não perigoso. E sabiam o quanto ele trabalhava, trabalhava de verdade, e que por isso muitas vezes devia estar exausto. Uma vez ele desabou numa das cadeiras da High Table, a mesa dos *fellows* no Hall, bem ao lado de onde estava o jovem e nervoso Brooke, e declarou simplesmente: "Converse comigo sobre amenidades: estou mesmo muito cansado".

Wang Ling contava uma história sobre a dedicação de seu chefe quando estava no meio de um trabalho sem pausa:

> Os chineses têm um ditado que se aplica ao intelectual que trabalha duro, lendo livros o tempo todo, até quando está no lombo de um cavalo. Needham viaja de trem, sempre de primeira classe, não por esnobismo, mas porque só a primeira classe tem cabines vagas onde ele pode esparramar seus livros e manuscritos, enquanto toma notas. [...] Mesmo ao viajar de carro, está sempre discutindo algum ponto de seu livro enquanto dirige. No entanto, houve uma

ocasião em que ele não falou do livro. Ia dirigindo em alta velocidade na viagem de volta de um encontro em Oxford. Estava absorto [...] [quando] notou, de repente, que o assento a seu lado estava vazio. Como era de esperar, um chinês seria demasiado cortês para pedir-lhe que parasse o carro, a fim de trancar a porta, que não estava bem fechada, e por isso eu tinha caído do carro em movimento. Por sorte aterrissei num monte de neve, ou não estaria vivo para contar a história. Joseph deu meia-volta para me procurar e voltei para o carro. Ele ficou perturbadíssimo — mas eu sobrevivi para relatar o episódio. E a porta assassina dali em diante foi reforçada com uma corrente de cachorro.

Apesar do ar de desdém autocrático que Needham exibia de vez em quando, as pessoas estavam sempre ansiosas para ajudá-lo, apoiá-lo e cercá-lo de cuidados. Ele contratou uma mulher, que chamava de tia Violet, para preparar-lhe o café da manhã e o chá: ela trabalhou para ele, passando manteiga nos bolinhos que ele gostava de tostar no aquecedor elétrico, até fazer mais de noventa anos. E desde que ficou claro que até mesmo um trabalhador compulsivo como Needham podia ser tentado a se reunir com outras pessoas para o chá da tarde, grande número de homens e mulheres eminentes, todos amantes de bolinhos e de chá, começaram a chegar para um lanche informal com ele, quase sempre inesquecível.

Certo professor visitou-o para falar sobre pluviômetros e na mesma hora Needham encontrou para ele, absolutamente por acaso, uma referência ao primeiro pluviômetro feito no mundo, que constava de um livro sobre a matemática na dinastia Yuan. Durante uma conversa, na hora do chá, sobre lemes axiais presos a cadastes com um grupo de renomados especialistas em construção naval vindos de Londres, Needham mostrou que sabia muito mais sobre o assunto do que qualquer um deles. Voltaram para o Museu Marítimo de Greenwich escarmentados, esfregando os olhos de espanto tanto com as maravilhas da China antiga quanto com a própria ignorância recém-revelada, em comparação com Needham. E um cientista russo que participou do chá perguntou, de passagem, se Needham sabia quem tinha traduzido para o inglês um de seus livros publicados em Moscou — e na mesma hora Needham procurou o tal livro em suas estantes e pescou-o. Examinou-o e balançou a cabeça, lembrando que o título, sim, parecia-lhe familiar. Ah, sim, disse ele de novo, depois de pensar por uns instantes, ele mesmo tinha traduzido o livro quando ainda era estudante de graduação. Mas duvidava de que fosse capaz de repetir a proeza: seu russo já não era tão bom, embora o alemão, grego, francês e italiano, além, é claro, do chinês, ainda fossem praticamente impecáveis.

Mas, além de encontros como esses, o que era mesmo que Joseph Needham fazia em suas salas? O que estava mesmo procurando extrair de todo o material que tinha reunido e de todas as suas lembranças? E, quando terminasse de fazer isso, como pretendia armar todas as peças desse imenso trabalho em vários volumes?

De início, ele decidiu fazer uma grande lista histórica com todas as invenções mecânicas e ideias abstratas — as peças da civilização universal moderna — que haviam sido concebidas ou realizadas pela primeira vez na China. Se conseguisse preparar um catálogo sem falhas de tudo que os chineses tinham criado, com todas as ideias e os conceitos que tiveram origem no Império do Centro, já teria feito alguma coisa. Se pudesse ver o que estava por trás da inesquecível observação do imperador Qianlong por ocasião da visita de lorde Macartney, em 1792 — "Nós temos de tudo. [...] Não preciso das manufaturas de seu país" —, se conseguisse determinar realmente o que tinha levado Qianlong a fazer tal afirmação, então talvez tivesse a base de um trabalho acadêmico realmente original e revolucionário. Mas precisava de provas, muitas provas.

Para isso, ele e Wang Ling passaram os meses que restavam de 1946 e a maior parte dos cinco anos seguintes procurando cada uma das invenções e ideias originais mencionadas na literatura chinesa antiga.

Needham seguiu um caminho paciente, metódico e árduo, mas eficiente. Era um homem organizado como poucos. Para começar, era um incansável e fanático tomador de notas e arquivista. Nas pilhas de caixas que ainda estão em seus arquivos de Cambridge há dezenas de fichários de aço verde, a maior parte deles cheios até a borda, não com fichas compradas em pacotes nas papelarias, mas com cardápios de casas de chá que ele tinha o hábito de abrir com uma lâmina, num processo que ele chamava de "tricô" — abrir, cortar e dobrar —, que enlouqueceria os poucos não iniciados que eventualmente o acompanhassem ao café para uma xícara de Typhoo e pão doce torrado. Ele ficaria sentado ali cortando, cortando, fumando, cortando — e no dia seguinte os cardápios estariam todos empilhados em suas caixas, cada um deles coberto de detalhes, em sua caligrafia quase perfeita, sobre misteriosas criações do passado remoto da China. No verso poderia haver uma cópia meio ilegível do Almoço do Dia ou do Chá Completo do Dia.

E ele e Wang foram encontrando coisas, uma a uma. É claro que Needham tinha feito descobertas quando estava na China — a antiguidade do ábaco, por exemplo, e a técnica de enxertia da ameixeira. Mas havia muito mais do que isso sepultado nos papéis e documentos que ele tinha reunido em Cambridge. Entusiasmado, anotou:

Que caverna de tesouros cintilantes foi aberta! Meus amigos pertencentes a gerações mais antigas de sinólogos pensavam que nada encontraríamos — mas como estavam enganados! Uma após outra, extraordinárias invenções e descobertas iam aparecendo claramente na literatura chinesa, como indícios arqueológicos ou testemunhos figurativos, a maior parte das vezes — eu diria, quase sempre — muito tempo antes das invenções ou descobertas paralelas feitas ou adotadas na Europa. Fosse o arranjo de números usados para o cálculo dos coeficientes binomiais, ou o método de conversão recíproca do movimento circular em movimento retilíneo, ou o primeiro dos escapos do mecanismo dos relógios, ou o arado de ferro fundido maleável, ou o início da geobotânica e das ciências do solo, ou o reflexo cutâneo-visceral, ou a descoberta da imunização contra a varíola — para onde quer que se olhasse, havia "primeiro" sobre "primeiro".

Needham encontrou, por exemplo, um geógrafo da dinastia Song chamado Shen Gua, que, num documento datado com certeza de 1088 d. C., descrevia a técnica de uso de uma agulha magnética suspensa por um fio de seda para determinar a direção do sul — um século inteiro antes da primeira referência (1188 d. C.) ao uso da bússola magnética em qualquer outro lugar do mundo. "Nunca esquecerei a excitação que senti quando li pela primeira vez essas palavras", escreveu Needham mais tarde. "Se houve um texto que, mais do que qualquer outro, me estimulou a escrever este livro, foi esse."

A seguir ele descobriu que metalúrgicos chineses do século VI a. C. tinham conseguido produzir um tipo de aço maleável mas inquebrável, e que com esse metal os agricultores tinham feito um arado, acrescentando-lhe uma aiveca, com o que obtiveram um instrumento muito mais avançado que a ferramenta primitiva que, naquele tempo, era usada para arar a terra na Europa.

245

Ele desencavou velhos escritos e desenhos que mostravam que os chineses tinham inventado as correias de peitoral para cavalos no século III a. C., época em que os europeus ainda faziam seus cavalos e bois puxarem arados mediante o método cruel e ineficiente de amarrar uma corda em volta do pescoço do animal. Os europeus continuariam usando o laço de pescoço durante pelo menos mais mil anos.

Descobriu também que os imperadores chineses, incitando seus vassalos com a conhecida ordem "Trema e obedeça", tinham construído represas, projetos de irrigação e canais (como o Grande Canal, iniciado no século V a. C.) centenas de anos antes que qualquer outra região do mundo sujeita a inundações (com exceção da Mesopotâmia) pensasse na possibilidade de controlar seus próprios rios. Needham achou documentos que mostravam que os chineses haviam criado uma tradição de conter os excessos da natureza enquanto as pessoas no Ocidente simplesmente se conformavam e maldiziam as fatalidades.

Os chineses aprenderam, por exemplo, a moldar o ferro depois de fundi-lo com carvão. Do século IV a. C. em diante, foram capazes de produzir panelas, frigideiras, eixos, cinzéis, serras e sovelas de grande durabilidade — além de numerosos pagodes muito altos, alguns deles de pé até hoje. No século VII d. C., um metalúrgico fez uma torre de noventa metros de altura e 1300 toneladas, encimada por uma fênix de ferro maciço folheado a ouro. No século X, quando a metalurgia chinesa não tinha rival, metalúrgicos que trabalhavam para o imperador na província de Hubei, no centro da China, fizeram um enorme leão de ferro fundido com seis metros de altura e quarenta toneladas, que ainda está num memorial erigido para comemorar a derrota dos invasores tártaros.

Mas a modelagem do ferro fundido foi apenas o início do notável progresso metalúrgico da China. No século II a. C., trabalhadores de uma fundição conseguiram produzir uma versão muito mais maleável e menos quebradiça do metal que hoje em dia se conhece como ferro forjado, empregando o processo que eles chamaram de *chao*, um termo culinário, porque requeria que a massa fundida fosse mexida no fogo muito lentamente durante horas para eliminar o excesso de carbono. Os metalúrgicos contemporâneos dão a essa técnica o nome de pudlagem. Para deixar o ferro descarbonizado ainda mais forte — a ponto de ser usado por um ferreiro para fazer objetos como estribos e espadas —, os engenheiros chineses de 2 mil anos atrás reintroduziam no ferro uma quantidade rigorosamente controlada de carbono martelando partículas dessa substância sobre a superfície do metal, obtendo uma espécie de aço rudimentar.

O método de pudlagem, que a *Huainanzi*, enciclopédia clássica do século II, chamava de "método de refino do cento", tem sido citado indevidamente como origem do processo Bessemer. Parece que esse mito surgiu em 1855, quando William Kelly, um americano que produzia aço, contratou "especialistas" chineses para dar orientação aos metalúrgicos de suas fundições do Kentucky. Na verdade, esses "especialistas" não passavam de trabalhadores braçais contratados por uma casa de chá de Nova York, homens que careciam de qualquer conhecimento especializado em metalurgia. Simplesmente, saía mais barato contratar chineses em lugar de kentuckianos. A China tinha com certeza uma avançada e antiga técnica de produção de ferro e de algumas formas primitivas de aço, mas o processo de Henry Bessemer, assim como o de William Kelly, era inteiramente autóctone.

Seguiram-se outros incontáveis objetos interessantes. Inventaram-se as correntes — o que permitiu, entre outras aplicações, a produção da cadeia de transmissão, que Needham detectou na vida dos chineses no século X, sete séculos antes da primeira menção a ela na Europa. Muito antes ainda, no século I, começaram a aparecer desenhos de uma estranha nora de baldes quadrados — um instrumento de enorme praticidade que permitia aos agricultores elevar a água de rios e riachos a uma altura de até quatro metros, possibilitando assim a irrigação de lavouras. Para operá-lo, os homens moviam com os pés grandes pás de madeira presas por engrenagens a uma cadeia de pequenos baldes de madeira: esse instrumento, usado em toda a China hoje em dia, é uma criação tão perfeita que permanece essencialmente o mesmo há mais de 2 mil anos. As correntes permitiram também a construção de pontes suspensas muitíssimo antes que fossem feitas as primeiras dessas obras no Ocidente. Muitas das pontes suspensas chinesas existem até hoje — sendo a mais famosa delas a lendária Luding, construída em 1701 sobre o rio Dadu, em Sichuan.

Nos confins do império, onde era mais difícil obter ferro, os engenheiros idealizaram pontes de pedra sobre os rios, criando o que hoje se conhece pelo nome de técnica do arco segmentar, aplicada a um tipo de construção que talvez seja a maior realização da antiga engenharia civil da China.

Trezentos anos antes que os italianos a copiassem, graças às argutas observações de Marco Polo, esse tipo singular de ponte chinesa teve, como poucos inventos, uma influência nas comunicações e na arquitetura. O princípio que fundamenta essa obra foi enunciado pela primeira vez no século VII por um engenheiro do norte da China, Li Jun. Ele executou muitas pontes de arco em semicírculo — como as construídas pelos romanos no século I d. C. —, mas percebeu que, se a ponte tivesse a forma de um arco que representasse apenas um pequeno segmento de um círculo imaginário muito maior, seria mais forte, mais leve e mais resistente do que a pesadona ponte de pedra em semicírculo. Li começou suas obras experimentais no fim do século VI e construiu a primeira ponte em arco segmentar, de mais de 35 metros de extensão, sobre um rio da província de Hebei, perto de Beijing. Ela continua lá — 1400 anos depois de sua construção, em 605 d. C., e depois de séculos de enchentes, guerras e terremotos.

Outras melhorias na vida dos seres humanos, menos óbvias e menos radicais, ocorriam na China o tempo todo, e Joseph Needham trabalhou pacientemente durante 1946 e 1947, no mais terrível inverno britânico de todos os tempos, descrevendo detidamente cada uma das descobertas, enquanto a maior parte do país fora de Cambridge estava inundada e desolada.

Algumas das descobertas eram puramente práticas: o carrinho de mão, por exemplo, e o molinete da vara de pesca. O leme axial preso a um cadaste surgiu no século I da era cristã; e, uma vez aperfeiçoada a bússola, marinheiros chineses ganharam condições de se aventurar, como efetivamente fizeram, à Austrália, a Mogadíscio, dobrar o cabo da Boa Esperança e empreender viagens menos perigosas às Filipinas e à Indonésia. O balanço dos navios nessas expedições trazia um problema que outra invenção chinesa resolveu à perfeição: tratava-se de um dispositivo feito de dois anéis de metal integrados — a suspensão cardan — capaz de manter uma lâmpada permanentemente na vertical e mais tarde usado como base da bússola, do cronógrafo e do giroscópio da embarcação. E havia muito, muito mais: o guarda-chuva, a roca, a pipa, além do instrumento de medida que os engenheiros do Ocidente imitaram e chamaram de compasso de calibre.

Needham descobriu então um gênio da dinastia Han, Ma Jun, que viveu por volta de 206 d. C. e se especializou em bonecos autômatos,

> garotas dançando e tocando música, homens batendo em tambores e tocando flauta, figuras de madeira dançando num baile, cruzando espadas, pendurando-se de cabeça para baixo em escadas de corda, simulando funcionários do governo em seus escritórios, galos numa rinha [...] e tudo mudando sem cessar, com centenas de variações.

Ma era um generalista: aperfeiçoou também a tecelagem da seda, explicou o funcionamento da carruagem que aponta para o sul (instrumento não magnético de orientação que já era antigo no tempo dele), irrigou jardins com uma nora acionada pela força do homem e inventou a balista giratória — um volante que funciona como uma espécie de metralhadora lançadora de pedras.

E houve uma invenção chinesa, extremamente simples mas capaz de mudar o mundo, chamada no Ocidente de estribo — um dispositivo de apenas quinze centímetros de altura e de meio a um quilo de peso, com ajuda do qual o cavaleiro fica montado comodamente e com firmeza, mesmo em pleno combate ou saltando obstáculos. Esse invento teve para a humanidade um efeito totalmente desproporcional a seu tamanho e seu aparente significado inicial.

Muitas invenções chinesas antigas foram criadas para a diversão e o lazer, ou por refinamento — por exemplo, o baralho, o tambor afinado ou tímpano, a porcelana casca de ovo, o papel higiênico perfumado,* o jogo de xadrez. As origens do xadrez são ainda hoje contestadas com veemência: muitos preferem acreditar que ele começou na Índia ou na Pérsia, embora as descobertas de Needham mostrem que ele nasceu do jogo de *xiangqi*, inventado pelos chineses no século II a. C. e exportado para o Ocidente através do subcontinente indiano. Mas a invenção do estribo nos

---

* Esse tem sido um conforto bem popular entre os chineses ricos há séculos e tornou-se de uso habitual no século XIV: há registros de encomendas especialmente volumosas desse papel perfumado "grosso mas suave" feitas em 1393. Folhas grandes, de noventa por sessenta centímetros, eram produzidas para uso geral da corte; folhas menores e de melhor qualidade, de apenas vinte centímetros quadrados, eram produzidas para os traseiros mais sensíveis e delicados da família imperial. Os registros mostram que a primeira fabricação de papel para esse fim ocorreu no século VI.

lembra que a China, apesar da atenção dedicada aos aspectos pacíficos da vida civilizada, estava também envolvida em guerras, defensivas e ofensivas, travadas dentro ou fora de suas fronteiras, desde tempos muito remotos.

E então, no começo de 1950, Needham decidiu que já tinha encontrado o bastante, ou pelo menos o bastante para dar a largada. Seu primeiro período de descobertas foi oficialmente declarado encerrado, embora a busca e a descoberta de inventos chineses pioneiros tenha se tornado uma constante durante toda a produção da série.

Needham estava disposto a admitir que, por longa e impressionante que fosse a lista das descobertas, o conjunto de seus integrantes, artefatos ou ideias não constituía por si uma ciência ou uma civilização, mas era apenas o indício do fermento criativo existente da sociedade chinesa. Mas que fermento! Dependendo de como as contas forem feitas — e considerando apenas a fase intelectualmente mais fértil da história da China, entre as dinastias Han e Ming —, Needham mostrou que para cada século os chineses conceberam cerca de quinze novas ideias científicas — um ritmo de inventividade jamais igualado por nenhuma das outras grandes civilizações antigas, nem mesmo a Grécia. A natureza das invenções também era notável, como escreveu Needham; mas a *velocidade* com que apareciam não teve paralelo em nenhum outro lugar da Terra, em momento algum da história.

O papel desempenhado por essas descobertas na organização efetiva do livro foi determinante, já que elas deviam servir como sinalizadores, com a função de mostrar que o trabalho complexo deve ser incentivado a germinar — quais invenções chinesas deveriam ser postas em qual parte da estrutura, quais criações ficariam agrupadas com outras, quais campos do pensamento deveriam ser tratados e em que ordem. E, como na construção de uma imensa estrutura, a localização exata desses sinalizadores levou tempo — na verdade, a maior parte do gélido inverno de 1947 foi dedicada a trabalhar nessa estrutura, bem antes que um edifício de fato pudesse realmente começar.

No início da década de 1950, os sinalizadores conhecidos com certeza já estavam firmes em seus lugares e já se achavam cavadas entre eles as valas onde se assentariam as fundações, de modo que agora os livros propriamente ditos estavam prontos para ser organizados, e o primeiro deles podia ser escrito.

De início, Needham resolveu dividir o trabalho em sete seções. Mais tarde, ele chamaria essas seções de volumes "celestiais" da série, os pontos principais do saber e da invenção chinesa, pelo menos em sua opinião. Seria um plano impecável, não fosse o fato de tanto ele quanto Wang Ling terem subestimado grosseiramente o quanto as coisas, em pouco tempo, ficariam fora de controle. Praticamente todas as sete categorias principais do conhecimento viriam a comportar inúmeras divisões e subdivisões, e quase todas elas, na minuciosa análise de Needham, mereciam que lhes fosse dedicado um volume inteiro. Foi a realização desses livros subsidiários — chamados por Needham de "terrenais" — que fez com que o projeto tivesse um período de gestação elefantino.

Nos primeiros dias, os sete volumes iniciais e sublimes foram mais ou menos organizados.

Primeiro Needham sugeriu que o volume I, a Introdução, abordasse uma questão crucial: que tipo de ciência havia surgido na China ao longo dos séculos? Incluiria também o contexto — a geografia da China, a história da China — no qual essa questão seria considerada.

O volume II analisaria a filosofia chinesa: de que forma as tradições taoistas e confucionistas viam a ciência, como nasceu e se desenvolveu (na medida em que chegou mesmo a se desenvolver) a tradição de experimentação e observação — de raciocínio dedutivo, em contraposição ao raciocínio indutivo — no Império Celestial.

Needham dedicaria grande parte do volume III ao que ele chamava de "pré-ciências" chinesas, ou o que hoje poderia ser chamado de ciências puras — matemática, astronomia, meteorologia, geologia, geografia, física, alquimia, botânica, zoologia e anatomia. Esse livro, por si só, teria proporções gigantescas, embora naquela fase Needham não tivesse a menor ideia do quão grande ele seria.

O volume IV — um monstro de mesma espécie que em sua forma primitiva já prenunciava a imensidão que viria — deveria examinar a tecnologia chinesa, as ciências aplicadas, entre as quais tópicos como engenharia, produção de papel, cerâmica, navegação, tecnologia química (incluindo a produção de explosivos e detalhes sobre a prolongada discussão sobre quem descobriu a pólvora, e exatamente para que fim), bioquímica (incluindo as fermentações e a ciência da nutrição), mineração, metalurgia, arquitetura e pintura, agricultura, medicina, farmacologia e tecnologia bélica, incluindo a ciência da guerra.

O volume V discutiria a "pergunta de Needham". Tentaria explorar a fundo quais poderiam ter sido as mudanças ocorridas na China havia cinco séculos que determinaram que a ciência moderna se desenvolvesse não na China, mas fora dela, principalmente às margens do Mediterrâneo. A realidade era evidente: em meados do século XV, praticamente todo o progresso científico chinês fora interrompido de súbito, e a Europa assumira o papel principal no progresso da civilização. Por que isso acontecera? Os diversos fatores — geográficos, hidrológicos, sociais, econômicos, burocráticos, linguísticos — que podem ter influenciado a mudança ocorrida na China deveriam ser considerados um a um. Teria a dependência de um sistema ideográfico de escrita, por exemplo, inibido o desenvolvimento da ciência chinesa? A imensa burocracia teria tido um papel nisso? O gigantesco investimento imperial destinado a conter as cheias anuais dos rios Yangzi e Amarelo poderia ter provocado a situação? Joseph Needham pretendia que esse volume fornecesse todas as respostas.

De acordo com o plano original, o volume VI — dentro do esquema geral de tratar o desenvolvimento da China *em relação à história da civilização em geral* — examinaria outras sociedades que se desenvolveram paralelamente à chinesa: egípcios, gregos, babilônios, indianos, astecas, maias, japoneses. Comentaria, em detalhe, as semelhanças e as principais diferenças.

E então, como *grand finale*, o volume VII indagaria sem rodeios: e agora? Qual seria o futuro da China, sua riqueza, seu sistema político, seu corpo de crenças, seu lugar no mundo moderno? Conseguiria a nação se recuperar dos reveses de cinco séculos atrás? A China voltaria a assumir sua antiga posição proeminente no mundo? Teria perdido essa posição para sempre? Ou poderia, uma vez mais, mostrar o caminho para toda a civilização, como fizera com tanta eficiência e durante tanto tempo, há milhares de anos?

Como todos os projetos, esse sofreu mudanças e evoluiu. Em 1950, quando Needham e Wang finalmente davam forma ao volume I, que estava prestes a ser concluído, os seis volumes subsequentes já tinham sido substancialmente alterados quanto ao foco. Todos tinham aumentado muito. Muitos deles tinham dado cria.

254

Em 1954, por exemplo, o sumário do volume II, que ainda estava inacabado, dá uma ideia da complexidade que a tarefa tinha adquirido e de como um único volume teria de ser ampliado fora de toda proporção com o tamanho original.

O projeto inicial para o volume II poderia parecer relativamente simples: descrever a abordagem filosófica da ciência na China e as mudanças sofridas ao longo dos séculos pelas ideias taoistas e confucionistas sobre experimentação, observação e teoria. Em 1954, no entanto, as coisas tinham ficado infinitamente mais complicadas.

O confucionismo, de acordo com o projeto, seria primeiramente exposto e explicado em oito seções — "Teorias sobre a 'transmigração das almas'"; "A atitude ambivalente em relação à ciência"; "O humanismo de Hsün Ch'ing"; e assim por diante. O taoismo receberia o mesmo tratamento — "taoísmo e magia"; "Ataraxia"; "O retorno ao cooperativismo primitivo"; "Técnicas de ginástica"; "Técnicas sexuais". Dezenas de páginas foram reservadas para um minucioso exame de "As ideias fundamentais da ciência chinesa", incluindo ensaios sobre temas como livros de premonições, trigramas, hexagramas, o *Livro das mutações* e o conhecimento dos chineses sobre a numerologia "pitagórica" e as correlações simbólicas.

E isso não chegava sequer à quarta parte do trabalho previsto para um só volume. Antes que Needham e Wang terminassem o planejamento, havia ensaios sobre hermetismos insondáveis como "Escapulomancia e a sorte pelo milefólio", "Oniromancia", "Glifomancia", "A polêmica de Wang Chun com os fenomenalistas", "O julgamento de animais", "Os neoconfucionistas e o Último Supremo" e "A evangelização budista da China".

Quando esse volume finalmente foi publicado, em 1956, tinha quase setecentas páginas. Só o ensaio sobre "Técnicas sexuais tântricas" ocupava sete páginas, nas quais se incluíam abalizados parágrafos explicando que manuscritos taoistas do século x com títulos como *O livro do mestre da penetração de mistérios** e *Questões importantes da câmara de jade* podiam restabelecer a confiança de homens chineses ansiosos. Esses manuscritos os acalmavam por meio de mensagens como "A continência sexual é tão impossível quanto inadequada" e "O celibato é uma prática que leva à neurose". Para estímulo sexual — provavelmente sem intenção, apesar das preferências pessoais de Needham —, o mesmo capítulo do volume II traz um catálogo de exóticos comportamentos sexuais taoistas de mil anos atrás, inimaginável hoje em dia.**

Needham tinha decidido logo no início do processo, quando via cada volume inchar a ponto de ameaçar romper as capas, que nenhum volume deveria ser "grande demais para que um homem não pudesse lê-lo confortavelmente no banho". Mas, apesar de tudo, era o que estava acontecendo. Enquanto o volume I ficou com 248 páginas, 36 ilustrações, cinquenta páginas de bibliografia e vinte de índice, o volume II chegou a 698 páginas e o volume III a 680, com 127 ilustrações, uma bibliografia de 115 páginas e um

---

* *The book of the mystery-penetrating master*, título de difícil tradução. Os "mistérios" são as artes da alcova, que proporcionam saúde, longevidade e até uma certa intensificação da consciência. Mas a frase encerra uma conotação sexual, pois a palavra chinesa utilizada aqui e traduzida como "mistério(s)" é um eufemismo para "vagina". A ideia é que, por meio de determinadas práticas sexuais, a pessoa penetra nos segredos do Tao. (N. T.)

** O conhecido interesse de Needham pelo erotismo levou não poucos de seus leitores a fazer contato com ele. Na primavera de 1948, chegou uma carta do sr. P. Ye, que descrevia a si mesmo como um "homem virgem de 38 anos" da Universidade Fudan, em Shanghai. Ele estava preocupado porque, devido à "radiação sexual", suas pálpebras tremiam toda vez que ele se masturbava, o que acontecia cinco vezes por dia. Ele escreveu um longo questionário técnico, mas a carta demorou demais a chegar, sobretudo porque foi endereçada a "Dr. Joseph Needham, Universidade de Cambridge, Londres".

índice que se estendia por nada menos que cinquenta páginas. Os livros estavam se tornando um caso alarmante de gordura abdominal da meia-idade e algo precisava de ser feito.

A consequência disso tudo foi um imediato processo de divisão celular* (para desespero da atormentada Cambridge University Press, obrigada a tolerar a expansão constante do projeto). Um livro se transformava em dois, três ou quatro livros. O volume v, um caso especial, transformou-se não em cinco, mas em treze partes subsidiárias formais, cada uma tão grande e complicada que elas foram publicadas em separado, em volumes independentes, e cada qual enorme.

Os livros tratam, todos eles, de detalhes. Foram organizados com escrupuloso respeito até pelos menores fatos da vida chinesa, e cada volume era uma exploração, como Needham disse, "das cavernas sem fim da história científica da China". Ele achava que cada volume deveria mostrar que sua organização se devia a uma abordagem "que tenta sempre evitar generalizações e, pelo contrário, trata com carinho as filigranas". Os arquivos que Needham deixou em Cambridge proporcionam alguns exemplos do cuidado com que a obra foi organizada. O livro que a maior parte dos seus admiradores considera um exemplo brilhante da competência do autor foi publicado, com aplausos quase unânimes, em 1971: o volume IV, parte 3, *Civil engineering and nautics* [Engenharia civil e náutica].

---

* Uma série de monografias independentes nasceu da obra principal. Entre elas estão *The great astronomical clocks of mediaeval China* [Os grandes relógios astronômicos da China medieval], publicada em 1960; *The pre-natal history of the steam-engine* [A história pré-natal da máquina a vapor], em 1962; e a de maior sucesso comercial (graças também a seu bom título), *Celestial lancets: A history of acupuncture* [Lancetas celestiais: uma história da acupuntura].

A organização do livro é a própria elegância, com uma passagem quase imperceptível de um de seus dois temas gerais para o outro. A fórmula é enganosamente simples: primeiro vem a pedra, depois a água. *Civil engineering*, que abre o volume, trata da construção de estradas, muralhas e pontes — feitas principalmente de pedra. Segue-se então uma graciosa transição, proporcionada pela história dos canais chineses sobre os quais se estendem essas pontes — água e pedra combinadas. Finalmente começa *Nautics* — a própria água, só ela —, que conta primeiro a história dos navios, barcos a remo e juncos que utilizam esses canais e, mais adiante, discute a evolução da navegação, propulsão, pilotagem, bem como as "técnicas de paz e guerra" chinesas — título sob o qual estão incluídos tópicos como âncoras, amarrações, docas e faróis, rebocagem e sirgagem, calafetação, bombas e vedação de cascos, mergulho e busca de pérolas, o aríete, chapas de blindagem, arpéus e táticas de disparo de projéteis navais.

O mais surpreendente é o detalhe, e a variedade enorme de tópicos abordados pelos autores — que aparecem na folha de rosto como sendo Joseph Needham, Wang Ling e (depois que cumpriu seu trabalho para a Unesco e voltou de Paris, em 1957) Lu Gwei-djen, a santíssima trindade do projeto. Alguns dos títulos de capítulos indicam a escala e o objetivo do volume: "Aspectos construtivos de juncos e sampanas", "Estrela, bússola e roteiro nos mares do Oriente", "A vela de esteira e tala: suas propriedades aerodinâmicas", "Uso da zinga e a 'hélice' de passo autoarticulável", "A China e o leme axial", "Blindagem e arpéus", "Eclusas, comportas e carreiras duplas", "Compartimentos herméticos, a forma do casco e seu significado".

No interior do livro há diagramas e xilografias, antigos rolos pintados e explicações. Uma página, por exemplo, começa assim: "Então, antes de 1450, como veremos, ocorreu uma mudança política fundamental. A ala antimarítima da corte, por razões ainda um tanto obscuras, ganhou supremacia, e com isso a navegação de longo curso chegou ao fim". Essa era a história resumida do declínio das explorações chinesas no século XV, ocorrida depois da famosa expedição de Zheng He, que chegou a Mogadíscio (há quem afirme que ela foi bem mais longe) e trouxe um butim que incluía uma infeliz girafa africana que Zheng achava que poderia divertir o imperador, mas que na verdade assustou-o terrivelmente.

O modo como o trio trabalhou no volume — os anos de pesquisa, os meses de redação, o fluxo incessante de mistérios — pode ser depreendido do conteúdo das caixas de papéis, agora cuidadosamente catalogado no Instituto de Pesquisas Needham, em Cambridge, no qual estão reunidos todos os documentos e todas as cartas que Needham pode ter usado para decidir o que escrever.

Uma das inúmeras caixas, selecionada ao acaso, contém o seguinte:

1. Uma coletânea, presa com um clipe de papel enferrujado, de artigos sobre o coracle, incluindo uma longa descrição desse barco da Cochinchina, que era calafetado com um mistura de excremento de vaca e óleo de coco.

2. Uma foto de lorde Montgomery of Alamein inspecionando um catamarã chinês.

3. Uma carta de um correspondente na França (telefone BALzac 3839) sobre jangadas indochinesas a vela.

4. Um livro intitulado *Floating objects* [Objetos flutuantes].

5. Uma coleção de dez monografias, *Le jonque chinoise* [O junco chinês], de L. Audemard.

6. Um anúncio de livros sobre barcos chineses, de G. R. G. Worcester, recortado do jornal comunista *The Daily Worker*.

7. Um ensaio, "As explorações de sir Francis Drake".

8. Notas escritas num guardanapo recomendando definições para os termos "costa de sotavento", "canoa com flutuador", "Lepanto", "tonelagem", "escravidão", "engambelar".

9. Numa folha de papel, uma pergunta retórica escrita com a letra de Needham: "Até que ponto o Antigo Egito influenciou o desenho do junco chinês? Será que F. H. Wells tem a resposta no *China Journal* de 1933?".

10. Artigo de Tsao-Fang, "Sobre batelões e canais em geral".

11. *Dictionary of sea terms* [Dicionário de termos náuticos] (1933).

12. Uma pintura de 1672 que mostra uma barca europeia, supostamente a primeira representação chinesa de um navio estrangeiro.

13. Notas sobre projetos navais vikings.

14. Um livro, *A marinha Sung, 960-1279 d. C.*, de Lo Jung-pang.

15. Um artigo "Sobre as técnicas do tiro de inquietação".

16. Uma carta de um certo sr. John Saar, 30 West 75 Street, Nova York 23, oferecendo informações sobre juncos e lembrando que, numa recente visita ao Caius College, ele tinha sido "tão bem tratado que perdera todos os preconceitos contra a esquerda e os antielitistas".

Dia a dia, Needham, Wang e, mais tarde, Lu Gwei-djen reuniram, filtraram e arquivaram esse material para depois inseri-lo no lugar adequado, à medida que os capítulos eram planejados, organizados e escritos. O material da caixa "Náutica", em particular, deve ter entrado provavelmente em algum ponto das quatro páginas dedicadas a "As propriedades aerodinâmicas da vela de esteira e tala" ou das oito reservadas a "Registros textuais do uso do leme axial na China antiga" ou nos sete diagramas, desenhos e ensaios sobre "Remos". Ou talvez não tenha entrado em parte alguma: talvez tenha sido descartado, substituído por fontes ainda mais ricas, por indícios ainda melhores que tenham sido destinados a outras das dezenas de caixas que havia nos arquivos do instituto, catalogadas em detalhe, à espera de serem examinadas pelo redator de alguma tese num futuro distante.

"Às vezes perco a esperança", escreveu Nedham certa vez, "de que algum dia possamos encontrar o caminho certo no meio da massa amorfa de ideias e fatos que é tão difícil organizar."

Mas ele encontrou o caminho. Datilografou as páginas para os capítulos de *Nautics*, sempre com dois dedos, sempre num ritmo furioso, dia após dia, até o fim da década de 1950, trabalhando ao mesmo tempo em outros volumes e partes que tratavam de assuntos que não tinham relação alguma entre si, como ouro, martelos de forja, paraquedas, pontes em arco segmentar e reservatórios.

Terminou as páginas e mandou-as para especialistas. Entre os quarenta e poucos que trabalharam com os volumes sobre náutica, todos monstros sagrados em sua área, estavam James Fitch, de Nova York, Klaus Fessel, de Tübingen, Alfred Lieber, de Jerusalém, Clough Williams-Ellis, de Penrhyndeudraeth,* e G. R. G. Worcester (na época o maior especialista em juncos chineses), de Windlesham. Ele então refazia os capítulos, de acordo com as sugestões recebidas; mandava os textos prontos para seu sofrido colaborador da Cambridge University Press, o editor Peter Burbidge, ao que tudo indica um santo, e esperava pela publicação.

Esse volume acabou saindo em 1971. Needham dedicou-o à memória das seguintes pessoas:

---

* Esse excêntrico arquiteto britânico — sempre vestido de calção e meias amarelo-canário — que criou, entre outros lugares mágicos, a cidade de fantasia Portmeirion, no País de Gales, foi conselheiro de Needham em técnicas de construção.

CHI CHHOA-TING
Historiador das vias hídricas e suas obras na China,
um amigo da região do rio Chialing,
líder em economia e finanças numa terra que renasce,
e
HERBERT CHATLEY
Ex-professor de engenharia do Thang-shan College
e engenheiro-chefe da Conservação de Huang-po,
um "*Old China hand*" que amava o povo chinês,
historiador das obras de engenharia de Cathay e Manzi

O volume levou quinze anos para ficar pronto. Algum dia, sem dúvida, alguém calculará o peso dos documentos de trabalho ou a metragem das estantes que esses papéis ocupavam, para uma análise estatística que vai equiparar o trabalho de compilação desse livro ao de enormes dicionários e enciclopédias do mundo inteiro. E era apenas um volume — um só dos muitos volumes compilados para *Science and civilisation in China* como um todo. Todos eles feitos, essencialmente, por esse homem fascinante.

À medida que a notícia do projeto se espalhava, as homenagens começavam a pingar. Uma delas causou uma comoção tipicamente britânica: vinha da República da China e se chamava, com a devida grandiloquência, Grã-Cruz da Ordem da Estrela Brilhante. Needham, que ficou sabendo dela por intermédio da embaixada chinesa em outubro de 1947, ficou comovido, como seria de esperar, e perguntou informalmente a seus antigos chefes do Foreign Office se o fato de aceitar a homenagem poderia causar algum tipo de problema ou embaraço diplomático. Para sua surpresa, foi avisado de que sim, e que em nenhuma circunstância ele seria autorizado a usar uma condecoração estrangeira sem licença expressa de Sua Majestade o rei.

Foi preciso cerca de dois anos para que essa licença fosse concedida. Cartas de dirigentes dos vários departamentos empoeirados do governo britânico que lidavam com protocolo ou com tratados, ou que tinham acesso aos corredores do palácio de Buckingham, foram enviadas às pressas a Whitehall. Sobrancelhas se erguiam à ideia de que uma homenagem legítima fosse prestada por estrangeiros a um homem tão incensado como diplomata britânico (o que Needham tinha sido durante o período pelo qual os chineses queriam condecorá-lo). Discretos almoços de trabalho tiveram lugar em clubes de Pall Mall, todos eles para debater esse gesto sem precedentes — e, para alguns, de solerte impertinência.

Finalmente, em junho de 1949, sir Alan Lascelles, figura de grande prestígio junto ao monarca, concluiu que o trabalho de Joseph Needham contribuíra muito para melhorar as relações entre Londres e o governo nacionalista, agora retirado para Nanjing. Escreveu para Needham no Caius College, dizendo formalmente que "Sua Majestade o rei George VI teve o prazer de conceder a N. J. T. M. Needham, esc. [escudeiro] uma licença restrita para usar a Grã-Cruz da Ordem da Estrela Brilhante basicamente quando estiver na China e em presença de altos funcionários daquele país".

A ironia do destino interveio. Acabou sendo muito tarde para tudo isso. Na China, os comunistas estavam prestes a assumir o poder; a República Popular foi promulgada no mês de outubro seguinte e, quatro meses depois da permissão concedida pelo rei, Chiang Kai-shek, que tinha assinado a autorização para o prêmio de Needham, fugiu para Taipei. A polêmica homenagem a Needham, fonte de tanto estardalhaço em Londres, reduziu-se da noite para o dia a uma simples quinquilharia, reconhecida apenas

263

em Taiwan, que, a não ser como objeto de colecionador, não valia o papel em que fora escrita.

Foi então, mais ou menos na mesma época, que de repente e sem aviso algum Joseph Needham cometeu o mais grave dos erros.

Tomou uma decisão, baseada em seu eterno namoro com o comunismo internacional, que quase pôs a perder todo o projeto, quando já estava para sair o primeiro volume. Ele caiu em desgraça, e não podia culpar ninguém a não ser a si mesmo por isso, e o episódio lança uma sombra sobre seu projeto até os dias de hoje.

Tudo começou com um misterioso convite por telefone vindo de uma sala de conferências da capital da Noruega. Quem ligava era um chinês e, quando a estática da linha telefônica permitiu, Needham soube que se tratava de um de seus velhos amigos dos tempos da guerra. Joseph se importaria de deixar Cambridge por algum tempo e voltar à China por um breve período?

6. *Persona non grata*: a inevitável queda em desgraça

SOBRE O USO DE AGENTES BIOLÓGICOS
EM BOMBAS NA CHINA ANTIGA

Para fazer essa bomba, juntam-se óleo de tungue, urina, sal amoníaco, fezes e suco de cebolinha e esses ingredientes são aquecidos de forma a revestir um grande número de bolinhas de ferro e caquinhos de porcelana, que depois são usados para encher [com um núcleo de pólvora] uma esfera de ferro fundido, fabricando-se assim uma bomba de fragmentação. Quando explode, ela se divide em pedaços que ferem a pele e quebram os ossos [de soldados inimigos] e cegam-lhe os olhos. Até mesmo aves que estejam voando não conseguem escapar aos efeitos da explosão.

Descrição da "bomba mágica de óleo candente
que queima ossos e fere", extraída de
Manual do dragão de fogo, de Jiao Yu, meados do século XIV
Science and civilisation in China, volume V, parte 7

As Forças Armadas americanas usaram armas biológicas durante a Guerra da Coreia? Essa pergunta — que mais de meio século depois ainda não foi respondida de modo satisfatório — por um triz não causa a desgraça de Joseph Needham, cuja fama acabou empanada pelo furor que provocou.

Essa acusação contra as Forças Armadas americanas foi feita pela primeira vez em 1951, pouco mais de um ano depois que o Exército norte-coreano cruzou o paralelo 38 e o governo comunista de Pyongyang declarou guerra à República da Coreia do Sul, apoiada pelos Estados Unidos. No verão daquele ano — quando o Exército chinês já se envolvera ativamente ao lado da Coreia do Norte —, o conflito tinha descambado para o impasse que foi sua principal e sombria característica. Um enorme número de soldados — 1 milhão do lado comunista e quase o mesmo tanto dos doze Exércitos que lutavam sob a bandeira das Nações Unidas — avançava e recuava no terreno cruel, montanhoso e às vezes gelado, ganhando e perdendo territórios, demolindo cidades para evitar que o inimigo as utilizasse como bases, explodindo pontes, bombardeando estradas de ferro e, de mil maneiras impiedosas, infernizando a vida de milhões de pessoas durante a guerra e nas décadas vindouras.

Enquanto os dois lados estavam imobilizados nessa luta encarniçada e sem esperança de vitória, começaram a surgir relatos segundo os quais algo de sinistro talvez estivesse ocorrendo. Jornais de Moscou noticiaram que agentes americanos haviam envenenado poços de água potável na Coreia do Norte com bactérias de cólera; que bacilos de antraz tinham sido usados para infectar o gado no extremo norte do país; e, o mais bizarro, que leprosos tinham sido lançados de paraquedas ou infiltrados de outra forma em áreas controladas pelos comunistas, onde procuravam infectar da forma mais eficiente possível os inimigos que encontravam. Essas notícias causaram ansiedade e protestos por parte de jornais esquerdistas em todo o mundo, mas, por causa de sua origem suspeita, de modo geral foram ignoradas. Durante algum tempo, as coisas se acalmaram.

Entretanto, no começo de 1952, surgiram notícias semelhantes, porém agora mais chocantes, e dessa vez na imprensa chinesa. Dizia-se que doenças misteriosas estavam aparecendo na Coreia e na Manchúria, doenças incompatíveis com a região e a estação do ano. A cólera, uma doença de climas quentes, foi diagnosticada numa aldeia coreana em janeiro, deixando os médicos perplexos. Insetos infectados eram encontrados em áreas nevadas — e aparentemente isso sempre acontecia depois de ataques aéreos noturnos dos Estados Unidos.

Um caso continua a ser uma lenda contemporânea chinesa. No início da primavera de 1952, aldeões de um condado chinês localizado perto da fronteira da Coreia do Norte informaram que, durante a noite, centenas de pequenos roedores semelhantes a ratos silvestres tinham caído do céu, aterrissando nos telhados, espalhando-se pelos celeiros e até subindo para os *kangs*, plataformas onde mulheres e crianças dormiam.

Quando o dia nasceu, os homens que integravam a liderança comunista dessa aldeia sabiam exatamente como reagir. Agiram rapidamente — e, como diriam os céticos depois, com uma rapidez suspeita. Partiram do princípio de que se tratava de animais vindos do exterior, e provavelmente infectados de doenças, lançados por aviões americanos provenientes de suas bases na Coreia. Haviam sido avisados de que isso poderia acontecer e assim, como se tivessem sido bem treinados para isso, montaram uma rápida campanha de coleta e destruição. Segundo relatos norte-coreanos, no fim daquele dia absolutamente todos os desprezíveis roedores americanos tinham sido amontoados numa pira e todos os vestígios da possível infecção que os ignóbeis generais americanos tentaram infligir aos aldeões estavam expurgados.

267

Por coincidência — real ou suposta —, estava em curso na China, naquele momento, uma campanha estatal de saúde pública, a Campanha Patriótica de Higiene, executada com a frenética energia pela qual os comunistas chineses estavam ficando conhecidos. Bastou uma só exortação por parte do Grande Timoneiro para desencadear o programa. "Mobilizemo-nos", escreveu Mao Zedong uma semana antes num memorial apresentado à Conferência Nacional de Saúde em Beijing. "Cuidemos da higiene. Reduzamos a incidência de doenças, elevemos os padrões de saúde e esmaguemos a guerra bacteriológica do inimigo."

Suas palavras foram imediatamente repetidas por Zhou Enlai, primeiro-ministro e ministro do Exterior da China, que era amigo fraterno de Needham, desde a estada de ambos em Chongqing, nove anos antes.* O fato de Zhou concordar inteiramente convenceu Needham da correção do plano de Mao: a campanha de higiene da China, disse ele mais tarde, era precisamente o tipo de esforço nacional de primeira linha que causava tão boa impressão nos primeiros tempos idealistas do regime comunista chinês. Needham acreditava realmente — embora muitos pusessem isso na conta da sua ingenuidade — que uma nação de fato interessada no bem-estar de seus cidadãos podia e devia mobilizar esforços exatamente assim, de maneira desprendida e visando ao bem comum. Um sistema capitalista, pensava ele, simplesmente não se disporia a realizar a tarefa, uma vez que a necessidade de lucros haveria de sempre mascarar e distorcer a meta suprema.

Por conseguinte, Needham ficou mais do que surpreso ao ler que Zhou havia levado sua proposta um pouco mais além dos objetivos idealistas que embasavam o plano. O primeiro-ministro

---

* Tão íntimos eram que Needham dedicou a Zhou, por seu papel como "constante incentivador do projeto", o primeiro dos dois volumes de *Science and civilisation in China* referentes a tecnologia militar — o volume v, parte 6.

declarou que subscrevia uma acusação feita pouco antes pelo ministro do Exterior norte-coreano, que afirmara que os americanos, ao lançarem roedores doentes sobre aldeias chinesas, estavam claramente tramando algo diabólico. Zhou foi bastante específico: "Acuso o governo dos Estados Unidos, diante da população de todo o mundo, do crime hediondo de empregar armas bacteriológicas". Instou "os povos amantes da paz em todo o mundo" a "tomar medidas para pôr fim aos atos desvairados e criminosos do governo americano".

O mundo foi obrigado a tomar conhecimento daquilo. As provas apresentadas por Zhou eram débeis e, de modo geral, circunstanciais. Constava que houvera surtos de peste, antraz pulmonar e encefalite no norte da Coreia e no sul da Manchúria, e moradores das aldeias relataram que insetos e animais patogênicos, como ratos-pretos, camundongos e ratos silvestres, tinham sido encontrados no chão, nas áreas afetadas, espalhados como se tivessem caído de grande altitude. Equipes de cientistas chineses concluíram que os Estados Unidos, sem terem como fazer a balança estratégica na península coreana pender a seu favor, estavam travando uma guerra particularmente cruel e secreta que envolvia a disseminação de bactérias letais e agentes viróticos.

Com ou sem provas, isso decerto estava dentro dos limites da credibilidade. Na época, os órgãos de informação sabiam — hoje em dia esse conhecimento é mais generalizado — que desde a Segunda Guerra Mundial os Estados Unidos vinham trabalhando em armas biológicas. Depois da captura da famigerada Unidade 731, "Campo de Purificação de Água", do Exército japonês, em Pingfan, perto de Harbin, na Manchúria — onde uma equipe japonesa de elite realizava experimentos biológicos inimagináveis com prisioneiros (o mesmo ocorria num campo semelhante no centro de Nanjing) —, foi feito um acordo pelo qual pesquisadores militares americanos ganharam acesso a todos os dados japo-

269

neses em troca da liberdade, ou de sentenças de reclusão leves, para muitos dos principais pesquisadores.

Grande parte da pesquisa subsequente dos Estados Unidos — utilizando animais e um pequeno número de voluntários — foi realizada pelo Exército americano em seu centro de pesquisas sobre guerra química em Fort Detrick, em Maryland.* O êxito desse trabalho ensejou um entusiástico memorando, aprovado pelo Estado-Maior Conjunto dos Estados Unidos em fevereiro de 1952, em que se declarava que daí em diante o país deveria estar preparado para utilizar armas biológicas, "sempre que isso apresentar vantagens militares".

Enquanto esses fatos ocorriam nos Estados Unidos, o governo de Mao anunciava várias campanhas amplas de políticas públicas, como as que envolviam saúde pública, sendo a população periodicamente mobilizada por líderes do partido para achar e eliminar surtos de doença (e matar moscas domésticas). O fato de as iniciativas ligadas a essa campanha terem revelado tantas doenças em 1952 pode ser visto como um atestado de seu êxito — ou seus resultados podem ter sido simplesmente adulterados para servir de propaganda útil para o governo. Quaisquer que tenham sido os motivos ou os efeitos, a coincidência foi notável: as Forças Armadas americanas haviam admitido ter capacidade de usar armas biológicas e a campanha chinesa de higiene estava expondo surtos inexplicáveis de doenças causadas por agentes biológicos. Era fácil somar dois mais dois a fim de produzir, pelo menos do ponto de vista dos propagandistas, um resultado muito conveniente.

---

* Outras atividades de pesquisa, utilizando agentes biológicos vivos, foram também realizadas em oito cidades americanas entre 1950 e 1966, segundo depoimentos prestados a um comitê do Senado em 1976. Essa revelação chocou a maior parte do país na época e levou a uma generalizada rejeição popular das armas biológicas em geral e à intensa reiteração de uma decisão do presidente Nixon, em 1972, de proibir a posse de armas desse tipo pelos Estados Unidos.

Dois meses depois que seu serviço de inteligência informou-o sobre o memorando americano acerca da guerra biológica, Zhou Enlai ligou as coisas e proferiu seu discurso hostil e altamente tendencioso. A seguir, a nova máquina de propaganda da China comunista foi posta a funcionar e apresentou ao mundo toda a extensão das atrocidades que os americanos eram agora acusados de cometer.

Foi nesse ponto que Joseph Needham se envolveu. Cerca de seis semanas depois de fazer as acusações, Zhou enviou Guo Moruo, diretor da Academia Chinesa de Ciências e velho colega de Needham, a Oslo, para uma reunião do Conselho Mundial da Paz, entidade criada três anos antes e financiada principalmente pela União Soviética para promover o desarmamento nuclear e, como indicava seu nome, a paz mundial. Guo logo elevou a temperatura do encontro ao solicitar formalmente que uma Comissão Internacional de Ciências investigasse as acusações. O nome da Cruz Vermelha Internacional tinha sido aventado, porém os chineses e norte-coreanos declararam que provavelmente um relatório emitido por essa entidade, sediada em Genebra, favoreceria o Ocidente e rejeitaram a ideia peremptoriamente.

Guo comunicou à conferência que a China e a Coreia do Norte desejavam um grupo de seis ou sete "cientistas imparciais e independentes [...] conhecidos por sua devoção a causas humanitárias". Essa última frase foi infeliz, pois constituía um código que naqueles tempos da Guerra Fria evocava para os críticos uma sinistra referência a simpatizantes do comunismo e colocava sob suspeita, no Ocidente, qualquer trabalho que realizassem. Guo era um comunista chinês; o Conselho Mundial da Paz era "esquerdizante"; "causas humanitárias" significava, no jargão comunista, "nossa causa". Portanto, desde o nascedouro a Comissão Internacional teve problemas de credibilidade.

Não obstante, foram nomeados sete cientistas, e somente um

deles, um professor de biologia chamado Zhukov, pertencente à Academia Soviética de Medicina, tinha antecedentes ostensivamente comunistas. O grupo reunia respeitados biólogos das universidades de Roma, Bolonha e São Paulo. Incluía o diretor do principal laboratório clínico dos hospitais de Estocolmo e também o diretor de um conhecido departamento francês de fisiologia animal.

Sobreveio então um *coup de théâtre* que surpreendeu o mundo acadêmico. Guo ainda se lembrava de Needham, pelos encontros que tinham tido na China durante a guerra, e conseguiu telefonar da Noruega para Cambridge a fim de perguntar a ele se, em nome dos velhos tempos, concordaria em participar do grupo. Guo não poupou palavras elogiosas, como tinha sido instruído a fazer. Todos os amigos de Needham na China estavam ansiosos por revê-lo, disse Guo. Valia a pena ver a China recém-libertada. Era o sonho socialista concretizado — e todas as despesas de viagem de Needham seriam pagas, todos os seus alojamentos seriam confortáveis, todos os seus companheiros de trabalho, simpáticos. Needham ficou nas nuvens. Evidentemente, precisava de pouco para se convencer, e prontamente, naquela mesma noite, concordou em ir ver por si mesmo se as acusações contra as forças americanas eram ou não verdadeiras.

E assim, na manhã seguinte, a notícia foi formalmente divulgada: a Comissão Internacional seria encabeçada por Joseph Needham, bioquímico da Cambridge de enorme prestígio que havia passado quatro anos na China durante a guerra sino-japonesa e era — fato de importância crucial para que a comissão examinasse documentos e entrevistasse testemunhas — fluente em chinês escrito e falado. Não havia dúvida, declarou Guo, de que o mundo levaria a sério a comissão e seu trabalho, uma vez que suas conclusões seriam subscritas por homens da maior integridade e dedicados à pesquisa científica imparcial.

Mas as coisas acabariam sendo muito diferentes.

O grupo chegou à China em junho, numa missão destinada a durar dois meses. Needham, homem dado a momentos de vaidade intelectual, não tardou a concluir que os colegas integrantes da comissão eram de menor calibre do que ele havia esperado. Em cartas para a Inglaterra, manifestou o temor de que a participação desses cientistas "medíocres" viesse a deslustrar a legitimidade do trabalho da comissão.* Para compensar essa deficiência, ele se dedicou às tarefas que lhe haviam sido confiadas com seu característico vigor, viajando aos locais onde tinham ocorrido os alegados lançamentos de ratos silvestres, entrevistando aldeões, traduzindo e escrevendo relatórios e reunindo quantidades imensas de anotações.

Os outros membros do grupo podem ter posto seus jalecos brancos e se enfurnado em laboratórios para realizar experimentos com os materiais que tinham sido coletados. Needham, porém, feliz por estar de volta à China pela primeira vez desde 1946, ansioso por rever os velhos amigos e mais que empolgado com a possibilidade de prestar alguma ajuda ao partido que agora exercia o poder na República Popular, ou ficava em Beijing e Shenyang, no sul da Manchúria, ou viajava aos vários locais onde bombas e tubos com animais teriam sido lançados. Intencionalmente, não fez nenhuma pesquisa científica. Só lamentava que nem ele nem qualquer outro membro da comissão tivessem tido a "sorte" de ver alguma coisa sendo lançada do ar — embora houvessem falado com grande número de chineses, citados pelo nome no relató-

---

* As cartas e outros documentos de Needham referentes à comissão encontram-se não nos arquivos da Universidade de Cambridge, mas, devido à delicadeza da questão das armas biológicas, nas dependências mais seguras do Museu Imperial de Guerra, em Londres.

rio final, que declararam, ao que parece de modo verossímil, ter testemunhado tais fatos.

Em suas excursões pela norte da China em busca de agentes biológicos, Needham portou-se quase exatamente como seis anos antes. Divertiu-se a valer nas festas e saraus que seus anfitriões organizavam para ele. Deixou comentários sobre uma tratorista "m. bonita" que lhe apresentou danças folclóricas manchus e mongóis no local do suposto ataque com ratos silvestres. Aceitou ser fotografado junto dos recipientes nos quais, segundo se dizia, preparados cheios de bactérias letais tinham sido lançados de bombardeiros americanos. E, se ele alimentava alguma suspeita de que as evidências físicas e as recordações dos aldeões que diziam ter visto os insetos, aves ou ratos carregados de bactérias infestar seus campos fossem encenadas, em maior ou menor grau, atribuiu isso simplesmente à notória e conhecida inclinação dos chineses para teatralizar um pouco suas demonstrações de hospitalidade — e por isso eram de todo inocentes.

Entretanto, Needham mostrou-se um tanto cético ao visitar o condado de Gannan, na fronteira da Coreia, onde tinha ocorrido o primeiro lançamento de ratos silvestres de que se teve notícia. Foi convidado a ver a demonstração feita por um técnico, protegido com máscara e luvas de borracha, de um elaborado exame de lâminas de microscópio num laboratório móvel de bacteriologia que havia sido montado num dia de calor abrasador da Manchúria. "Fiquei com a sensação", escreveu no dia seguinte para Dorothy em Cambridge, "de que isso pode ter sido uma *mise-en-scène* para uma só pessoa." Feliz como estava, não se deu conta de como isso se revelaria verdadeiro.

Needham estava atônito — e, lendo-se nas entrelinhas de suas anotações, de início um tanto deprimido — com as mudanças que via. Tudo na China agora era de uma monótona sem-gracice. As pessoas vestiam roupas cinzentas ou azuis, ou uniformes

militares, e o único vestuário diferente que ele viu foi em espetáculos teatrais meio batidos, em que tribos minoritárias usavam
seus trajes tradicionais. Havia retratos de Mao e Zhou afixados
em edifícios, além de exortações em enormes caracteres vermelhos, recomendando às pessoas que produzissem mais, fossem
honestas e confiassem no partido. Aparentemente, nenhuma igreja cristã estava funcionando. O serviço telefônico era irregular, e
pessoas cujos números podiam ser chamados na década de 1940
pareciam ter perdido suas linhas, ou talvez tivessem se mudado.

Parecia também haver menos comida nas lojas, poucos carros nas ruas, mais janelas quebradas e caminhões enguiçados. Ele
teve a impressão de uma atitude geral de indiferença — mas ao
mesmo tempo registrou, num tom mais alegre, a evidente ausência de excessos, poucos sinais da antiga corrupção, serviços de
saúde bem melhores e, aparentemente, uma quantidade muito
maior de ônibus públicos. No entanto, se ficou um tanto quanto
desapontado com as mudanças, nada escreveu em seu diário que
indicasse isso. Durante muito tempo havia acreditado que seriam
necessários muitos anos para que uma verdadeira revolução se
fizesse sentir num país gigantesco como a China. Portanto, era
essencial ter paciência, bem como uma fé otimista de que Mao,
Zhou e os demais arquitetos da República Popular conseguiriam
manter o controle do país, aguardando a concretização das mudanças com que tinham sonhado.

Em todo caso, a maioria das universidades continuava a funcionar, e estava de volta a suas cidades originais. Ele confiava de
modo absoluto, escreveu, nas dezenas de cientistas chineses que
entrevistou em nome da comissão — todos eles bacteriologistas
de alta competência, muitos deles homens e mulheres que ele conhecera pessoalmente na década de 1940 e pelos quais punha a
mão no fogo.

No fim, foi a confiança cega de Needham nesses cientistas

chineses que o levou a suas conclusões — e a apresentar o relatório final, que tantos problemas lhe causaria e que, durante algum tempo, ameaçou todo o seu projeto literário. Ele depositava uma fé total, acrítica, na honra e na integridade desses homens e mulheres. Simplesmente não conseguia acreditar que um cientista digno desse nome — e muito menos qualquer um dos que ele conhecia e havia escolhido para essa tarefa — fosse capaz de mudar suas faculdades de observação e de análise apenas porque a ideologia do governo tinha mudado. Realmente, a mudança tinha sido de uma profundidade quase inimaginável — do capitalismo para o comunismo, de Chiang Kai-shek para Mao Zedong —, mas evidentemente não podia afetar as conclusões de cientistas que tinham se tornado tão amigos seus — e que continuavam a sê-lo. Claro que não. Era simplesmente inconcebível.

Needham ajudou a selecionar cerca de sessenta especialistas chineses que realizariam investigações técnicas para seu relatório, e fez-se muito estardalhaço quanto às credenciais estrangeiras desses cientistas. Deles, 23 eram PhD por universidades americanas (entre elas Cornell, Berkeley e Harvard), uma dúzia provinha de instituições britânicas e nove tinham doutorado de respeitadas instituições japonesas criadas no velho Estado-fantoche de Manchukuo. Esperava-se que a presença de tantos cientistas com formação no estrangeiro reforçasse a credibilidade do relatório final.

E houve muita necessidade de credibilidade quando o relatório de 665 páginas (a maioria delas formada por apêndices) foi finalmente divulgado, de início em francês, em 15 de setembro de 1952.

O documento confirmava tudo quanto Mao e Zhou haviam dito. A população da China e da Coreia, declarou Needham numa reunião formal em Beijing, organizada pelo governo naquela manhã de segunda-feira, tinha sido alvo indefeso de armas bacteriológicas americanas.

Essas armas foram empregadas por unidades das Forças Armadas dos Estados Unidos, que utilizaram uma ampla variedade de diferentes métodos para tal finalidade, alguns dos quais parecem ser evoluções daqueles que foram aplicados pelo Exército japonês durante a Segunda Guerra Mundial. A comissão chegou a essas conclusões avançando de um passo lógico para outro. Ela o fez com relutância porque seus membros não se dispunham a acreditar que técnica tão desumana pudesse ter sido posta em execução em desafio a sua condenação unânime pelos povos das nações.

Assim que Needham chegou a Londres, uma semana depois, foi exposto cruamente ao mundo de tormentos em que teria agora de viver. O primeiro indício disso terá sido a impiedosa sabatina de duas horas feita por uma imprensa veementemente cética. Needham atendeu aos jornalistas diante de uma tribuna no Hotel Russel, em Bloomsbury, usando ainda seu uniforme militar de campanha, parecendo um escoteiro crescido. Quando, inesperadamente, o interrogatório se tornou mais duro, demonstrou sinais de desconforto e constrangimento. Nunca tinha sido submetido a um ataque como aquele. Pode-se imaginar como ele se pôs a titubear, pestanejar, embaraçar-se, mostrando-se de repente contrafeito, sem ter a mínima ideia do quão pouco a imprensa ocidental queria ouvir as notícias que ele dizia ter.

Needham conseguiu gaguejar em voz baixa que tinha "97% de certeza" de que os americanos tinham usado insetos e animais de pequeno porte infectados como vetores para disseminar doenças como antraz, varíola, tularemia, tifo e peste bubônica na China e na Coreia. Não foi capaz de dizer quando haviam feito isso; tampouco sabia ao certo que grau de êxito tivera, do ponto de vista militar, a suposta guerra biológica — mas que ela existira, disso ele nunca tivera dúvida. Nunca. Bem, quase nunca. Seria

Tríptico fotográfico com Needham (terceiro a partir da esquerda) sentado perto de Mao Zedong e Zhou Enlai (primeiro a partir da esquerda). A foto foi feita no verão de 1952, quando Needham estava pesquisando supostas atrocidades cometidas pelos americanos na Guerra da Coreia.

gentileza excessiva dizer que nesse momento Needham parecia o bem-educado capitão do *Pinafore*.* Foi muito pior que isso.

Nem uma só pergunta naquele dia foi amistosa. O redator da única entrevista exclusiva que Needham concedeu, para um jornal que ele tacharia de "reacionário", falou dele como um traidor, um bobo alegre, um pária. Needham voltou para Cambridge mortificado e perplexo, e nos meses seguintes teve de suportar uma saraivada de críticas, primeiro em seu próprio país, depois do outro lado do Atlântico.

O establishment voltou-se contra ele como só o establishment britânico sabe fazer. Um órgão público até então desconhecido, o Departamento de Pesquisa de Informações, do Foreign Office, montou uma feroz campanha contra ele, voltada para amigos na imprensa e membros maleáveis do Parlamento. De todos os lados choviam expressões de fúria contra ele, que caiu no ostracismo no Caius College. Needham sofreu intensa pressão para pedir exoneração de suas funções acadêmicas e como mem-

---

* Referência ao capitão Corcoran, personagem da popular opereta cômica *HMS Pinafore* (1878), da dupla inglesa Gilbert & Sullivan. Num diálogo em que o capitão é questionado pela tripulação do navio, ele se desdiz: "Não, nunca." "O quê? Nunca?" "Bem, quase nunca". (N. T.)

bro do Caius. Um convite para que aceitasse um título honorífico em Bruxelas foi retirado, embora temporariamente. Até colegas seus da Royal Society o condenaram, apesar da divisa da sociedade, *Nullius in verba*, "A palavra de ninguém é final", que normalmente é entendida no sentido de que seus membros nutrem um saudável ceticismo em relação às autoridades. Dois ex-presidentes da Royal Society escreveram uma carta ao *Times* distanciando oficialmente a sociedade do relatório da comissão. O diretor do Corpus Christi College, em Cambridge, enviou uma carta à revista *New Statesman* na qual declarava que o envolvimento de Needham demonstrava que "nem sempre é fácil, mesmo para um cientista experiente, rejeitar uma hipótese que ele defende quando as evidências não a apoiam"; e até mesmo um dos mais chegados colegas de Needham, o sinófilo esquerdista Bill Pirie, observou que o relatório da comissão continha "uma batelada de bobagens".

Um membro destacado da Royal Society, o fisiologista A. V. Hill, ganhador do prêmio Nobel, ampliou o ataque ao escrever uma carta contundente, dirigida ao *New York Times*, em que alertava os americanos para a existência da comissão, para seu relatório e para seu autor principal — mas dizendo o tempo todo que não ficassem muito preocupados, já que nenhuma personalidade de respeito na Grã-Bretanha havia dedicado muita atenção àquilo. Numa carta muito semelhante a um jornal de Londres, ele declarou, sem meias palavras, que Needham havia utilizado "a prostituição da ciência para o objetivo de propaganda", mas para seus leitores de além-Atlântico foi mais insidioso. "Nossos amigos americanos podem ficar tranquilos", disse, porque

o único membro britânico desse grupo "imparcial e independente" (convidado, é verdade, por órgãos chineses) foi o dr. Joseph Needham; e, ao que parece, os cientistas britânicos aplicaram espontaneamente em relação a ele o conselho que o dr. Fisher, arcebispo de Cantuária, dera anteriormente a respeito do deão de Cantuária — qualquer importância pública que ele pudesse ter quanto a essa questão se evaporaria se não lhe fosse dada nenhuma atenção.

Durante algum tempo a carta encantou os americanos, revelando pela primeira vez a existência desse comuna, claramente hostil, nos pântanos de Cambridgeshire. A época, afinal, marcava o apogeu do fervor anticomunista nos Estados Unidos, e estava em pleno curso a campanha do senador Joe McCarthy, que investigava a suposta infiltração de agentes e de simpatizantes comunistas no governo americano, intimidando, molestando, citando nomes, divulgando listas, criando sem pejo um clima de desespero e levando os suspeitos à depressão, à autodepreciação e a coisas piores.

Mais ou menos nessa época, uma grande amiga de Needham, a conhecida e respeitada antropóloga Gene Weltfish, foi demitida sem mais nem menos da Universidade Columbia pelo simples crime de concordar publicamente com as conclusões dele sobre o uso de armas biológicas pelos Estados Unidos. Vinte anos depois, o reitor de Columbia confessou que tinha sido pressionado pelo conselho de regentes a fazer aquilo. Fora instruído a livrar-se de Weltfish por ser uma indesejável, uma agitadora e uma comuna. Ela passou os nove anos seguintes praticamente desempregada e, quando enfim se viu publicamente reabilitada, achava-se enferma e profundamente amargurada por sua experiência.*

Outras pessoas que apoiaram Needham foram igualmente

---

* Por acaso, meu exemplar do livro *Science outpost*, de Joseph Needham, em que ele relata seus quatro anos de permanência na China durante a Segunda Guerra Mundial, pertenceu antes a Gene Weltfish. Ele escreveu uma dedicatória: "Gene! Com amor, de Joseph, janeiro de 1949. Escreva para mim dizendo se gostou". O senador McCarthy e os regentes de Columbia sem dúvida teriam considerado a posse desse livro uma boa prova a mais para sua cruzada.

censuradas: por exemplo, um horticultor de 72 anos da Califórnia, cidadão britânico, foi ameaçado de deportação por ter aceitado publicamente o veredicto de Needham. De modo geral, o mais sensato era calar — e poucos na comunidade intelectual americana ousavam criticar seriamente qualquer coisa com relação à atuação das forças americanas na Coreia; tampouco criticavam duramente as decisões dos políticos quanto à melhor forma de conduzir a guerra. Ser tachado de "antiamericano" equivalia a arriscar-se a um ostracismo implacável.

Devido ao papel que desempenhou na Comissão Internacional, Joseph Needham ficou impedido de viajar aos Estados Unidos, foi declarado *persona non grata* e teve seu nome incluído numa lista negra do Departamento de Estado. Essas decisões representavam muito mais do que uma desconsideração para com uma celebridade do mundo científico britânico, um ex-diplomata e membro da Royal Society: era uma tremenda inconveniência, uma vez que sua vida acadêmica exigia que ele viajasse continuamente aos Estados Unidos, a fim de participar de conferências e proferir palestras. Pouco antes, ele tinha passado três meses no país, falando em Berkeley e Stanford, no Colorado e no Texas, e também numa iniciativa de arrecadação de recursos em Nova York em benefício das cooperativas Gung Ho, de Rewi Alley. Needham visitava instituições da Ivy League com regularidade metronômica. E empreendia frequentes missões oficiais do outro lado do Atlântico em nome da Unesco e do governo britânico.

Ele apelou, com outras pessoas que intercederam em seu favor, mas todos os pedidos se chocaram contra a fortaleza que o senador McCarthy havia erigido contra incursões dos vermelhos. Seu nome permaneceu na lista negra até meados dos anos 1970, e mesmo depois que foi retirado, e na época em que Needham era decano de seu *college* em Cambridge, muitas vezes ele enfrentava problemas de visto quando viajava aos Estados Unidos. E a questão ainda é um tanto delicada: seus dados na CIA continuam inacessíveis, e os pedidos para que sejam tornados públicos, feitos nos termos da Lei de Liberdade de Informação, têm sido negados continuamente, sem nada além de explicações pro forma. Algumas pessoas têm levantado a hipótese de que essa recusa a divulgar a ficha de Needham representa uma admissão de culpa por parte do governo americano. No entanto, informações recentes emanadas de fontes chinesas, japonesas e soviéticas levam a crer que os Estados Unidos têm muito pouco a temer da revelação de toda a verdade sobre a Coreia, uma vez que parece provável que nenhum agente biológico americano tenha caído algum dia sobre a China ou a Coreia do Norte, e que Needham foi simplesmente ingênuo. Foi tolo, excêntrico, desinformado sobre a realidade e, nas palavras de um redator de obituários, um "pateta". Needham nutria uma paixão intelectual pelo comunismo; no entanto, como se veio a saber, espiões e agentes comunistas o haviam ludibriado sem dó nem piedade.

Em 1998, vários documentos até então secretos, provenientes dos arquivos presidenciais da União Soviética e referentes à Guerra da Coreia, foram publicados no Japão, e os especialistas que estudaram aqueles que se referiam especificamente ao trabalho da Comissão Internacional e à sua visita, meio século antes, observaram algo espantoso: os locais aonde Needham e seus colegas foram levados no curso de suas inspeções tinham sido, todos eles, *criados artificialmente* por agentes de informações soviéticos ou com a ajuda deles.

Os documentos, mais tarde publicados em inglês, em Washington, pelo Projeto de História Internacional da Guerra Fria, da Instituição Carnegie, oferecem, com detalhes fascinantes, um relato do que pode realmente ter acontecido durante o verão de 1952, na época em que chegou o grupo de inspeção. Ao que parece, grande parte do que ocorreu teve relação com violentas lutas entre facções dentro do Kremlin depois da morte de Joseph Stálin.

A primeira revelação apareceu num memorando formal explanatório, enviado por telegrama no começo de abril de 1953 por um importante agente da KGB, chamado Glukhov, ao ministro da Segurança do Estado em Moscou, Semen Ignatiev, que sabidamente apoiava o ambicioso Nikita Khrushchev. Uma cópia desse memorando foi enviada ao Ministério da Segurança Pública norte-coreano, ao qual Glukhov estava ligado como consultor. Começava assim:

> Os coreanos afirmaram que os americanos teriam, supostamente, exposto várias áreas de seu país à peste e à cólera. Para comprovar esses fatos, os norte-coreanos, com a assistência de nossos consultores, criaram falsas áreas de contaminação. Em junho-julho de 1952, chegou à Coreia do Norte uma delegação de especialistas em bacteriologia indicada pelo Conselho Mundial da Paz. Foram preparadas duas áreas falsas de contaminação. Ainda em relação a essa questão, os coreanos insistiram em obter bactérias de cólera a partir de cadáveres que receberiam da China. Durante o período de trabalho da delegação, da qual fazia parte o camarada N. Zhukov, na função de agente do Ministério da Segurança do Estado, foi criada para os membros dessa delegação, com a ajuda de nossos consultores, uma situação insustentável, para assustá-los e obrigá-los a partir. Nesse sentido, sob a liderança do tenente Petrov, consultor junto ao Departamento de Engenharia do Exército Popular Coreano, foram detonados artefatos explosivos perto do local onde a delegação estava hospedada, e durante a estada dessa delegação em Pyongyang foram dados falsos alarmes de ataques aéreos.

Duas semanas depois, em Moscou, um alto funcionário da KGB informou a Lavrenti Beria — que quase com certeza estivera envolvido no assassinato de Stálin no mês anterior e agora manobrava para derrotar os aliados de Khrushchev — que agentes soviéticos tinham ajudado a espalhar falsas histórias sobre tentativas americanas de disseminar varíola entre os norte-coreanos. Além disso, todas as acusações feitas a respeito do uso de armas bacteriológicas na China e no norte da Coreia tinham sido inventadas em Beijing ou em Moscou — e inventadas tão bem que até Kim Il-Sung, o líder norte-coreano, acreditara nelas e, segundo se noticiou, ficara com medo de ser vitimado por um ataque desse tipo, apesar de que "não há nem houve casos de peste ou cólera na República Popular da China e não há indícios de armas biológicas".

Uma semana depois, Beria prestou informações a Georgy Malenkov e ao Presidium da União Soviética sobre a criação das duas falsas áreas, acrescentando alguns pormenores macabros: em uma delas "dois coreanos condenados à morte e mantidos numa choça foram infectados. Um deles foi posteriormente envenenado".

As consequências políticas do fato tomaram então um rumo meio inesperado. O Presidium declarou que a maquinação desses boatos sobre o uso de armas biológicas pelos americanos havia, na verdade, causado grande dano diplomático à União Soviética — era evidente que Moscou considerava que poucas pessoas no Ocidente realmente acreditavam nessas histórias e que a missão de Needham, de modo geral, tinha caído em descrédito ou não fora sequer considerada. Isso, claro, era absolutamente verdadeiro. O Foreign Office britânico tomara medidas eficazes para que isso ocorresse, e Needham tinha passado muitas semanas solitárias em Cambridge, marginalizado pela maior parte da comunidade científica não comunista, e seu relatório juntava poeira nas prateleiras, praticamente esquecido.

Em vista disso, declarou o Kremlin, cabeças tinham de rolar — e um memorando datado de apenas três dias depois da mensagem de Beria a Malenkov recomendava que, para ajudar a montar a operação de despistamento, o embaixador da União Soviética em Pyongyang fosse chamado de volta, demitido e processado; e que o ministro da Segurança do Estado, Ignatiev, que dera autorização para o plano depois de ser informado sobre ele pelo embaixador, fosse rebaixado e perdesse sua condição de membro do Comitê Central.

Esse pequeno e despercebido banho de sangue foi um dos muitos que ocorreram em Moscou durante aquela época tenebrosa. Beria viria a ser executado logo depois, assim que Nikita Khrushchev conquistou o poder e começou a demolir muitas políticas de Stálin e a expurgar seus arquitetos. Entretanto, por mais palaciano que tenha sido o episódio, ele foi, mais tarde, útil para a reputação de Needham.

Os telegramas revelados em 1998 mostraram que ele havia atuado na China e na Coreia com absoluta boa-fé e fora vítima de uma habilíssima e bem montada campanha de desinformação. Fora, em outras palavras, mais tolo do que mau-caráter — e, na realidade, nem tão tolo.

Seu maior erro foi ter aceitado sem discussão a palavra de muitos bacteriologistas chineses, homens e mulheres em que confiava e nos quais acreditava cegamente. Em termos profissionais, Needham era, afinal, um homem extremamente sério, um cientista que obedecia ao código da ciência — hipótese, teoria, experimentação, observação, descoberta e prova —, um código que a cada passo exige um forte comprometimento com a honestidade e a integridade e que parte de uma certeza moral: os resultados não podem jamais ser fraudados, manipulados ou desvirtuados.

Em vista de sua absoluta obediência a esse princípio, Needham simplesmente não era capaz de imaginar que, mesmo com uma mudança tão profunda no regime em Beijing, as mentes de tantos cientistas, até então honestos como ele, pudessem se perverter a tal ponto apenas para apoiar um novo dogma político. Hoje em dia podemos considerar isso como uma demonstração de ingenuidade; mas, em 1953, os cínicos só podiam dizer que ao concordar em participar da comissão ele decidiu simplesmente embarcar numa canoa furada. Aqueles que o admiravam comentavam, tristes: "Até Homero cochila".

Essa história teria um lamentável desdobramento. Em 1956, três radicais americanos que na época moravam em Shanghai — John e Sylvia Powell e Julian Schuman — foram processados num tribunal federal americano, acusados dos graves crimes de traição e sedição. O delito por eles cometido tinha sido a publicação de dois artigos subversivos na revista que editavam, a *China Monthly Review*. O primeiro revelava os detalhes secretos de um acordo que teria sido celebrado entre o governo dos Estados Unidos e os comandantes da Unidade 731, o campo terrorista japonês — o fornecimento de dados sobre experiências em seres humanos em troca de anistia. O segundo fazia um apanhado, de modo geral aprovador, das conclusões da comissão de Needham. Os leitores da revista não esperariam menos que isso: todos eles "sabiam" que tinha existido guerra bacteriológica na Coreia, e o relatório da comissão apenas confirmava isso.

O advogado dos réus pediu a Needham que viajasse aos Estados Unidos para depor a favor deles — suas despesas seriam pagas e o tribunal ordenaria a emissão de um visto americano temporário. Mas Needham recusou-se a isso. Já fazia quatro anos que o relatório da comissão tinha sido publicado. Àquela altura, disse, sua vida estava começando a se normalizar. Os *fellows* do Caius College o haviam perdoado e ele fora nomeado para o *con-*

silium da instituição. Seu trabalho em *Science and civilisation in China* ocupava todo o seu tempo, e ele não queria se ver novamente submetido a ofensas e ao ostracismo. No que lhe dizia respeito, e por mais que lamentasse os "terríveis sofrimentos" dos três acusados, o assunto estava encerrado.

O tempo se encarregou de encerrar o assunto também para os acusados. No fim dos anos 1950 e começo dos 1960, raiou um clima de tolerância na vida política americana. A opinião pública voltou-se contra os caçadores de bruxas e, em consequência disso, em 1959, perto do fim do governo Eisenhower, um juiz rejeitou o processo por falta de provas e as acusações de traição foram abandonadas. Dois anos depois, o procurador-geral dos Estados Unidos, Bobby Kennedy, retirou também a acusação de sedição, e os Powell voltaram para San Francisco, onde abriram uma loja de antiguidades. Na época em que escrevi este livro, John Powell, nascido em Shanghai em 1919 e sobrevivente de um período curioso da história americana, ainda residia na Califórnia.

Com relação ao uso de armas bacteriológicas pelos americanos na Coreia ou na China, acredita-se hoje que ele não ocorreu, mas ao mesmo tempo permanece a suspeita de que alguma coisa dessa história ainda está para ser contada. Foi a própria inspeção que, por fim, ao menos nos círculos acadêmicos, tornou-se o episódio mais lembrado daquela época — e foi um fato que, inevitavelmente, custou caro demais para o prestígio e o crédito do homem que a liderou.

Mas então foram publicados os primeiros volumes de seu livro, e sua abrupta queda em desgraça se deteve, de maneira súbita e intensa. E, à medida que vinha à luz a longa série de alentados volumes, a reputação de Joseph Needham, prejudicada e ferida de modo tão inesperado, começou a se recuperar.

7. A Porta da Honra

DOIS ÚLTIMOS DESEJOS REGISTRADOS

Para concluir, minha ideia é a seguinte: graças a uma extraordinária sequência de fatos, a ciência moderna nasceu e se espraiou pelo mundo como um incêndio florestal. Todas as nações a utilizam atualmente e, em maior ou menor grau, contribuem para seu desenvolvimento. Só podemos rezar para que as pessoas que a controlam façam com que ela evolua para o bem não só da humanidade, mas de todo o planeta.

Joseph Needham, 1993, palavras finais
do ensaio "Conclusões e reflexões gerais"
Science and civilisation in China, volume VII, parte 2

Joseph: No passado desejei estar contigo quando o último volume fosse publicado, mas prometi que mesmo que eu não estivesse no passadiço o navio entraria no porto em segurança. [...] Tenho certeza de que esse dia há de chegar.

Kenneth Robinson, excerto de uma conversa imaginária

com o falecido Joseph Needham, *Cambridge Review,* 1995
Republicado em *Science and civilisation
in China,* volume VII, parte 2

O primeiro volume da obra a que todo mundo agora se referia simplesmente como "o livro" foi para as livrarias em 15 de agosto de 1954, e Joseph e Dorothy comemoraram a data de maneira calma e ponderada — e num lugar que ele escolheu com todo cuidado e por uma série de razões complicadas, algumas boas, outras nem tanto.

Needham já vinha trabalhando com afinco nas provas do segundo volume quando, no fim de julho, ele e Dorothy saíram de Cambridge para Paris, pegando a barca de Dover. Estavam a caminho de Budapest, onde dariam palestras na Conferência Fisiológica Internacional de 1954. Pararam no caminho — primeiro em Paris, para se encontrarem com Gwei-djen, que ainda estava trabalhando na Unesco (mais três anos se passariam antes que ela retornasse a Cambridge a fim de trabalhar no livro em tempo integral). Os três procuraram um restaurante tranquilo para abrir uma garrafa de champanhe e comemorar, três semanas antes do feliz evento. A seguir, Joseph e Dorothy embarcaram no Orient Express para uma viagem que Needham, louco por estradas de ferro, mais tarde declarou ter sido uma maravilha completa, apesar do tempo horroroso e do defeito no sistema de aquecimento do vagão-dormitório. O vagão-restaurante servia uma comida esplêndida, e as locomotivas a vapor que puxavam o trem eram magníficas e muito bem cuidadas, com maquinistas que apreciavam o entusiasmo adolescente de Needham por seu ofício.

Pararam um pouco em Mainz, pois Joseph fazia questão de visitar os "orientalistas locais" para lembrar-lhes, polidamente, que o ídolo deles, Johannes Gutenberg, não era (graças às descobertas em Dunhuang) bem aquilo que durante muito tempo ti nham imaginado. Depois disso, os viajantes passaram um fim de semana em Viena, antes de seguir para a Hungria. Fizeram palestras bem recebidas na conferência, embora Joseph parecesse um pouco desconcentrado: seu diário registra que ele havia descoberto uma pequena ferrovia a vapor, de bitola estreita, que corria pela floresta dos morros junto de Buda, que funcionava como brinquedo de crianças, e passou horas interrogando o operador sobre pormenores dos mecanismos.

Terminada a conferência, os outros cientistas da Europa Ocidental partiram para seus países ou rumo a outros destinos em comboios de carros, mas os Needham não tomaram o caminho de casa. Pediram ao motorista que os levasse, através da Áustria e de Liechtenstein, e pela Basileia, na fronteira franco-suíça, até Tours, no vale do Loire. A partir daí viajaram sozinhos até onde Joseph tencionava passar o dia da publicação: a pequena cidade medieval de Amboise, 24 quilômetros rio acima.

O casal escolheu esse lugar por várias razões. A mais alegre delas se relacionava ao fato de ter sido em Amboise que Leonardo da Vinci passou seus três últimos anos de vida — e Joseph Needham tinha dito, meio de brincadeira, que desejava passar a eféméride ao lado da casa e do túmulo do mais lembrado vulto do Renascimento.

Needham disse tudo isso em cartas que enviou a Gwei-djen em Paris, acrescentando também que sentia muito a sua falta. Em uma dessas cartas contou que ao chegar, na véspera, tinha visitado o castelo de Amboise, como fizera com ela anos antes — só que dessa vez ele fora ver, efetivamente, aquilo que os dois, em seu enlevo, tinham perdido: a exuberante capela gótica de Saint-Hubert, onde os ossos de Leonardo tinham sido enterrados no começo do século XVI.

Gostaria de que ela estivesse ali agora, escreveu, sobretudo porque ela iria se divertir com um inglês idoso que Needham ti-

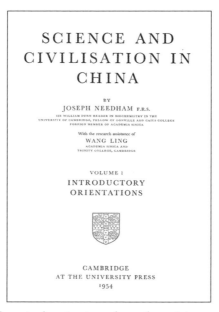

Página de rosto do primeiro volume do projeto monumental de Needham. O título é uma paronomásia que sugere ao leitor que comece sua pesquisa voltando a mente para o leste.

nha conhecido diante da igreja e que disse ter gasto mais do que tinha trazido para passar as férias. Para conseguir o dinheiro do almoço, vendera uma de suas gravatas a Needham.

Joseph e Dorothy comemoraram a publicação do livro com um jantar e uma garrafa do bom vinho branco do lugar, um Vouvray 1947. Levados por um impulso, resolveram visitar o castelo de noite. Na manhã seguinte ele escreveu a Gwei-djen:

> Sobe-se a rampa em espiral, iluminada, ao som de música do século XVI que vem de alto-falantes, e do último andar veem-se todos os prédios iluminados por refletores, principalmente a bela capela, junto da muralha, onde Leonardo está sepultado. Sua estátua no arvoredo, onde antes ficava a igreja colegiada, é bem iluminada

também. Ele é agora o único ocupante da área. Não há nenhuma estátua dos reis, das rainhas e dos nobres que se julgavam tão importantes em vida!

A lembrança dos grandes cientistas, concluiu, podia persistir muito mais que a de pessoas que um mero acidente de nascimento havia tornado famosas em vida. Esse fora o caso de Leonardo. Talvez, deu a entender, um dia ocorresse o mesmo com ele.

Entretanto, Amboise tinha sido escolhida por algo mais que o simples desejo de estar ao lado de Leonardo. Needham estava se embrenhando na França rural também porque, em certo sentido, queria se esconder. Pretendia sumir por uns tempos devido a tudo o que lhe sucedera nos oito anos desde que voltara da China.

Tinha sido um período difícil, principalmente por causa de sua anuência em investigar as acusações relativas à Guerra da Coreia. Sua reputação tinha sido pisoteada. A segurança de sua posição acadêmica começara a parecer tênue. Seu bom senso tinha sido questionado. Pela primeira vez na vida, ele fora submetido a um terremoto de críticas e comentários ferinos. Houvera quem o chamasse de tonto, outros de traidor, alguns simplesmente de maluco. Suas convicções políticas — sobretudo sua admiração por Mao — e seu apoio agora inflexível à esquerda revolucionária também o haviam isolado social e intelectualmente da sociedade britânica. Por tudo isso, sentia-se solitário e deprimido como nunca.

Em Cambridge, os colegas mais graduados de seu *college* já não mostravam o mesmo companheirismo de antes, nem lhe davam o mesmo apoio. Esse clima glacial começara cedo. Needham tinha sido eleito *fellow* em 1924, mas, devido à sua juventude, seu jeito imaturo e sua evidente excentricidade, não fora muito bem recebido. A seu respeito, alguns passadistas eduardianos na High

Table diziam que "era ruim da cabeça", embora brilhante. Por isso, em seus primeiros tempos de Cambridge, ele tinha passado a maior parte do tempo enfurnado nos laboratórios, ou em casa com a mulher e, às vezes, suas namoradas, e depois se habituara a passar longas temporadas no Oriente — furtando-se a encontros, mantendo-se afastado dos presunçosos e emproados professores que dirigiam a instituição.

Ao voltar da China pela primeira vez, em 1946, constatara que a situação tinha mudado um pouco; de certa forma, o clima se desanuviara. Finda sua temporada em Paris, em 1948, e após seu retorno à Inglaterra, aureolado pelo sucesso de sua contribuição para a criação da Unesco, a atmosfera havia melhorado ainda mais, e suas relações com os colegas em Cambridge tornaram-se quase fraternas. Entretanto, cinco anos depois viera a decisão de emprestar seu nome e sua reputação à Comissão Científica Internacional em Beijing — o que, no que dizia respeito à sua posição em Cambridge, havia sido nada menos que desastroso. Tudo começara a desmoronar. Ele fora descomposto na imprensa e vituperado no Parlamento, e passara a ser evitado por muita gente. Além disso, quase toda a boa vontade que ainda restava em seu *college* havia se dissipado rapidamente.

Nessa época, poucas das antigas figuras importantes de Cambridge, com cujo apoio ele podia normalmente contar, ainda estavam presentes. Seu grande protetor no passado, o biólogo sir William Bate Hardy, morrera em 1931, tal como Stanley Cook, o semitologista que muito havia ensinado a Needham sobre os judeus da Antiguidade. O zoólogo Munro Fox tinha se aposentado cedo (depois de ser atropelado por um ônibus de tração animal) para se dedicar à sua paixão especial pelo estudo dos ostracodes. Reginald Punnett,* especialista em hereditariedade aviária, tinha

---

* Um parente de Punnett, plantador de morangos, inventou a cestinha de madeira hoje chamada, sem o *t* final, de *punnet*.

tido morar em Somerset e raramente aparecia no Caius, a não ser quando ia lá, de trem, a fim de inspecionar os claretes excepcionais que mantinha em sua adega particular. Somente Frederick "Chubby" Stratton, o divertido astrônomo sempre presente na sala do colegiado, continuava a lhe dar apoio integral. Assim, excetuadas suas amizades firmes de família — e com Wang Ling a seu lado, e Gwei-djen, do outro lado do canal da Mancha, em Paris —, Needham passou grande parte do começo da década de 1950 em geral sozinho, e muitas vezes evitado.

Além disso, ele quase não lecionava mais e, embora tivesse sido oficialmente liberado dessa obrigação, o privilégio exasperava alguns de seus colegas. Grande parte do mal-estar era causada por inveja de sua vida, que parecia tão fácil em termos de Cambridge. Ouviam-se também muitos comentários sobre a maneira informal com que ele invadira o terreno de outras duas disciplinas para as quais não tinha a menor qualificação. Ele não tinha nada a ver com o departamento de chinês, mas pontificava sobre a China a cada instante. Não tivera uma só hora de educação formal em história e, contudo, persuadira a Cambridge University Press, a antiga e venerável editora da universidade, a lhe permitir escrever uma grande história da ciência. Havia quem visse essas incursões afoitas em campos alheios como meramente impertinentes; para outros, porém, eram francamente ameaçadoras.

Por isso, muitas coisas dependiam da publicação dos primeiros volumes de *Science and civilisation in China*. Se os livros fossem bem recebidos, bastaria isso para restaurar seu bom nome e garantir a recuperação de sua respeitabilidade acadêmica. Mas Needham não podia de maneira alguma ter certeza de que as críticas seriam positivas. Sabia perfeitamente que estava escrevendo para um público com muitos preconceitos contra a China e o Oriente, um grupo de céticos no qual mesmo os mais capacitados eram governados por uma certeza quase inconsciente da supremacia cultural e intelectual do Ocidente. Na verdade, ele tinha iniciado o projeto exatamente para tentar mudar a cabeça das pessoas. A tarefa se ampliara muitíssimo desde o início do trabalho — mesmo porque a antipatia generalizada pela China, nos anos 1950, baseava-se não somente em um, mas em dois argumentos bem distintos, um dos quais tinha sido acrescentado, com cruel ironia, depois de ele ter pensado pela primeira vez em escrever o livro.

Em 1942 — quando ele fez a anotação "Ci. em geral na China — por que não desenvolve?" —, o preconceito do Ocidente em relação à China baseava-se em todas as velhas e conhecidas razões. A China era considerada atrasada, cruel, rígida, um lugar apartado do que Hegel denominara espírito do mundo. O preconceito era na verdade bastante simples, baseado essencialmente no desprezo racial, no medo e na arrogância cultural. A ideologia política desempenhava um papel pequeno ou nulo na antipatia: os chineses eram menosprezados *porque eram chineses.*

Agora, porém, doze anos depois, e para desgosto e desalento geral dos ocidentais, o Partido Comunista chinês de Mao Zedong havia se instalado firmemente no poder em Beijing. Essa nova China — a China Vermelha — era, para muita gente no Ocidente, um inimigo público indiscutível, e era vista com desdém, sobretudo por Washington, do mesmo modo que os bolchevistas, que dirigiam a União Soviética, também eram desdenhados.

Havia, pois, um segundo motivo de aversão pela China. Ao preconceito antigo somava-se agora um veemente anticomunismo, uma intensa antipatia por Mao, Zhou Enlai e seus companheiros revolucionários. Qualquer pessoa que apoiasse a China Vermelha era vista agora como naturalmente hostil aos Estados Unidos. Durante muito tempo, apoiar a China parecera apenas excentricidade e desatino. Já apoiar a China comunista era pura e simples traição.

A inclinação de Needham pela esquerda era notória; as conclusões antiamericanas do relatório da comissão por ele presidida ainda eram vilipendiadas em muitos setores; e mesmo nos campus universitários americanos, em geral liberais, agora a atitude em relação a ele havia mudado. Needham estava sendo muito criticado não por suas opiniões científicas, mas por suas opiniões históricas; não por sua inteligência, mas por sua política, por suas simpatias, por seus amigos. E tudo isso antes que uma só palavra de sua tese — sua tese essencialmente imparcial, apolítica, puramente acadêmica — tivesse sido publicada.

Por conseguinte, o fato de ter escrito um livro — na verdade, uma série de livros — que desafiava frontalmente a tradicional visão preconceituosa que se tinha da China, e que defendia abertamente que se concedesse ao país o lugar correto que lhe cabia na história universal, tornou-se de repente, do ponto de vista de Needham, uma situação carregada de risco. As críticas poderiam ser cruéis e, para ele, devastadoras.

Além disso, os primeiros volumes, como ele os planejara, quase que só delineavam a tese da série. As pessoas talvez se dispusessem a esperar, para ver se os volumes posteriores — o terceiro e os restantes — mereceriam sua plena atenção. Era possível que não saíssem críticas agora, nenhum veredicto, nenhum desagravo. E nesse caso a espera talvez representasse uma agonia ainda maior.

Needham estava nervosíssimo, o que era compreensível. No momento em que os primeiros volumes estavam para sair, uma parte dele queria desesperadamente se esconder — e para esse fim ele escolheu Amboise. Não imaginava como o mundo receberia sua obra e, a julgar pelo que tinha ocorrido antes, temia o pior.

No entanto, como se viu, ele não precisava ter se preocupado. As poucas críticas publicadas (e ele estava certo; muitos críticos decidiram esperar os volumes seguintes antes de darem a palavra final) foram excelentes, todas bastante favoráveis. Apesar de seus receios, aparentemente a comunidade intelectual de todo o mundo na verdade pouco se importava com suas opiniões políticas. Embora ele apoiasse Mao e Zhou e isso lhe tivesse criado contratempos com os americanos — bem, ainda assim seu livro era uma obra magnífica. As divergências ideológicas foram postas de lado. O que se ouviu foi um coro de elogios.

Arnold Toynbee elogiou-o em *The Observer*; sir Cyril Hinshelwood, na *New Scientist*; Richard Boston, no *New York Times*; e Arthur Hummel, o decano dos acadêmicos que estudavam a dinastia Qing, na *American Historical Review*. Laurence Picken, o ressentido etnomusicólogo que tinha muitos motivos para fazer o mais contundente dos comentários, escreveu no *Manchester Guardian* que a obra de Needham era "prodigiosa [...] talvez a maior manifestação de síntese histórica e comunicação intercultural já realizada por um único homem". E os russos disseram que o trabalho de Needham demonstrava "um profundo respeito pelo povo chinês, por seu gênio criador e por suas imensas contribuições para a civilização mundial".

Foi um triunfo, evidentemente um desagravo completo. Toda a tiragem de 5 mil exemplares do volume I foi vendida, e a Cambridge University Press teve de fazer reimpressões periódicas nos anos seguintes. O livro ainda é um clássico, uma obra essencial, e suas edições jamais estiveram esgotadas até agora.

De imediato, porém, esse sucesso de crítica contribuiu bem pouco para a reputação de Needham em Cambridge, onde, como acontece em muitas comunidades acadêmicas, o veneno pode levar décadas para se dissipar. Quando ele voltou ao Caius depois de passar semanas refugiado na França, encontrou poucas oportunidades para escapar à atmosfera de ignomínia. Em parte alguma encontrava consolo. Era muitas vezes denegrido no *college*. Já não buscava conforto nos laboratórios de bioquímica. O cristianismo, ao que parece, proporcionou-lhe menos refúgio espiritual do que poderia. Gwei-djen continuava em Paris. Dorothy estava profundamente dedicada a seu próprio trabalho acadêmico. E a imprensa continuava a troçar dele, o que lhe lembrava continuamente sua grande perda de status.

Todo o conforto que lhe restava era a China. Não há como exagerar o papel que ela desempenhou na manutenção do equilíbrio mental de Needham nesse difícil e penoso período de sua vida. A China — seu povo, sua língua, as lembranças dele próprio — proporcionou a Needham a âncora espiritual de que ele precisava, e também o necessário conforto intelectual.

Não que fossem aqueles os anos mais propícios para que ele ficasse a declarar publicamente sua aprovação às políticas de Pequim. Realmente, durante a década de 1950, Pequim — hoje Beijing* — não gozava de bom conceito no Ocidente, principalmente nos Estados Unidos. Desde a fundação da República Popular em 1949 e desde o envolvimento da China na Guerra da Coreia, a posição oficial de Washington fora de firme e inabalável hostilidade em relação à China comunista, combinada com um firme e inabalável apoio ao regime nacionalista de Taiwan. Um tratado nesse sentido foi firmado em 1954, dando aos presidentes americanos autoridade formal para defender Formosa, como Taiwan era conhecida, no caso de um ataque da China continental. De acordo com o princípio segundo o qual o inimigo de meu amigo

---

* Ainda há muita resistência ao uso do nome da capital da China na transliteração pinyin — *Beijing*. Não só pouquíssimos estrangeiros são capazes de pronunciá-lo corretamente, como o Ocidente está habituado a nomes vernáculos para cidades ou países distantes. Em português, por exemplo, chama-se London de Londres, Deutschland de Alemanha, Suomi de Finlândia, e Zhongguo de China. Muitos dos que estão habituados a isso gostariam que a forma *Pequim* voltasse a ser usada correntemente, mas duvidam de que isso venha a acontecer.

é meu inimigo, a China comunista era vista, ao menos pelos Estados Unidos, como adversária.

Por isso, coerentemente, Washington ignorou a China comunista nas décadas de 1950 e 1960. Oficialmente, a diplomacia americana não a reconhecia; na prática, os americanos eram proibidos de viajar à China; vigorava um embargo comercial total; não podia haver nenhuma transação financeira entre os dois países; e os Estados Unidos fizeram todo o possível para impedir que a China comunista ocupasse o lugar da China nas Nações Unidas.* "Os Estados Unidos partem do princípio segundo o qual o domínio do comunismo na China não será permanente e que um dia chegará ao fim", declarava a doutrina oficial americana da época. "Ao recusar o reconhecimento diplomático [a Beijing], ela procura apressar esse fim."

No entanto, Needham — que havia chorado de alegria, abertamente, quando Mao anunciou a formação da República Popular — continuou a apoiar às claras o regime de Beijing. Afirmava, sempre que podia, e publicamente, que o sistema comunista era o melhor possível, social e politicamente, para um país imenso como a China. Denunciava continuamente a política americana, em todas as oportunidades — e, por extensão, denunciava também aquilo que considerava políticas antichinesas dos britânicos, embora fossem em menor número e expressas com menos espalhafato.** E ele sabia muito bem que, ao proceder dessa maneira,

---

* Os Estados Unidos finalmente se curvaram à realidade, quanto a essa questão, em 1971. Nesse ano, Taiwan foi excluída da onu, e hoje é considerada parte da República Popular, que ocupa, na Assembleia Geral e no Conselho de Segurança, a única cadeira destinada aos chineses.
** Durante a Guerra Fria, o Reino Unido mostrou menos rigidez em sua atitude em relação à China do que os Estados Unidos. Londres reconheceu a República Popular quase imediatamente após sua criação, mas os dois países só trocaram diplomatas — funcionários de baixo escalão enviados como encarregados de

mantinha-se em teimoso desacordo com grande parte do resto do mundo.

Em 1955 ele ressaltou seu apoio a Mao e ao regime deste de maneira simples, mas prática, ao ajudar a fundar e tornar-se o primeiro presidente de uma entidade que foi poderosa durante pouco tempo e polêmica sempre, a Associação de Amizade Grã-Bretanha-China. Ele organizou essa sociedade com Derek e Hongying Bryan, o casal cujo enlace Needham tinha favorecido na China dez anos antes. Todos os três se destacavam nesse ativo grupo, abertamente de esquerda — e os 2 mil membros que ele veio a ter se dedicaram, numa década de furiosa militância, ao que viam como uma atividade essencial de aproximação: criticar a morna política britânica em relação à República Popular, pressionar em favor de um aumento do comércio entre o Reino Unido e a China e defender a filiação da China à ONU.

Quando questionado a respeito de sua convicção de que a China era agora uma nação livre — uma dúvida evidentemente absurda para qualquer pessoa que soubesse alguma coisa sobre as políticas de Mao Zedong —, Needham respondia que "a primeira liberdade consiste em comer, e agora o povo chinês está sendo alimentado". Talvez essa fosse a melhor resposta que ele pudesse dar, mas de modo geral as pessoas, entre elas o corpo docente do Caius, consideravam-na bastante capenga. Poucos eram capazes de entender a lealdade de Needham à linha maoista — mesmo quando ele tentava explicar que, se as políticas de Mao fossem vistas no contexto da longa história chinesa, seriam encaradas no exterior com ampla simpatia. Não resta dúvida de que suas ideias, sustentadas teimosamente e expressas de manei-

---

negócios — a partir de 1954. Essa atitude meio morna, que, entretanto, sobreviveu à Guerra da Coreia, evoluiu finalmente para a nomeação de um embaixador pleno em 1972.

ra mordaz — embora suas maneiras gentis sempre lhe temperassem a mordacidade —, contribuíram bastante para sua impopularidade na década de 1950.

Nessa década e também na de 1960, ele intensificou seu apoio a quase todas as causas caras à esquerda. Tornou-se membro ou colaborador, como palestrante, da Progressive League, do New Left Review Club, da Tawney Society e da British Peace Society; contribuiu para o Scientists Protest Fund; e foi cofundador do Science for Peace. Participou de marchas, organizadas pela Campanha pelo Desarmamento Nuclear, a bases aéreas e fábricas de bombas. Escreveu cartas ao *Times* em que criticava, entre outras coisas, a produção de armas nucleares avançadas pelos Estados Unidos, a sugestão de que o latim fosse eliminado dos requisitos para ingresso em Cambridge e a proposta de que representantes do Viet Cong fossem proibidos de visitar Londres.

Needham realizou uma pesquisa de opinião pública quanto à agressão sofrida por um grupo de jovens ingleses que tinham ido a um encontro de esquerda em Berlim Ocidental. Guardas americanos os tinham espancado, declarou Needham, sem que o governo britânico se interessasse pela questão. Fez campanha, em vão, para salvar Ethel e Julius Rosenberg da execução; tampouco teve êxito ao exigir que J. H. Cort, um acadêmico americano comunista que estava visitando a Inglaterra, fosse autorizado a permanecer no país.* Fez uma vigorosa campanha em prol da reforma das leis contra atos homossexuais, protestou contra o confisco, pelos Estados Unidos, do passaporte do cientista Linus Pauling e participou de manifestações contra o regime militar na Grécia.

Além disso, Needham viajava incessantemente. Participou

---

* Cort recebeu ordem para sair do país e, suspeitando que seria preso se voltasse para os Estados Unidos do senador McCarthy, radicou-se na Tchecoslováquia.

de conferências, às vezes como palestrante, em Varsóvia, Jerusalém, Budapeste, Beirute, Roma, Milão, Bruxelas, Praga, Munique, Florença, Salzburgo, Madri e na cidade de Stralsund, na Alemanha Oriental. Foi também convidado para conferências em New Hampshire, San Francisco, Chicago e Nova York, mas a embaixada americana em Grosvenor Square, em Londres, recusava-se sistematicamente a lhe conceder o visto — sem informar o porquê —, o que o obrigou a declinar dos convites. Foi convidado também pela Índia para fazer uma série de palestras em várias cidades do país — seus textos de esquerda o haviam tornado muito estimado pelos intelectuais indianos —, mas, com a irrupção de conflitos na fronteira indo-chinesa, Needham, que tendia a apoiar a posição da China em quase todos os litígios, concluiu que seria imprudente viajar à Índia naquelas circunstâncias e preferiu aceitar um convite de última hora para fazer uma palestra na Romênia.

Durante anos, pois, Needham, agora com mais de cinquenta anos, percorreu o mundo inteiro — a passeio, em campanhas, em manifestações, a trabalho. E, embora suas viagens não cessassem, sua premente necessidade de estar longe de Cambridge diminuiu de repente, e num momento específico — o fim do outono de 1957. Isto se deu quando uma série de fatos simultâneos mudaram mais uma vez sua vida, melhorando-a e colocando-o no caminho que ele seguiria pelo resto de seus dias.

Lu Gwei-djen regressou de Paris naquele outono, e isso ajudou em muito a melhorar o estado de espírito de Needham. Ela se instalou em sua modesta casa geminada, a somente cem metros da residência dos Needham. Os três viam-se quase todos os dias, uma situação que parecia conveniente para todos.

O segundo volume de seu livro saiu em 1956, e o terceiro estava se encaminhando para as fases de diagramação e pré-produção dois anos depois. Mesmo com relação aos dois volumes preparatórios iniciais, as críticas haviam agora, quase unanimemente, adquirido tons líricos: "uma façanha inigualável da erudição europeia", escreveu o crítico de um jornal de Calcutá; "um livro destinado a alterar toda a historiografia futura do pensamento chinês e, na verdade, a historiografia do pensamento em todo o mundo", declarou o crítico de *Far Eastern Survey*, de Nova York; "uma obra-prima do moderno estudo científico" foi o comentário de um periódico de Beijing; e o *Times Literary Supplement* observou: "O fato mais importante com relação a essa obra [...] é que é muito emocionante". O estado de espírito de Needham melhorava a cada jornal que lia.

Sobreveio então a mudança mais importante e mais surpreendente: de repente, o lento processo de liberalização dos costumes no Gonville and Caius College começou a se acelerar. No colegiado, formava-se aos poucos um grupo de ativistas; por fim, seus membros promoveram na High Table uma rebelião que desencadearia uma mudança profundamente benéfica para Joseph Needham.

Os historiadores do Caius hão de insistir que essa revolução começou como resultado direto da guerra. A gerontocracia de catedráticos que havia duvidado de Needham com tanta veemência em seus primeiros anos estava se reduzindo, devido a causas naturais, e um novo grupo, constituído de homens mais jovens, mais viajados e mais materialistas, infiltrava-se na vetusta instituição. Em outubro de 1957, Peter Bauer, nascido na Hungria (mais tarde ele se tornaria lorde Bauer, um dos economistas prediletos de Margaret Thatcher), liderou o movimento que ficou conhecido como "revolta dos camponeses" (provavelmente devido à tradução de seu sobrenome). A ele se juntou o biólogo Michael Swann, que também viria a se tornar par do reino, além de presidente da BBC. Ambos estavam irritados com a impossibilidade de participar das decisões do *college* e, diante do falatório que prenunciava um escândalo de primeira ordem, tomaram uma posição firme e aberta na reunião geral do primeiro período daquele ano letivo, que ficou na história.

E, apesar dos murmúrios e da oposição dos membros mais idosos do Caius, os rebeldes conquistaram o apoio de muitos — incluindo o de Needham. Foi feita uma votação. Pela primeira vez em décadas, ocorreu uma ligeira mudança nas regras do *college*, suficiente para garantir que nas eleições para o Conselho, nunca contestadas anteriormente, todos os membros pudessem ser candidatos, e não somente os favoritos escolhidos pela velha guarda, como fora o caso durante séculos. Os medalhões que até então tinham exercido o poder, na maioria administradores, e não professores e pesquisadores, foram prontamente afastados de seus cargos. A democracia, que jamais encontrara terreno propício em Oxford e Cambridge, começou a medrar e, por fim, florescer: o domínio dos oligarcas nos assuntos do Caius College começou a se desvanecer, lenta mas inexoravelmente.

Isso teria enormes consequências para Needham. Em 1959, graças a manobras hábeis de seus novos aliados, ele foi eleito para nada menos que a presidência do colegiado — um salto sem precedentes para alguém que havia apenas uma década tinha sido, talvez, o membro de menor prestígio nesse colegiado.

A eleição se deu num momento particularmente propício. O terceiro volume de *Science and civilisation in China* tinha acabado de ser publicado e, embora a reação da crítica aos dois primeiros volumes tivesse sido boa, com o surgimento do primeiro volume "de verdade", que tratava de matemática e astronomia, não restavam mais dúvidas: o projeto de Needham, tão elogiado, viria a se tornar um importantíssimo monumento de cultura, um empreendimento que, quando completado, rivalizaria com o *Oxford English dictionary*, de James Murray, e o *Dictionary of national* *biography*, de Leslie Stephen,* como exemplos entre as grandes proezas intelectuais de todos os tempos.

A mudança em relação a Needham no Caius gerou também uma nova atitude para com ele na sociedade em geral. De repente, foi como se ele se transformasse de vilão revolucionário numa figura tratada com respeito crescente em decorrência de seu livro, que estava adquirindo, claramente, contornos de realização monumental. Needham estava criando algo de que ele, seu *college*, sua universidade, seu país e um Ocidente cada vez mais esclarecido podiam sentir orgulho ilimitado. E o novo respeito que ele estava conquistando, graças a essa obra, ajudou a tornar sua nova função no Caius bem mais fácil. Não que esse cargo, é justo acrescentar, fosse dos mais espinhosos.

A presidência do Caius College, ao menos na década de 1950, só exigia deveres cerimoniais. Na ausência do decano, Needham presidia o jantar no grande refeitório e a sobremesa na sala do colegiado, e isso era quase tudo. Mas, durante os anos em que serviu no cargo, tantas obrigações novas foram adicionadas a essas que, em meados da turbulenta década seguinte, ele assumiu a função de vice-decano, o que lhe deu um conjunto de novas responsabilidades que representaram um treinamento ideal para seu novo cargo, que Needham, um azarão, conquistou com os votos de 45 dos 75 *fellows* presentes a uma reunião formal no começo

---

* O admiradíssimo *Dictionary of national biography* (DNB) foi iniciado em 1885 — tendo como editor Stephen, pai de Virginia Woolf e Vanessa Bell — e procurou, desde sua criação, incluir ensaios, alguns claramente opinativos, sobre qualquer pessoa importante ou notória na vida britânica desde Cassivelaunus, o régulo que tentou resistir à segunda invasão de César, em 54 a. C. A edição atual, com sessenta volumes, compreende 55 mil biografias. A entrada referente à rainha Vitória é a mais longa; entre as muitas biografias de personalidades mais obscuras está a de uma harpista e lutadora do século XVIII, a galesa Marged ferch Ifan.

de dezembro de 1965. Com essa votação, ele se tornou nada menos que o decano da faculdade. E ainda hoje, tanto tempo depois, o fato de ter sido eleito é quase inacreditável.

Em termos acadêmicos, Needham tinha ascendido, em pouco mais de quarenta anos, da penúria do pátio dos fundos à opulência da High Table. Sua assombrosa conquista de poder fazia dele agora não só uma força a ser levada em conta no mundo acadêmico e literário, mas uma celebridade de prestígio e poder em uma das grandes universidades do mundo — e, assim, uma força a ser levada em conta também no reino. De repente, Joseph Needham tornou-se um homem muito importante nos corredores do poder da vida britânica.

Needham ocupou o cargo de decano durante dez anos, dirigindo o antigo *college* numa época de perturbações quase sem precedentes no mundo estudantil. Praticamente a partir do momento em que assumiu suas funções e mudou-se, com milhares de livros, para a elegante residência do decano, ao lado da capela e do Hall, a política mundial virou de pernas para o ar e o *Zeitgeist* ganhou tons contínuos de motim.

Foram múltiplas as causas da convulsão. Com o desastre da ofensiva do Tet, em 1968, a Guerra do Vietnã tinha entrado numa fase de especial violência, e Lyndon Johnson anunciara seu afastamento da política. Na China, a Revolução Cultural estava no auge. A "Primavera de Praga" pusera os estudantes tchecos em oposição frontal a seus senhores comunistas. Na França, os distúrbios nas universidades, iniciados em Nanterre, haviam se estendido a todo o país, e o Exército foi chamado para reprimi-los. Estudantes tinham sido mortos a bala no México. Martin Luther King e Robert Kennedy tinham sido assassinados. A Universidade Columbia, em Nova York, fora fechada por manifestações. Houve distúrbios diante da Escola de Economia de Londres.

E, na primavera daquele ano, também os alunos de Cambridge se rebelaram em solidariedade a seus colegas do resto do mundo. Durante um breve período, a cidade, aristocrática e plácida, tornou-se palco de manifestações e passeatas, coquetéis molotov e prisões, balbúrdia, gritarias e conflitos. Nada houve de comparável ao que aconteceu na Kent State, mas a sequência de acontecimentos foi séria o suficiente para provocar um inquérito oficial e pôs à prova, de certa forma, o pulso de Needham como decano.

De certa forma porque, recordemos, o decano era um socialista convicto — até mesmo comunista, embora nunca tivesse se filiado formalmente a um partido comunista — e, por conseguinte, de modo geral estava, ideologicamente, ao lado dos objetivos políticos dos estudantes de todo o mundo, inclusive daqueles que tinham acampado diante da porta dos fundos do Caius. Um estudante lembra que, durante uma manifestação pacífica, abriu-se por um instante uma fresta numa janela da residência do decano, e dela saiu uma mão encarquilhada que segurava um papel dobrado. O jovem pegou-o e a mão recuou.

"Quero que saibam", dizia o bilhete, escrito a tinta e com caligrafia impecável, "que apoio inteiramente todas as reformas em prol das quais vocês estão fazendo hoje esta manifestação." Estava assinado: Joseph Needham. Tinha sido a janela dele, a mão dele.

Suas convicções esquerdistas de modo algum diminuíram com o cargo prestigioso, ainda que em muitos aspectos ele fosse um ardente tradicionalista e tivesse restituído ao calendário do Caius toda sorte de cerimônias e festas. Escreveu um sóbrio ensaio, para os capelães da instituição, sobre as numerosas personalidades que, ao longo dos sete séculos de sua existência, tinham contribuído com dinheiro para ela, e determinou que a data de morte de cada capelão (quando conhecida; se não, ele escolhia uma data hipotética) fosse registrada na capela e celebrada por um discurso seguido por um jantar black-tie no Hall. Needham gostava de comer, vestir-se bem, beber, organizar coquetéis e fumar charutos.* Um *college* de Cambridge é o lugar perfeito para uma pessoa se entregar a esses hábitos, e a morte de um antigo benfeitor, a desculpa perfeita para fazê-lo. Mesmo o mais conservador dos catedráticos consideraria uma grosseria reclamar.

Entretanto, nos dez anos em que exerceu a função de decano, não conseguiu convencer o conselho diretor do Caius a admitir mulheres, quer como *fellows*, quer como alunas de graduação.

Seu tradicionalismo de vez em quando se espraiava para áreas em que se poderia esperar que ele se mostrasse um ardente liberal. Por exemplo, Needham proibiu a instalação de um dispensador de preservativos em um dos banheiros do Caius. Em vista de seu gosto por diversões eróticas, isso poderia ser considerado quase uma hipocrisia. Ele se justificou dizendo que, embora defendesse a livre associação dos jovens, julgava que a existência desses dispensadores na instituição seria um incentivo ao "sexo instantâneo", e que isso ele não apoiava. Era melhor que os estudantes que desejassem preservativos gastassem tempo para ir comprá-los numa farmácia na cidade e pensassem enquanto isso nas implicações de seus atos. Esse foi um deslize curioso em sua compreensão do comportamento humano — e talvez um deslize proposital.

No entanto, ele não era, de modo algum, um estraga-prazeres. Era um homem exuberante, dado a festas, a cantar em público — teria adorado o caraoquê, comentou um amigo —, e dançava animadamente, embora mal. Já foram citados aqui os versinhos de uma antropóloga cultural, Francesca Bray, que viria a escrever

---

* Needham também possuía um *hookah*, ou narguilé, que havia comprado num mercado uigur no Turquestão chinês. Embora o aparelho esteja atualmente nos arquivos do Caius, não se sabe se algum dia Needham o usou para fumar, sozinho em seu quarto ou, menos provavelmente, junto de outros membros do colegiado, na sala do colegiado.

308

quase todo o livro sobre agricultura da série *Science and civilisation in China*: "*Convém vigiar bem o pé / Se eu danço com Joseph*". Desde 1963, ele vinha fazendo sermões no púlpito de sua igreja predileta, em Thaxted. O inesquecível e turbulento pastor Conrad Noel já se fora havia bastante tempo, embora seu genro, Jack Putterill, continuasse como vigário até morrer, em 1973, mantendo sempre a atitude tolerante em relação ao cristianismo que tanto havia atraído Needham depois que se formou. Ele deve ter feito cerca de quarenta sermões — pronunciamentos candentes, sempre com a igreja lotada, sobre temas como "Presos políticos e tortura", "Cristianismo e marxismo", "Ciúme" e "Robôs e desemprego". Needham envolveu-se numa breve controvérsia em 1976, quando o reverendo Peter Elers, que era então o vigário, declarou-se gay e teve de suportar uma torrente de críticas. Needham acorreu em sua defesa:

> Faz muitos anos, já, que venho sentindo a premente necessidade de uma completa reforma e modernização da teologia tradicional da sexualidade humana. Não vivemos mais nos tempos patrísticos, ou na Idade Média, e a nova consciência de si que a humanidade adquiriu desde o Renascimento é algo que a Igreja tem de absorver para que possa exercer a plena força de sua mensagem eterna.
>
> O atual movimento em favor da tolerância e da aceitação das amplas variações nos relacionamentos humanos constitui tão somente uma outra face da luta geral pelo socialismo e contra a opressão, luta em que a igreja de Thaxted está na vanguarda há meio século.

Pouco tempo depois, para deixar bem clara sua posição, fez questão de fazer um sermão candente no culto fúnebre de Tom Driberg, homossexual e conhecido membro do Parlamento, de modo que não restasse nenhuma dúvida quanto à sua tolerância.

Fez seu último sermão pouco mais de uma década depois, no quarto domingo após a festa da Santíssima Trindade, no verão de 1987. Seu tema foi "Cobiça e capitalismo". Do ponto de vista político, nada tinha mudado.

Needham ainda viajava, embora suas juntas já começassem a estalar. Depois de uma pausa ao fim da Guerra da Coreia — em meados da década de 1950, ele achou que novas visitas à China tornariam intolerável sua situação na Inglaterra —, passou a ir à China de novo. Era agora um dos fundadores e líderes da Sociedade para o Entendimento Anglo-Chinês (Society for Anglo-Chinese Understanding — Sacu), que ele, os Bryan e outros tinham formado depois que a Associação de Amizade Grã-Bretanha-China se desintegrou numa torrente de recriminações contra Stálin. No fim dos anos 1960, obter um visto através da Sacu era praticamente a única maneira de um britânico pisar na China; o jovem cineasta David Attenborough foi um dos primeiros a fazê-lo. Needham serviu como seu presidente durante 35 anos, e era capaz de obter vistos para a China com facilidade — desde que, como seus críticos observaram, mantivesse sua postura absolutamente acrítica em relação aos excessos do regime.

Em 1964 Needham voltou à China, pela primeira vez desde a guerra, e teve o prazer de ser recebido oficialmente — por Zhou Enlai em pessoa, que o tratou como um velho amigo. As privações econômicas da época saltavam aos olhos — os efeitos do Grande Salto Adiante eram dolorosamente evidentes, embora Needham os encarasse como simples problemas de crescimento do novo regime, e ele retornou a Cambridge com sua fé inabalada.

Mas em 1972 ele voltou — e dessa vez encontrou uma China devastada e profundamente modificada, que acabava de sair dos inacreditáveis sofrimentos da Revolução Cultural. Dessa vez não se sentiu tão seguro. Sentiu-se bastante deprimido por reencontrar pouquíssimos de seus amigos; ficou perplexo com o fato de

Needham, com 64 anos, e Zhou Enlai, com 66, já estavam na meia-idade quando se reencontraram em Beijing em 1964, pouco antes da eclosão da Revolução Cultural chinesa, que Needham apoiou com discreto entusiasmo.

alguns terem desaparecido sem deixar rastros, com frequência em circunstâncias inexplicadas e às vezes meio sinistras. Naquele ano, seus guias na China não se mostraram prestativos e amistosos como antes, e ele viu sua liberdade de ir e vir seriamente restringida. Ficou espantado, quase magoado.

Seu amor permanente pela essência da China e por seu povo continuava intacto, como continuaria pelo resto de sua vida. Mas, diante dos efeitos de algo que havia alterado de modo tão evidente o corpo e a alma da China, ele começou, pela primeira vez, a questionar a correção de certas políticas. Começou a se perguntar, a princípio em silêncio, e depois numa série de ensaios, se o tipo de socialismo de Mao era realmente a resposta — e a especular se alguns daqueles erros, se é que eram mesmo erros, não teriam causado um mal terrível à ciência, que durante tanto tempo tinha feito a fama da China. Um artigo na revista *Nature*, em 1978, em que ele qualificava de "desastrosas" as políticas de Mao em relação à ciência, atraiu considerável atenção: ele parecia à beira de mudar de lado — porém Mao tinha morrido dois anos antes, o que tornava mais fácil fazer críticas como essa. Needham também fez uma virulenta denúncia da "Camarilha dos Quatro" — os arquitetos da Revolução Cultural —, mas somente depois que caíram, e depois que a nova liderança em Beijing os condenou. As críticas que recebeu na Inglaterra o levaram a responder, timidamente, que ele não era vigia da China, mas apenas um historiador da ciência chinesa.

Mao e seus acólitos tinham feito o máximo possível para manter a seu lado um aliado tão importante. Durante a viagem que ele fez à China em 1972, os líderes nada perceberam de seu desconforto e trataram de maneira extremamente simpática o homem que viam como um de seus mais ferrenhos aliados na Inglaterra. Foi a última oportunidade de Mao para se mostrar tão amistoso. Um episódio dessa visita (que prefiro não considerar apócrifo, embora não possa ser confirmado) talvez sintetize os laços que haviam surgido entre Needham e Mao no quarto de século desde que haviam tomado conhecimento um do outro, em Chongqing.

Ao que parece, Needham foi convidado, com pouquíssima antecedência, a ir ao gabinete de Mao para tratar de uma "questão urgente e oficial". Vestiu um terno às pressas e saiu pela avenida Chang'an em direção ao Zhongnanhai, o conjunto de palácios junto da Cidade Proibida onde os líderes chineses têm seus gabinetes. Foi conduzido por guardas à presença de Mao, que tomava seu chá tranquilamente.

Conversaram sobre amenidades por alguns momentos. A seguir, Mao tocou no assunto que queria discutir com ele. Falava num chinês arrastado e com forte sotaque, que Needham tinha dificuldade para entender. Ele sabia, disse, que em seus primeiros anos em Cambridge Yue-se (Mao usou o nome chinês de Needham, Li Yue-se) possuíra um carro veloz, um carro esporte Armstrong-Siddeley. Prodigiosamente, Mao lembrou-se da marca. Needham assentiu, perplexo. Sim, isso tinha acontecido. Naquele tempo ele fora louco por carros, e ainda era.*

"Foi o que pensei", disse Mao. "Você é o único ocidental que conheço bem e que também entende de carros. Foi por isso, Yue-se, que pedi que viesse aqui. Quero lhe pedir um conselho sobre um importante assunto oficial."

Needham endireitou-se na cadeira, esperando.

"Estou ciente do que se passa no mundo. Tenho de decidir se devo permitir a meu povo" — e aqui Mao fez um gesto amplo — "permitir a meu povo dirigir automóveis ou se a bicicleta é melhor para eles. O que você acha, meu caro Li Yue-se?"

Estupefato, Needham nada respondeu. Pensou, por um momento, nos milhares de bicicletas que rodavam pela avenida Chang'an, como um mar incessante, a poucos metros dali. Pensou na disciplina estoica dos ciclistas, no quase silencioso fluxo de gente, no fulgor ocasional de elegância quando uma bela jovem deslizava em seu Pombo Voador, linda como um cisne. Sentiu-se arrebatado. Devaneava.

Mao tossiu. Seu visitante voltou à realidade. Estava no gabinete do presidente do Partido Comunista da China, a luz norteadora,

---

* Ele já tinha vendido o magnífico Armstrong-Siddeley, que foi substituído por um carro mais prosaico, um Ford Cortina. No entanto, Mao teria gostado de saber que Needham encomendara o carro na cor *jingtailan*, palavra que hoje se pensa que quer dizer *cloisonné*, mas que na verdade significa uma requintada tonalidade chinesa de azul-claro.

o Grande Timoneiro da mais poderosa nação do planeta. Esse homem lhe tinha feito uma pergunta. Era preciso responder.

"Bem, senhor presidente", respondeu Needham, gaguejando um pouco. "Para ser franco com o senhor, acho que lá em Cambridge, onde moro, minha bicicleta velha atende perfeitamente a quase todas as minhas necessidades."

Ia dizer mais alguma coisa, acrescentar que, numa grande nação industrial, talvez fosse melhor mesmo usar automóveis e que talvez fosse conveniente permitir que os cidadãos dirigissem seus próprios carros. Entretanto, Mao estava sorrindo. Tinha ouvido o que queria. Uma decisão estava sendo tomada.

"Então, Yue-se, você, que gosta tanto da China, acha a bicicleta perfeitamente satisfatória?" Mao esfregou as mãos e depois as afastou. Tinha resolvido. "Então... certo. Serão bicicletas."

E com isso Needham foi convidado a despedir-se, e saiu apertando os olhos por causa do pôr do sol, numa avenida em que os veículos de duas rodas, com seus condutores que voltavam do trabalho, pareciam formar um rio de metal. De repente, ele sentiu que, de uma forma inesperada, tinha contribuído para desenhar o futuro de toda aquela gente — pelo menos durante os anos seguintes.

Não existe nenhum registro da conversa em Zhongnanhai. Talvez ela nunca tenha acontecido. Mas duas coisas são certas. Joseph Needham realmente andava de bicicleta de vez em quando. E a China está atualmente a caminho de se tornar o maior produtor mundial — e, em breve, o maior consumidor — de automóveis.

Seja o que for que Mao tenha dito a Joseph Needham naquele dia de verão de 1972, quatro anos depois ele estava morto, e seu sucessor, Deng Xiaoping, viria a se concentrar num propósito único: pôr a China na vanguarda do mundo moderno. E, se isso significava, com relação a transporte individual, sucatear milhões de Pombos Voadores, submeter uma nação, para sempre, à poluição e a engarrafamentos de trânsito e construir um sem-fim de novas estradas, que assim fosse.

Esse foi também um período de muitas homenagens. Em 1971, Needham foi eleito para a Academia Britânica, tornando-se assim uma das três únicas personalidades — ao lado do filósofo Karl Popper e da historiadora Margaret Gowing — a pertencer, ao mesmo tempo, à Academia e à Royal Society. Começaram então a conceder-lhe graus honoríficos, o artifício acadêmico para declarar publicamente a gratidão da comunidade intelectual: Cambridge saltou na frente, seguindo-se Bruxelas, Norwich, Uppsala, Toronto, Salford, as duas principais universidades de Hong Kong, Newcastle, Chicago (e o governo dos Estados Unidos finalmente concedeu-lhe um visto para que ele recebesse a honraria), Hull, Wilmington (Carolina do Norte), Surrey e a Universidade Peradeniya (nos arredores de Kandy, na área produtora de chá de Sri Lanka). Esta última honraria refletia o intenso interesse de Needham pelo antigo Ceilão, cuja Comissão de Política Universitária ele presidira em 1958.

A breve visita de Needham a Chicago, na primavera de 1978, foi acompanhada de um incidente estranho e arrepiante. Ele fora convidado a pronunciar três palestras públicas na Universidade Northwestern. Para a segunda delas, escolheu o tema "Pólvora: suas origens e seus usos". Uma das pessoas que compareceram para ouvi-la foi um matemático de cabelos desgrenhados, um brilhante e trágico lobo solitário chamado Ted Kaczynski.

Pouco tempo antes, professores da unidade de Chicago da Universidade de Illinois tinham rejeitado sumariamente um breve ensaio escrito por Kaczynski sobre os males da sociedade moderna, e um matemático presente o ouvira murmurar, furioso, que um dia ele iria "ajustar as contas" com quem o tinha menosprezado. Em 24 de maio, seis semanas depois de escutar a palestra de Needham, Kaczynski montou um artefato explosivo feito com pólvora e cabeças de fósforos, dentro de um invólucro de madeira, e o mandou pelo correio a um dos professores que haviam recusado seu texto. O pacote foi interceptado, explodiu e feriu um segurança da universidade.

Não havia pistas para se chegar ao autor do crime, e o incidente marcou o início de um período extraordinário, bizarro e assustador da moderna história americana. Nas duas décadas seguintes, Ted Kaczynski, que vivia sozinho numa cabana nas montanhas remotas de Montana, continuou a enviar séries e mais séries de bombas, cuidadosamente montadas e cada vez mais letais, com as quais matou três pessoas e feriu mais de vinte. A imprensa e o FBI se referiam a ele como o Unabomber. Kaczynski só foi preso em abril de 1996.

Poucos sabiam na época que suas primeiras lições nessa atividade macabra talvez lhe tenham sido ministradas por Joseph Needham, ainda que involuntariamente. Só cabe imaginar o que teria acontecido — ou o que poderia não acontecer — se o veto do Departamento de Estado a Joseph Needham tivesse permanecido em vigor, negando ao Unabomber a oportunidade de escutá-lo e tomar conhecimento das antigas técnicas chinesas para fabricar explosivos.

Além de colecionar graus acadêmicos, Needham recebeu diversas condecorações, que se somaram à que ele tinha recebido do governo chinês, a Grã-Cruz da Ordem da Estrela Brilhante — que o governo britânico ainda o proibia de usar em funções oficiais. Tornou-se membro de instituições e academias da Dinamarca à China, passando pela Índia, e então, finalmente, assim que o Departamento de Estado suspendeu o veto à sua entrada nos Estados Unidos, em 1978, das grandes organizações americanas: a Academia Nacional de Ciências, a Associação Histórica Americana e o Capítulo de Yale da Sigma Xi.

Seu dom-juanismo continuou afiado mesmo na velhice. Houve muito espanto em meados da década de 1970, quando ele caiu de amores por uma eminente sino-canadense, H. Y. Shih, ex-diretora da National Gallery do Canadá. Falou-se até em divórcio e novo casamento. Diante da forte pressão de todos os seus amigos — incluindo um ataque conjunto de Dorothy e Gwei-djen, que agiram na linha daquilo que as antigas famílias chinesas chamavam de "aliança da concubinagem" —, o romance acabou por se esvaziar, para alívio geral.

E, ao longo de todo esse tempo, havia o livro. Durante os dez anos em que exerceu o cargo de decano do Caius College, foram publicados mais quatro volumes — um sobre engenharia mecânica, dois sobre química e, em 1975, o alentado tomo de 400 mil palavras que é considerado, de modo geral, o melhor e mais abrangente, o famoso volume IV, parte 3, *Civil engineering and nautics*. Sete volumes estavam agora nas estantes; outros dez estavam sendo escritos, editorados e revisados; e outros dez achavam-se ainda na mente, abarrotada mas impecavelmente organizada, de Needham.

E o coro de admiração pelos volumes tornava-se cada vez mais entusiástico. George Steiner, cuja aprovação talvez fosse, na época, a mais importante entre a de todos os críticos, observou que Needham havia recriado, em *Science and civilisation in China*, um mundo de extraordinária densidade e presença:

Ele está, literalmente, recriando, recompondo uma China antiga, uma China de certo modo esquecida pelos próprios intelectuais chineses e praticamente desconhecida no Ocidente. Voltam à vida os alquimistas e os metalúrgicos, os topógrafos e os astrônomos da corte, os místicos e os engenheiros militares de um mundo perdido, através de uma intensa recaptura, de um discernimento empático que é atributo de um grande historiador e, mais que isso, de um grande artista.

Os livros podiam ser comparados favoravelmente, escreveu Steiner numa crítica em 1973, com *Em busca do tempo perdido*, pois "Proust e Needham fizeram da recordação um ato tanto de justiça moral quando de grande arte".

Foi contratado um pintor para fazer um retrato de Needham, destinado a figurar no Hall do Caius. Needham decidiu usar sua longa túnica azul chinesa, uma vez que o azul fora considerado, na China imperial, símbolo de um alto nível de prestígio, análogo ao prestígio de Needham na Grã-Bretanha, indicado pelo próprio retrato. Os retratos mais antigos, sob os quais os membros do colegiado jantam, são de teólogos em trajes de veludo, preguados; o de Needham está entre os mais recentes e, acima de seu retrato com sua vestimenta oriental, veem-se vitrais que mostram não pessoas, e sim as próprias realizações de outros membros do Caius — um diagrama de Venn em vidro colorido e uma dupla hélice de DNA, representada com esmero, conceitualizada por Rosalind Franklin, James Watson e um *fellow* do Caius, Francis Crick.

Needham deixou o cargo de decano em 1976, e com seu afastamento teve início uma lenta e contínua espiral descendente. Pela primeira vez, ele começou a perceber — e, mais ainda, admitir — que talvez não conseguisse cobrir toda a ciência chinesa no que lhe restava de vida. Talvez, comentou em voz alta, tivesse desejado abarcar o mundo com as pernas. Era evidente que precisava de ajuda — e não somente do tipo de assistência que Wang Lin e Gwei-djen tinham podido prestar. Precisava de alguém que pu-

318

Needham já era bastante eminente em 1963, três anos antes de ser eleito decano, para ter seu retrato a óleo no Hall do Caius College. A justaposição da régua de cálculo e da túnica de acadêmico insinua seu duplo fascínio pelo Oriente e pelo Ocidente.

desse, talvez, escrever um volume inteiro, que tomasse a si, sozinho, todo um tópico da história da ciência na China.

Embora relutasse em delegar parte do trabalho, acabou por fazê-lo: Francesca Bray foi a primeira a ser incumbida de um tema inteiro (agricultura, que veio a constituir o volume VI, parte 2). Mas o volume V, parte 1, de T. H. Tsien, sobre papel e impressão, foi publicado primeiro, em 1985, e com uma nota de Needham admitindo publicamente que, ao renunciar à ideia de escrever pessoalmente toda a série, havia chegado a um momento crítico. O projeto ainda era seu — ele fora seu arquiteto e o construtor das primeiras fileiras de tijolos. Mas as partes complementares, como as balaustradas e a cúpula do edifício, teriam de ser feitas por outros. A vida era demasiado breve para que as coisas se passassem de maneira diferente.

Ademais, ele havia chegado agora à senectude. Estava com 76 anos ao deixar o cargo de decano do Caius; com 85, frágil e encurvado, quando saiu o volume de Tsien sobre impressão; e a dois anos de seu nonagésimo aniversário quando veio à luz o volume de Francesca Bray sobre agricultura. A sabedoria da idade o levava a imaginar de que forma avançaria a série quando ele já não tivesse condições de escrevê-la — e sobretudo quando não estivesse presente nem mesmo para orientá-la.

De acordo com uma tradição do Gonville and Caius, as pessoas ligadas de perto ao *college* podem, durante a vida, utilizar duas portas antigas abertas nos muros da instituição. Entram, como estudantes de graduação, pela passagem que há setecentos anos é chamada de Porta da Humildade; e, na morte, se sua carreira lhes acarretou distinção, fama ou ambas as coisas, saem por outra, mais decorada e encimada por um relógio de sol. Chamada de Porta da Honra, raramente foi aberta, a não ser em ocasiões

320

extraordinárias. Joseph Needham já suspeitava que seu encontro marcado com essa segunda porta não demoraria muito.

No entanto, estava feliz: as pessoas que ele havia reunido a seu redor nos últimos anos decerto terminariam tudo, não importava o que acontecesse. A Cambridge University Press concordava plenamente: o projeto *Science and civilisation in China* era uma gema valiosa demais na coroa da editora — e também na coroa de Cambridge e na coroa do país — para que alguém pudesse pensar em abandoná-lo.

Needham e Gwei-djen agiram com habilidade para garantir a segurança permanente da vasta coleção de livros e manuscritos que haviam acumulado. Muito tempo antes, Needham tinha persuadido o colegiado da necessidade de duas salas para o projeto e, depois de uma luta renhida, em meados dos anos 1950 (pois em Oxford e Cambridge não há nada mais escasso do que salas, e é preciso que uma pessoa seja importantíssima para poder usar mais que uma), conquistou o direito de utilizar tanto sua antiga sala, a K-1, quanto a K-2, ao lado. Instalou Gwei-djen nesta última, e os livros em ambas. A quantidade de livros era gigantesca, o que obrigava que os assistentes de pesquisa fossem magros para poderem transitar pelos espaços estreitos entre as estantes.

Logo depois que Needham deixou de ser decano — sendo-lhe permitido, por cortesia, manter as duas salas por algum tempo —, Gwei-djen e ele misturaram seus livros. A seguir, constituíram uma fundação com duplo objetivo: manter o projeto em andamento e encontrar para ele uma sede permanente. Logo a fundação passou por uma mitose: continuou a existir, mas a ela se juntaram duas organizações irmãs, uma baseada em Hong Kong, destinada a levantar recursos para a sede do projeto, e a outra em Nova York, com o objetivo de captar recursos para que a obra continuasse a ser publicada.

Needham e Gwei-djen deram início a um intenso programa

de viagens à Ásia, fazendo discursos, participando de jantares, transpondo obstáculos e fazendo as várias acrobacias que constituíam os rituais necessários para persuadir gente rica e fundações a contribuírem com dinheiro. Quase toda vez que viajavam à China, tinham de suportar o purgatório gastronômico que eram os banquetes, muitas vezes encerrados com a entrega de condecorações. Needham enfrentava tudo isso com cortesia e travesso bom humor; certa ocasião, depois que lhe fora oferecida mais uma placa, uma medalha, um broche ou um pergaminho em chinês, ele comentou com a equipe de TV que registrava o evento: "Tudo isto... tudo isto para euzinho?".

O maior êxito da dupla se deu com um ex-mecânico de bicicletas de Cambridge, David Robinson, que tinha feito uma pequena fortuna na década de 1950 alugando televisores para britânicos pobres demais para comprá-los, investindo seus ganhos em corridas de cavalos e transformando com isso a fortuninha numa fortunona de verdade. No fim da década de 1970, ele estava fazendo uma dotação para um novo *college* em Cambridge, perto da Biblioteca Universitária (diante de uma das poucas quadras de jogo da pela na Grã-Bretanha), e, depois de um encontro num jantar e de uma série de longas conversas, dispôs-se a doar ao Fundo para a História da Ciência no Leste da Ásia, criado por Needham, um terreno dentro da área do *college*. Ele oferecia terra — algo raro e precioso na cidade de Cambridge.

Nesse terreno, imaginou Robinson, seria erguido um prédio que abrigasse todos os livros de Needham sobre a China, servisse como sede para a publicação dos vinte e poucos volumes restantes de *Science and civilisation in China* e permitisse a realização de pesquisas sobre vários aspectos da história chinesa. No devido tempo, tudo isso se tornou realidade; o Robinson College abriu as portas em 1980, e o Instituto de Pesquisas Needham fez o mesmo em 1987, o mesmo ano em que David Robinson chegou ao fim de sua vida longa e profícua.

A rainha inaugurou o *college*; o príncipe consorte lançou a pedra fundamental do instituto; e o vice-chanceler da universidade e o embaixador da China estiveram presentes para declarar o início das atividades do Instituto de Pesquisas Needham.

Mas esse projeto teve seu preço. As crises financeiras que acompanharam sua abertura foram profundas, além de agravadas por questões políticas e conflitos de egos, como tantas vezes acontece. Num momento especialmente difícil, um doador anônimo contribuiu com dinheiro suficiente para permitir que o projeto se mantivesse, ainda que aos trancos e barrancos. Esse doador desconhecido foi a própria Lu Gwei-djen, que abriu mão de parte de sua propriedade em Nanjing. Ela e Needham hipotecaram suas casas na Owlstone Road — a dele, a de número 1; a dela, a de número 28 — em benefício do fundo. E, com recursos pessoais (que não eram desprezíveis, pois Needham era tão judicioso em assuntos financeiros quanto em seu trabalho acadêmico), ele pagou a Francesca Bray, durante as pesquisas que ela fez sobre agricultura, o mesmo que havia pago a Wang Ling por sua ajuda nos primeiros volumes.

Entretanto, infelizmente, o trabalho estava cobrando seu preço em termos da saúde dos três protagonistas da história, agora bastante idosos e cada vez mais frágeis. Todo mundo notava isso. Alguns observadores ficavam chocados. No inverno de 1986, Needham esteve em Hong Kong, caminhando devagar e com dificuldade, ajudado por uma bengala, para pedir ainda mais recursos a donos de fortunas inimagináveis. Ao se levantar e sair andando lentamente, depois de dar uma palestra, uma de suas mais antigas amigas, Mary Lam, falou bem alto para a plateia: "Essa gente de Cambridge é muito cruel, mandando um velho como ele viajar pelo mundo para pedir dinheiro. Deem ao dr. Needham o que ele quer!". (E os presentes fizeram isso, contribuindo com 250 mil dólares.)

Dorothy Needham foi a primeira a morrer, três dias antes do Natal de 1987. A afeição que ela e Joseph tinham um pelo outro nunca esmaeceu. O tom amoroso que marcou a correspondência que trocaram nos primeiros tempos — perceptível em centenas de cartas e postais enviados da Suíça, da Albânia, de Babbacombe, da ilha de Mull, do O'Donnell's Sea Grill em Washington, D. C., e de todos os lugares imagináveis na China — permaneceu intacto durante todos os anos em que viveram juntos.

Dorothy — Li Dafei, "graciosa flor de ameixa" — tinha começado a apresentar os sintomas do mal de Alzheimer logo depois que Needham se aposentou. A partir de então, só pôde viajar muito pouco e não conseguia participar de nenhuma conversa a respeito da ciência a que havia dedicado a vida. Enquanto ainda estava lúcida, em 1979, foi eleita *fellow* honorária do Caius — uma das primeiras mulheres a ser admitida ao colegiado, três anos depois que o marido deixou o cargo de decano. Em ocasiões muito espaçadas, o casal jantava no Hall do *college*. Quando desorientada, Dorothy tinha de ser levada à sua mesa por um atendente, enquanto Needham, que agora usava uma cadeira de rodas empurrada por colegas, era levado da cozinha para o refeitório por meio do monta-cargas, junto com as verduras.

O último testamento acadêmico e o *magnum opus* de Dorothy Needham, escrito em 1972, foi um livro, *Machina carnis*, sobre o funcionamento dos músculos. Livreiros antiquários ainda o têm em estoque, cobrando até 250 dólares por um exemplar, e trata-se de um clássico. Para ela era um mistério o fato de não ser oficialmente reconhecida por sua universidade e só ser remunerada com subsídios de pesquisa, que não permitiam mais que uma existência precária e aos quais tinha de candidatar-se e recandidatar-se ano após ano ao longo de décadas de vida ativa. E isso apesar de suas qualificações e daquilo que o marido uma vez descrevera como sua "total falta de apego aos bens materiais".

Dorothy morreu serenamente em sua casa, em 22 de dezembro de 1987, com 92 anos, tendo vivido o suficiente para ser informada de que o instituto do marido tinha começado a funcionar — embora seja duvidoso que tenha compreendido direito a informação. Um batalhão de enfermeiras foi sua última companhia. À tristeza dos que a cercavam por ocasião de sua morte somava-se um claro alívio por verem enfim terminados os dez longos anos em que ela viveu em estado de demência.

Tampouco Gwei-djen estava bem. Embora, ao contrário de Needham, tivesse parado de fumar, fazia anos que apresentava sérios problemas pulmonares, causados provavelmente pelo fato de ter fumado um cigarro atrás do outro na juventude. Já em 1982, quando ela e Joseph viajaram às montanhas de Sichuan para inspecionar uma pintura rupestre que serviria de ilustração do primeiro canhão chinês em *Science and civilisation in China*, tinha acabado de sofrer a ablação parcial de um dos pulmões e teve de ser carregada até as cavernas numa liteira. Algum tempo depois, foi encontrada cambaleando pelo *college* no escuro — Joseph e Dorothy tinham ido ao cinema — e foi removida para um hospital, com o apêndice supurado. Em 1984, desmaiou num hotel de Shanghai e teve de ser levada para Hong Kong, onde foi tratada. Melhorou o suficiente para acompanhar Needham a Taiwan, onde passaram uma breve temporada que ambos descreveram como ótima. Mas o desmaio parecia indicar que as coisas não iam bem, e a partir de então seu aspecto tornou-se frágil, muito diferente da pimentinha que ela havia sido na juventude.

Essa história teve um final imprevisto. No começo do outono de 1989, Joseph Needham e Lu Gwei-djen se casaram.

A moça de Nanjing, que tinha recebido o nome do perfumado jasmim-do-imperador e de algo muito precioso, conhece-

Em 1989, mais de meio século depois de terem se conhecido, Needham e Lu Gwei-djen casaram-se em Cambridge. Ela morreu em 1991, e ele propôs casamento a três outras mulheres. Todas, educadamente, recusaram.

ra Joseph Needham em 1937 e deixara-se fascinar por ele no ano seguinte. Ele estava com 37 anos, ela com 33. Tornaram-se amantes e desde então haviam sido companheiros inseparáveis e dedicados. Agora, depois de ter esperado em segundo plano durante quase 51 anos, nos quais sua presença, essencial na vida de Joseph, fora plenamente aceita por Dorothy, Gwei-djen enfim se casava com o homem com quem partilhara essa paixão imorredoura.

Durante mais de meio século ele lhe devotara um afeto inabalável. Ela, por sua vez, dera a ele muito mais: entregara-se inteiramente, mas dera-lhe também outro presente de valor incalculável: a China. "Joseph construiu uma ponte entre nossas civilizações", observou ela na década de 1960. "Eu sou o arco que sustenta essa ponte."

Joseph e Gwei-djen casaram-se na capela do Caius College, na manhã de 15 de setembro de 1989, uma sexta-feira. As fotografias do casamento mostram os dois antigos amantes passando por um arco de arenito, ambos curvados e de cabelos inteiramente brancos, com Joseph — o mais frágil dos dois — apoiado num andador e em sua bengala castanha, Gwei-djen firmando-se com uma bengala de ratã com ponteira de prata. Ela usa um *cheongsam* azul com estampado de peônias; ele, um amarrotado jaquetão azul que já tivera melhores dias e uma gravata-borboleta azul. Na lapela, o distintivo da Grã-Cruz da Ordem da Estrela Brilhante. Ambos usam ramos de lírios e estão sorridentes. "Pode parecer meio surpreendente", disse Joseph no almoço comemorativo no Hall, "que dois octogenários estejam hoje aqui, mas meu lema é: Antes tarde do que nunca."

Aquele seria um casamento bastante breve, pois durou pouco mais de oitocentos dias. No fim do outono de 1991, ela escorregou e caiu num escuro restaurante de Cambridge, fraturando o quadril. Dias depois, imobilizada no hospital de Addenbrooke, apresentou uma dificuldade respiratória progressiva, sua tosse agravou-se e os antibióticos ministrados para combater a infecção em seu único pulmão, já muito lesado, mostraram-se ineficazes. No começo de novembro, os médicos decidiram removê-la para casa, onde ela faleceu, tranquilamente, no dia 28. No atestado de óbito, a causa mortis declarada foi broncopneumonia. Ela estava com 87 anos.

Toda a sua vida no Ocidente tinha sido pautada por uma verdade simples, uma coisa que seu pai — Lu Shih-kuo, o "Comerciante-Farmacêutico na Cidade de Nanquim" a quem Needham dedicou seu primeiro volume — tinha dito a ela antes que deixasse a China, em 1937: que, por mais estranhas que fossem as ações dos velhos chineses aos olhos da atual população do Ocidente, eles sempre sabiam o que estavam fazendo e sabiam também que um dia o mundo reconheceria isso.

Mas após a morte de Gwei-djen ocorreram certos fatos desagradáveis. Parentes até então desconhecidos escreveram de imediato a Needham, dizendo terem tomado conhecimento de que ela tinha deixado uma pequena fortuna em ações, cuidadosamente administrada, e exigiam boa parcela desses haveres. Ela não tinha feito testamento e, embora Needham tentasse assegurar o pleno cumprimento do desejo de sua falecida mulher — que a maior parte de seu patrimônio fosse para a fundação —, precisou fazer com que seus advogados disparassem uma barragem de cartas aos vários tios, tias e parentes afins que haviam escrito de maneira tão desabrida da China, do Canadá e do estado de Nova York, rejeitando a maioria de suas solicitações. Algumas reivindicações, entretanto, permaneciam pendentes quase duas décadas depois, em 2007, e estavam sendo acompanhadas diligentemente pelos advogados de Lu. As causas em questão são de uma complexidade e duração capazes de rivalizar com Jarndyce vs. Jarndyce.* Muita gente já disse que, infelizmente, os advogados, trabalhando a passo de cágado, hão de consumir uma porção substancial do dinheiro restante.

Entretanto, há um motivo curioso para que Lu não tenha feito testamento. No fim dos anos 1970 e começo dos 1980, o trabalho no livro se fazia num ritmo que alguns críticos diziam não conseguir entender. Já de idade bem avançada, Needham parecia ter perdido de vista a necessidade de um plano coerente para a conclusão do projeto e, devido a isso, por exemplo, escreveu quatro volumes separados (mas de estupenda irrelevância) sobre alquimia e os meteu à força na série. Isso provocou algumas recla-

---

* Referência à obra *A casa soturna*, de Charles Dickens, cujo enredo gira em torno de uma batalha legal interminável por causa de um testamento. (N. T.)

mações: não foram poucos aqueles que, em Cambridge, começaram a temer que, se Needham se permitisse outros caprichos excêntricos como esse, a série poderia jamais chegar ao fim. A preocupação tornou-se tão grande que levou um insuspeito defensor da obra e seu fundador a voarem a Nova York para assegurar ao principal patrocinador financeiro do projeto — o futurólogo e guru da computação John Diebold — que tudo estava correndo bem e que a série *Science and civilisation in China* seria completada (e ele foi bem claro ao dizer isso) em 1990. Essa foi uma previsão mais que temerária — e, quando Diebold se deu conta de que esse prazo seria ultrapassado em décadas, ficou compreensivelmente furioso.

Isso provocou muita discussão e recriminação entre Cambridge e Nova York, fazendo crescer no espírito de Needham e Gwei-djen, sempre teimosos e agora idosos, a convicção de que algum tipo de maquinação estava sendo engendrada em Nova York, a mando de John Diebold, para encerrar o projeto de uma vez por todas. Por conseguinte, e na época em que se casou com Joseph, Gwei-djen resolveu que não faria um novo testamento (como teria feito) até ter articulado uma estrutura financeira que, não importava o que fizessem os vilões de Nova York, garantisse o futuro dos livros — ou, como ela e Joseph agora insistiam em chamá-los, "nossos filhos". Entretanto, ela morreu sem completar seu plano.

Needham ficou desolado com sua morte — muito mais do que por ocasião do falecimento de Dorothy, quatro anos antes. E agora estava totalmente sozinho, pela primeira vez desde que tinha se casado com Dorothy, havia sete décadas. Ficou evidente que a súbita e inesperada falta de companhia feminina deixou-o desnorteado, e ele se apressou, impetuosamente (mas em sequência, e não ao mesmo tempo) a propor casamento, por carta, a três mulheres — todas da Ásia oriental, sendo uma delas a srta. Shih,

329

de Toronto, com quem tivera um caso breve, mas intenso, vinte anos antes. Todas elas declinaram da proposta.

Sua solidão se agravava pelo fato de que todos os seus contemporâneos acadêmicos já não eram mais vivos, e seus auxiliares no instituto eram rapazes e moças que, embora o servissem de todas as maneiras possíveis, tratando-o como a um imperador e demonstrando toda a deferência de cortesãos na Cidade Proibida, tinham pouco em comum com ele e estavam muito mais dedicados a suas próprias áreas de estudo.

Ele estava se debilitando também fisicamente. Achava-se encurvado devido a uma escoliose e tinha sido acometido de mal de Parkinson e outras doenças. Mas sua mente continuava afiada — rabugenta e afiada, diziam seus desafetos — e ele continuava a trabalhar, no começo dos anos 1990, na tarefa de Sísifo que impusera a si mesmo meio século antes.

Com o intuito de facilitar um pouco a sua vida, havia algum tempo ele se mudara para uma casa situada no terreno do Robinson College, perto do instituto. Não mais que dois minutos, na cadeira de rodas, o separavam do escritório ensolarado onde ele gostava de trabalhar. Essa casa, construída no estilo minimalista da década de 1930, tinha sido projetada para um dos casais mais famosos da universidade, o economista Michael Postan e sua mulher, a historiadora Eileen Power. Needham teria gostado de tomar conhecimento de um fato que acharia divertido: em 1930, em viagem à China, Eileen Power tinha ficado noiva de Reginald Johnston, o belo preceptor* do último imperador da China, Pu Yi. O compromisso fora desfeito em 1932.

Em 1992, o governo britânico concedeu a Needham a Ordem dos Companheiros de Honra, e ele foi levado ao palácio de

---

* Representado por Peter O'Toole no filme *O último imperador* (1987), obra-prima de Bernardo Bertolucci.

Buckingham, a fim de receber a cobiçada condecoração. Para a cerimônia, um de seus acompanhantes — desde a morte de Gwei-djen ele tinha um acompanhante em tempo integral, Stanley Bish — vestiu-o com uma bata chinesa de seda negra. Consta que Needham teria dito, longe, é claro, dos ouvidos da rainha: "Já não era sem tempo!". Muita gente considerava que ele deveria ter recebido um título num período anterior de sua vida, além do reconhecimento puramente acadêmico que havia acumulado. Mas ele se satisfazia com sua sorte e apreciou a singularidade conferida por esse título em particular. Um comunicado divulgado pela Royal Society dizia: "Joseph Needham, CH, FRS, FBA.* Pode-se contar nos dedos de uma das mãos o número de detentores vivos desses três títulos".

Ele trabalhou quase até o último dia de vida, tomando uma pílula de ginseng toda manhã, por acreditar que isso lhe prolongaria a existência. Só uma, pois Gwei-djen lhe dissera havia muito tempo que as duas que ele tomava eram excessivas. Ele adorava seu escritório: adorava estar cercado, quase encapsulado, sepultado, envolvido e enfaixado pelos milhares de livros e pilhas de papéis e rolos, por paredes cobertas de retratos e mapas, além dos arquivos de metal, extremamente bem organizados, que o ajudavam em seu trabalho. E havia também inúmeros objetos, atestados da amplitude notável de suas viagens e interesses.

Havia réplicas em argila de máscaras da ópera de Beijing. Peças de xadrez chinesas trazidas pela tia de Dorothy, Ethel. Uma sacola de uma destilaria de saquê de Kyoto. Um pedaço do muro de Berlim. Um pequeno ábaco. O modelo de um motor de balancim do século XIX. Um penico de criança "recolhido por Rewi Alley em Xinjiang". Sementes de um pé de chá de Meijiawu. Uma

---

* CH: Companions of Honour; FRS: Fellow of the Royal Society; FBA: Fellow of the British Academy. (N. T.)

ponta sibilante de flecha, de bronze, da dinastia Han. Uma caixa de marfim para guardar grilos lutadores. Um gatilho de balestra, provavelmente uma cópia Ming. Uma balança chinesa e um pé de chinelo. Um prendedor de charutos, gravado com caracteres chineses pelo próprio Needham. Dezenas de caixinhas para tinta de selos de autenticação, entre as quais uma descrita como "muito bonita", da era Qianlong, feita quando lorde Macartney visitou a China no fim do século XVIII. Uma placa que declarava que o dia 28 de outubro de 1984 era, oficialmente, o Dia de Joseph Needham no estado de Illinois. Dois pares de chinelos para pés atados. Um socador de arroz. Um pião de Sichuan. Um trenzinho de brinquedo e um pedaço de sua fieira. Dois brincos de Dorothy. Pilhas de horários e bilhetes de trem. Fotografias de igrejas pelo mundo afora. Fotos dele mesmo executando danças *morris*, ao mesmo tempo em que tocava acordeom ou fumava. Um quebra-cabeça chinês de madeira. Uma amostra de gesso. O modelo de uma colher usada no passado como ímã.

Todos esses objetos serviam como adjutórios, tal como o ginseng, pois Needham ainda conseguiu trabalhar (embora, cumpre dizer, cochilasse a maior parte do dia) durante os três anos seguintes — escrevia, arquivava, cochilava, escrevia. Era levado para o instituto, em sua cadeira, ao meio-dia e voltava para casa às cinco. Chegando lá, tomava sorvete, via programas da televisão chinesa e às vezes cantava. Certa vez cantou "The red flag" tão alto que o aconselharam a baixar o volume. Não faltava um dia ao escritório, mantendo a rotina de cinco horas em sua mesa, trabalhando no livro, e depois voltando a sua casa, para escrever cartas, tomar sorvete e dormir.

Em 23 de março de 1995, uma quinta-feira, ficou claro para todos que o fim estava próximo. Seus colaboradores no instituto notaram que ele estava muito fraco, e na manhã seguinte sugeriram-lhe que, pela primeira vez, ele tirasse o dia de folga. Afinal, era uma sexta-feira e ele bem que podia esticar o fim de semana. "Tudo bem", ele concordou. "Vou ficar em casa."

Needham levantou-se por algum tempo e depois sentou-se à mesa do café, com o aparelho de som tocando uma peça clássica. Ao meio-dia, suas enfermeiras o puseram na cama. O decano do Caius chegou de visita, sem ser anunciado, rezou uma breve oração com ele, dizendo que voltaria na manhã seguinte para lhe ministrar a Sagrada Comunhão. O ancião dormiu até o anoitecer, enrolado numa pele de carneiro.

Seu acompanhante perguntou-lhe se ele estava assustado. "Ah, não", respondeu, com voz débil. Christopher Cullen, seu sucessor como diretor do instituto, perguntou-lhe se estava sentindo alguma dor. "Não, nenhuma", ele respondeu baixinho. Mais tarde Stanley Bish escreveu que uma amiga e vizinha, a famosa historiadora de literatura Elinor Shaffer, o tinha visitado, embora dissesse que talvez não devesse fazê-lo, por estar muito resfriada. Levara um narciso, sinal de que o frio de março era, não obstante, o começo de outra primavera, a nonagésima quinta que Joseph Needham tinha vivido.

Ela se sentou a seu lado, narrou Bish, falando-lhe da recente turnê de palestras que tinha feito e achando que ele estava entendendo a essência do que ela dizia. Às 8h45 chegaram duas enfermeiras, e alguém disse a Joseph que ele era um felizardo por ter duas moças bonitas cuidando dele. Ele sorriu matreiramente — malicioso, feliz. Momentos depois Elinor Shaffer levantou-se para sair, pois alguém a tinha convidado para tomar uma xícara de chá na sala, ao lado do quarto de Joseph, antes de sair para o frio.

Ela ficou de pé e, segundo Bish, pegou a mão de Joseph, apertou-a e disse, alegre: "Adeus, Joseph... Em breve volto a ver você". E com isso Noël Joseph Terence Montgomery Needham, CH, FRS, FBA, deu um suspiro, muito leve — não houve dor, nem

arquejo, nada mais que uma extenuada aceitação do inevitável —,
e morreu.

Eram 8h55 da noite. Ele tinha vivido 94 anos e pouco mais
de três meses. Fora uma vida realmente pleníssima. Uma vida durante a qual, e em consequência de seu amor por uma chinesa, ele
havia trabalhado, sozinho, para mudar a maneira como as pessoas do Ocidente viam as do Oriente. Com isso, tinha conseguido
— um privilégio de poucos — dar uma contribuição importante
e positiva para o entendimento mútuo da humanidade.

Agora isso estava feito e finalmente chegara a hora de seu
compromisso na Porta da Honra.

人 去 留 影

*O famoso aforismo chinês em quatro caracteres, escrito com cuidada
caligrafia ao lado da lareira da antiga sala de Needham no Caius College:*
O Homem parte — perdura sua Sombra

A reverência pela história é tão grande em Cambridge que
provavelmente essa singular homenagem a Joseph Needham per-
manecerá ali durante décadas, talvez séculos.

Epílogo
Sem pressa, sem medo

Há 4 mil anos, quando não sabíamos nem ler, os chineses conheciam todas as coisas indubitavelmente úteis de que nos jactamos hoje.

Voltaire, *Dicionário filosófico*, 1764

Muita coisa mudou na China desde que o velho C-47 de Joseph Needham lá pousou, na primavera de 1943. A cidade onde ele teve sua base, Chongqing — ou Chungking, como se transliterava então para o alfabeto latino o nome da capital da China livre —, é hoje um lugar como existem poucos no mundo, uma cidade que cresce tão depressa e com tanto frenesi que fica difícil para quem quer que seja acompanhar a velocidade das mudanças. Chongqing é hoje a cidade mais populosa da China e, de acordo com certos critérios, pode ser considerada a maior cidade do mundo. Dentro de sua área metropolitana acotovelam-se 38 milhões de habitantes. O ritmo nervoso da vida dessas pessoas captura a essência concentrada de tudo — as coisas boas e as ruins — que define a entidade assombrosa e intimidatória que é a China de hoje.

O Yangzi ainda passa através da cidade, como sempre: uma lâmina turbulenta e serpenteante de grossa lama marrom, pontilhada de centenas e centenas de navios, sampanas, juncos, barcas e um número indefinível de outros tipos de embarcações, lerdas ou velozes. No entanto, o Yangzi talvez seja a única coisa que um visitante ao retornar hoje depois de muitos anos ausente seria capaz de reconhecer. Atualmente, oito novas pontes ligam os dois lados da cidade e oito novas linhas de reluzentes monotrilhos correm em elevados ao lado do rio. Aglomerados de arranha-céus surgiram em cada um da meia dúzia de centros comerciais, que de dia cintilam e de noite se tornam um pulsante e vertiginoso espetáculo de luzes em tecnicolor, uma espalhafatosa diversão urbana — listras de néon, amarelas e azul-real, a correr para cima e para baixo nas laterais dos edifícios altos, as barreiras de segurança piscando em tons de rosa, roxo e verde, as cúspides dos edifícios projetando estrelas e curvas sinuosas de luzes coloridas coroando réplicas de algumas das construções mais conhecidas do mundo: o edifício Empire State, o edifício Chrysler, a Grande Arche de la Défense.

Talvez os Needham e Gwei-djen ainda reconhecessem o Monumento da Libertação, uma coluna com um relógio (que antes tocava o hino maoísta "O Oriente é vermelho", mas agora só bate as horas com estrondo, à maneira do Big Ben), que já existia quando moraram lá. O monumento foi inaugurado na década de 1930, de início em homenagem a Sun Yat-sen; hoje comemora a derrota dos invasores japoneses em 1945. Eles talvez recordassem a estrutura... mas não o entorno. Há centenas de restaurantes, que vendem pipoca, sorvete e várias carnes não identificáveis; há lojas de celulares, fulgurantes lojas de departamentos e filas de rapazes e moças com cartazes que anunciam os biscates — tradução, pintura, limpeza de ouvidos, passeio de cães, serviços de pedreiro, ginástica — que estão dispostos a fazer para ganhar um trocado extra. Há uma massa fervilhante de gente de ar feliz, próspera, falante, barulhenta, bem-vestida, bem penteada e bem alimentada — todos chineses, enchendo a praça como se todos os dias fossem feriados e cada momento existisse só para eles, só para ser desfrutado. Moças da polícia feminina deslizam de patins entre as multidões, de olho atento; nas ruas laterais há pelotões da polícia de choque, por via das dúvidas. Todos parecem felizes. Todos são vigiados.

Os números que atestam o tamanho, o crescimento e a importância de Chongqing beiram o monstruoso. São de uma escala e uma envergadura que Needham, trabalhando diligentemente entre as ruínas e a devastação de sessenta anos atrás, jamais poderia ter imaginado. Seis décadas na vida de uma cidade que, como Chongqing, tem 1500 anos de história podem parecer quase nada — Londres mudou bastante nos últimos sessenta anos, assim como Paris, Cairo, Moscou e Roma. Entretanto, em sua essência, essas cidades ocidentais ainda são hoje quase iguais ao que sempre foram e são reconhecidas fisicamente por seu jeito, seus sons, seus cheiros. Mas esse, é claro, não é o caso de Chongqing: o mesmo intervalo de tempo trouxe a essa cidade mudanças que poucos outros centros urbanos no mundo já viveram, criando um mundo futuro, em parte *Blade Runner*, em parte Shinjuku, em parte a Londres dickensiana, que é totalmente irreconhecível, um lugar de tirar o fôlego.

A entidade municipal conhecida como Chongqing incorpora tanto a apinhada zona central quanto uma área semirrural oficialmente governada pela prefeitura, sendo que as duas juntas ocupam mais ou menos a mesma área do estado americano do Maine, um pouco menos que a Áustria e um pouco mais que a Tasmânia. A população de 38 milhões de habitantes coloca Chongqing numa categoria na qual aparecem menos cidades do que países de dimensões respeitáveis — a cidade tem uma população superior à do Iraque, por exemplo, maior que a da Malásia, maior que a do Peru.

A aritmética é implacável. A cada dia, oitocentos bebês nascem em Chongqing e quinhentas pessoas morrem — muitas delas de enfisema, já que a qualidade do ar é péssima, ou por suicídio, tão intensos se tornaram os novos fenômenos urbanos de angústia e anomia. A cada dia afluem para a cidade 1300 pobres da área rural, tentando pôr as mãos numa parte da riqueza gerada ali tão ostensivamente. Com isso, cerca de 1600 novos habitantes se somam diariamente à população — é como se toda a população de Luxemburgo fosse acrescentada à cidade a cada ano.

Para acomodar esses números, levantam-se novos arranha-céus com arrebatada desinibição. Os incorporadores mandam e desmandam. As casas velhas, as encantadoras vielas de cortiços conhecidas como *hutongs*, templos budistas e confucionistas, fábricas ao estilo soviético, escolas construídas nos anos 1950 — tudo isso é posto abaixo por equipes de demolição e tratores, e sobre suas ruínas erguem-se centros comerciais rutilantes, torres de escritórios e selvas de edifícios de apartamentos, num frenesi incessante de construção.

Houve uma breve pausa na primavera de 2007, quando um casal simpático e contestador de Chongqing causou estardalhaço ao se recusar a deixar sua velha casa de vila, alegando que a indenização oferecida era irrisória. A propriedade permaneceu intocada durante semanas, uma ilha de tijolos solitária encarapitada no alto de uma coluna de terra, no meio de um enorme buraco de lama, com os incorporadores do novo projeto — um edifício de escritórios — esperando como abutres, ao redor do canteiro de obras, que a justiça determinasse a retirada dos proprietários da casa velha. Como era de prever, a justiça fez exatamente isso, mas o impasse causado pela chamada "casa-prego", por ter ficado parecida com um prego fincado no meio do canteiro, impedindo o

338

prosseguimento dos trabalhos, tornou-se uma sensação mundial. Sua foto apareceu na primeira página do *New York Times*, e as pessoas comentavam que o caso exemplificava a luta pelos direitos do chinês comum contra os direitos do comércio, da cobiça e do progresso.

Por fim, por mais simbólica que tenha sido a batalha, os proprietários perderam, os incorporadores ganharam e a marcha do progresso chinês foi retomada. Chongqing ficou um pouco mais moderna e seu perfil um pouco mais espetacular; a casa-prego foi esquecida, e o casal, agora visto mais como ranzinza do que como simpático, pegou seu dinheiro e mudou-se para um prédio novo num subúrbio qualquer. Uma torre imensa ocupa hoje o lugar onde ficava a casinha.

Chongqing é também um lugar da mais acachapante pobreza, um estado de coisas que se faz ainda mais melancólico quando se pensa que a economia da cidade cresce 14 milhões de dólares a cada dia e que a cada noite mais 14 mil metros quadrados de novos escritórios se somam à metragem já disponível. Essa miséria é penosa sobretudo quando vista — um mendigo aleijado aqui, uma criança andrajosa e doentia ali, um músico de rua macilento e faminto à espera de moedinhas — contra um fundo de filas de reluzentes BMWs parados em engarrafamentos, dúzias de guindastes em canteiros de obras, caros restaurantes tailandeses frequentados, na hora do almoço, por modelos elegantes usando o *qipao*, boates que cobram sem pejo uma entrada de cem dólares e ficam cheias de chineses até de madrugada.

O lado sombrio de Chongqing é também bastante significativo, ainda que praticamente invisível. Em quase todas as esquinas veem-se soldados do esfarrapado exército de desempregados, carregadores equipados com grossas varas de bambu dispostos a carregar qualquer coisa, desde um gigantesco guarda-roupas até um passarinho engaiolado. Consta que há 100 mil desses homens, que têm sorte quando ganham um dólar por dia fazendo um trabalho que lhes garantirá a morte bem antes dos cinquenta anos. Há mendigos. Catadores de lixo. Prostitutas de aspecto doentio, artistas de rua e um número alarmante de crianças vendendo flores — crianças de seis anos que trabalham até tarde da noite, quando as mães terminam seus turnos como garçonetes em restaurantes das redondezas ou como "*escorts*" em bares suspeitos na área do cais.

E há ainda, é claro, a onipresente e forte poluição, quase inacreditável. Há dias em que a pessoa acorda e não consegue ver um único edifício em meio ao denso nevoeiro amarelo-castanho, em que a luz do sol, mesmo ao meio-dia, muitas vezes não passa de um vago clarão acobreado. Chongqing é uma das pouquíssimas cidades chinesas em que, já há muito tempo, não se veem bicicletas — por causa das ladeiras íngremes —, e por isso as ruas estão atulhadas de carros e irritantes motonetas que fazem um barulho de insetos, todos vomitando gases no ar pestilento e só piorando a situação. A cidade produz 3500 toneladas de detritos a cada dia, das quais nada se recicla. Tudo é enterrado em enormes covas abertas nos arrabaldes, onde lixo, aterro e plásticos são dispostos em camadas superpostas, como uma lasanha, até a cova encher. Então, a área é coberta de terra e semeada, e nela surge um campo de golfe.

Joseph Needham e Gwei-djen voltaram a Chongqing em 1982, e passaram uma tarde andando de um lado para outro, procurando em vão a casinha em que ele tinha morado quarenta anos antes. Já nos anos 1980 a cidade estava passando por mudanças monumentais, e a ruela onde ficava sua casinha parecia não existir mais; nem aparecia em mapa algum. Os dois desistiram depois de mais ou menos uma hora, reclamando do progresso que havia tomado conta da velha cidade.

No entanto, sentiam-se mais pesarosos que irritados. Needham sempre tinha achado que, mais cedo ou mais tarde, a China passaria por um processo desses. Era simples questão de tempo, e a Chongqing que eles viram em 1982 foi para os dois uma amostra do futuro que ele tinha previsto, e não uma lembrança do passado de que tinham saudade. Somente o grande rio, a correr solene, com os rebocadores a vapor apitando e os enormes cargueiros avançando com ruídos surdos pelas docas, constituía uma cena reconfortantemente inalterada.

No entanto, muitas outras coisas na China, mesmo hoje, resistem a mudanças. Os rios e a paisagem estarão sempre lá, naturalmente, para proporcionar um pano de fundo, um clima e aspectos indeléveis da geologia e da topografia. Algumas criações humanas também têm permanecido quase imutáveis ao longo dos anos, apesar das modificações que a prosperidade possa ter causado superficialmente na China.

A língua escrita, por exemplo — exatamente aquilo que tanto encantou Needham quando conheceu Gwei-djen, em 1937 —, permanece intacta, praticamente sem nenhuma alteração desde suas origens, há mais de 3 mil anos. O mesmo acontece com a culinária — a massa de trigo no norte, o arroz no sul e os pauzinhos em todo o país, como acontece há trinta séculos. A música, sem paralelo no tocante a registro, timbre, tonalidade e ritmo, pode sofrer influência de modismos de nossa época, mas uma canção da dinastia Tang seria perfeitamente reconhecida hoje, e mesmo a mais moderna das óperas de Beijing é profundamente influenciada pelo arcaico e pelo tradicional.

O aspecto físico dos chineses Han também persiste. Talvez a população chinesa não seja tão homogênea, etnicamente, quanto os japoneses ou os coreanos. Mas os chineses são diferentes de muitos outros povos continentais — americanos, russos, europeus — no sentido de que pertencem obviamente a uma única raça, bastante avessa à diluição ou à mudança, e dão clara preferência (como os tibetanos podem facilmente comprovar) a períodos prolongados de estabilidade étnica e a uma expansão cautelosa mas contínua.

Dentro desse quadro de imutabilidade, existe também, facilmente discernível, outra coisa que resiste à mudança — algo que só pode ser descrito como uma "atitude". Trata-se de um "estado de espírito", que os estrangeiros — e todos os não chineses são estrangeiríssimos na China — podem vez por outra achar cansativo ou insuportável, mas que decerto existe e bem à flor da pele dos chineses. É uma atitude, pode-se argumentar, gerada pela própria realização que Joseph Needham tentou catalogar e descrever em sua série de livros. É uma atitude de inelutável e autoconsciente "superioridade" chinesa, resultado da antiguidade e longevidade das realizações do povo chinês.

Uma lista de feitos chineses — uma delas pode ser vista no Apêndice i — ilustra a forma como, em quase todos os aspectos de suas atividades, a população da velha China parece ter sido imbuída de um profundo desejo de melhoria cultural — para tornar a vida mais fácil, melhor e mais verdadeiramente civilizada do que em qualquer outro lugar do mundo. Nesse único sentido, a consequência cumulativa da lista de Needham é incontestável: ao inventar um estribo, uma bússola, uma folha de papel de impressão, um carrinho de mão ou uma ponte pênsil, os chineses estavam sempre dedicados a tornar a vida cada vez mais confortável para si mesmos.

Ao mesmo tempo, porém, havia sempre um aspecto negativo nesse progresso interminável — pelo menos no que se referia aos estrangeiros. O próprio fato de os chineses terem realizado tantas coisas e tão depressa (quinze invenções extraordinárias por século, Needham calculou certa vez) parece ter gerado uma sensação de autossatisfação e superioridade, uma espécie de presunção nacional que levou o imperador Qianlong a dirigir a lorde Macartney o comentário que ficou famoso: "Nós temos de tudo. [...] Não preciso das manufaturas de seu país". Era inevitável que essa fatuidade autocontemplativa, esse húbris, contribuísse para os problemas que levaram o império, com o tempo, a patinar e cair, e conduziram à pobreza e ao atraso que caracterizaram a China durante tanto tempo.

Entretanto, a China não é mais nem pobre nem atrasada. E é uma ironia da história que o sucesso da China moderna decorra, em alto grau, exatamente dessa sensação — que ocidentais agastados como lorde Macartney poderiam afirmar ser uma sensação peculiar e irritantemente chinesa — de autoconfiança, de uma certeza inabalável quanto à sua posição no centro do mundo. E toda essa confiança deriva dos robustos alicerces da civilização que a China lançou para si mesma há tanto tempo. Needham catalogou em minúcia a vigorosa antiguidade dessa civilização, ilustrando os motivos para toda essa autoconfiança — o grau sem paralelo de autoconhecimento que contribui para tornar a China o que ela é.

Porque não são a seda, o chá, a burocracia e a precedência na invenção da bússola que fazem da China o que ela é. O que torna a China diferente é a sensação, alimentada pelo tempo, de convicção interior engendrada por esse vasto conjunto de invenções.

Joseph Needham reconheceu e admitiu tudo isso e, no entanto, afligiu-se durante décadas com um único aspecto da história da China que parecia em desacordo com a história principal: o fato curioso de que, após séculos de criatividade científica e tecnológica, tudo na China pareceu empacar de repente.

Todos os inventos foram feitos essencialmente pelos chineses do passado distante — pelos chineses antigos que viveram antes da era cristã europeia, pelos chineses que viveram quando a

Europa ainda estava em sua Idade Média e pelos chineses dos séculos XII e XIII europeus. Ao chegar o século XVI, quando o Renascimento estava em pleno curso na Europa, foi como se a China subitamente estancasse: a energia começou a refluir e secar.

E desde aquela época — o ano de 1500 d. C. é visto como a data aproximada da reviravolta — quase todo o avanço científico moderno transferiu-se para onde ainda está hoje, tornando-se domínio quase exclusivo do Ocidente.

Isso intrigou Needham desde a época em que ele conversou pela primeira vez sobre o assunto com Lu Gwei-djen em Cambridge, no fim dos anos 1930. A questão o perseguia incessantemente e permeou uma parte tão grande do que ele veio a escrever mais tarde que ficou conhecida como a "pergunta de Needham".

Se os chineses foram tão criativos, do ponto de vista tecnológico, durante tanto tempo — perguntava Needham —, e se inventaram tantas coisas na Antiguidade, por que a ciência moderna não se desenvolveu na China, e sim na Europa e no Ocidente? Por que a China não conseguiu manter a dianteira e sua superioridade criativa? Por que nunca ocorreu uma verdadeira revolução industrial na China? Por que o país não adotou o capitalismo com decisão? Por que, durante os séculos XVIII e XIX, a China se tornara uma nação vista sobretudo como atrasada, hostil e pobre? Por que a brilhante nação do passado veio a se transformar depois na "nação boba", como a chamou Emerson?

Joseph Needham nunca chegou a respostas cabais. Talvez isso tenha acontecido porque ele estava próximo demais do tema, vendo muitas árvores mas não uma parte significativa da floresta. E, embora ele tentasse dar algumas respostas em seu volume final, nunca pareceu plenamente convencido de seus próprios argumentos e nunca explicou plenamente suas razões. Coube a outros enfrentar o desafio em seu lugar.

O somatório das conclusões dessas pessoas é que a China, basicamente, *parou de tentar*.

Os chineses poderiam ter realizado muitas coisas. Por exemplo, se fossem dotados da "mania europeia de experimentar e melhorar", como afirmou o sinólogo Mark Elvin, é provável quer tivessem feito uma máquina de fiar eficiente no século XVII. Talvez fosse mais complicado para eles fazer uma máquina a vapor, "mas isso não deveria ter causado problemas insuperáveis para um povo que já construía lança-chamas com êmbolos de duplo efeito durante a dinastia Song. O ponto crucial é que *ninguém tentou*".

O motivo exato por que os chineses pararam de tentar é uma questão que há de provocar altercações e debates entre os sinólogos até a Grande Muralha se desfazer em areia. Alguns dizem que foi porque nunca existiu na China uma classe mercantil a que jovens competentes pudessem aspirar a pertencer. Durante séculos, o pináculo da ambição de um estudante chinês sempre foi participar da burocracia, e não entrar para um mundo inexistente de competição e aperfeiçoamento — e, na ausência dessa força motriz, reinou o marasmo, o incentivo se atrofiou e a mediocridade tornou-se a norma.

Outros apontam para o gigantismo de um Estado que durante longos períodos de sua história esteve culturalmente unificado num bloco vasto e homogêneo. Já na Europa sempre houve uma tropelia de povos e Estados, concorrentes e belicosos, que viveram coletivamente centenas de anos de ambições competitivas. Se a Itália precisava produzir um canhão melhor que o da França, seus tecnólogos eram instados a tentar fazê-lo. Se os instrumentos náuticos britânicos eram mais avançados dos que os inventados pelos alemães, a Inglaterra ganhava uma ampla vantagem marítima, e os alemães eram forçados a tentar a aprimorar os seus.

Mas na China antiga não havia nada dessa competição interna, a não ser, talvez, naqueles períodos em que o país foi abalado por conflitos e guerras civis. Normalmente, os soldados em Urumchi usavam as mesmas armas que os de Guangzhou, e os fazendeiros manchus empregavam o mesmo tipo de arado usado pelos de Kashgar. Existia abundância de tecnologia no exterior, mas os chineses tinham tão pouca necessidade de competir que não havia nenhuma pressão no sentido de aperfeiçoar as coisas ao longo dos séculos.

Há ainda quem culpe o ambiente interminável de totalitarismo na China — quer o imposto pelos imperadores, quer o criado pelos comunistas —, que também minou a determinação dos empreendedores e dos inovadores. O húngaro Étienne Balazs, que talvez tenha sido o maior estudioso do sistema político chinês no século XX, escreveu:

> É o Estado que mata o progresso tecnológico na China, não só no sentido de cortar pela raiz tudo aquilo que contraria ou parece contrariar seus interesses, como também por causa do isolacionismo implantado inexoravelmente pela *raison d'État*. O clima de rotina, de tradicionalismo e de imobilismo, que torna suspeita qualquer inovação ou qualquer iniciativa não determinada e sancionada de antemão, é nocivo ao espírito de livre investigação.

Outros, em geral acadêmicos, afirmam que a questão está mal formulada e que, em vez de perguntar por que a ciência moderna não se desenvolveu na China, deve-se perguntar por que ela se desenvolveu na Europa. Pedir a explicação de uma negação, dizem, é se lançar numa missão impossível.

Seja qual for a razão, o fenômeno pode ser visto atualmente antes como um hiato, um soluço na longa história da China, do que como uma condição permanente. A China de hoje passou de novo por uma mudança tão profunda — tornou-se tão rica, enérgica, exuberante, impressionante e espetacular — que a situação que chamou a atenção de Joseph Needham e do pequeno exército de sinólogos que seguiram seus passos talvez tenha, ela própria, perdido a razão de ser.

Parece claríssimo que a criatividade, uma inventividade verdadeira, está começando a fluir nas veias da China outra vez, com a nova prosperidade do país. Ele não é mais o vazadouro de deterioração e decadência que foi há não mais de vinte anos. Hoje em dia, em todos os campos — na ciência e na tecnologia, na literatura e nas artes plásticas —, a nova China está entrando numa era de intensa atividade e de energia empreendedora.

Se esse processo tiver continuidade, talvez algumas pessoas concluam que a "pergunta de Needham" na verdade nunca precisou ser feita. Talvez a China tenha realmente reduzido suas luzes durante três ou quatro séculos. Talvez a dinastia Qing (e o meio século de tumulto que se seguiu a ela) jamais passe para a história chinesa como uma época áurea, nunca seja vista como outra dinastia Tang ou outra dinastia Song. Para a China, porém, isso pouco importa: a história do país é tão longa que algumas centenas de anos em que a vida foi mais fosca e melancólica do que de costume pouco significarão no grande conjunto das coisas. Os especialistas continuarão a quebrar a cabeça com o problema, mas, como parece agora improvável que o período de seca intelectual se espraie para o futuro da China, o esforço poderá se revelar absolutamente infrutífero.

Uma pergunta mais interessante é a seguinte: Com que rapidez e competência a nova China conseguirá capitalizar sua bagagem histórica? Needham declarou com absoluta confiança que

347

no devido tempo ela faria isso. E ele sempre soube que o valor de seus livros estava exatamente na capacidade que tinham de definir em que consistia essa bagagem e, assim, indicar para um mundo atônito onde e como a nova China e os novos chineses encontrarão agora sua maior vantagem. Esses livros constituem um guia de onde a China esteve e para onde irá a seguir.

O terceiro volume de *Science and civilisation in China* — o primeiro volume "real", publicado em 1959, no qual Needham começa a narrar os primeiros sucessos práticos da ciência chinesa — é dedicado à matemática e, em grande parte, à sedução imemorial exercida sobre a China pelos astros. Como epígrafe do livro, Needham escolheu um texto do eminente sinólogo vienense Franz Kühnert, que em 1884 escreveu o seguinte:

> Outra razão pela qual os europeus consideram os chineses bárbaros está relacionada ao apoio que eles dão a seus astrônomos — pessoas que nós, mortais ocidentais, consideramos inteiramente inúteis. No entanto, lá eles ombreiam com chefes de departamentos e secretários de Estado. Que barbárie assustadora!

Talvez, dizem algumas pessoas, Franz Kühnert tenha cometido um equívoco, pois decerto pretendia se referir a astrólogos, e não a astrônomos. Na verdade, porém, isso não importa. O ponto essencial continua o mesmo. Desde a Antiguidade, os chineses se mostraram deslumbrados com o céu e os fenômenos celestes, e vieram a conhecer e mapear as estrelas e os planetas, em minúcias, séculos antes de qualquer observador do céu no Ocidente. Os mapas estelares que Needham viria a estudar nas grutas de Dunhuang ocupam uma posição destacada em seus estudos: mostram como a China era obcecada com o universo, com o quadro geral, com a vastidão da história e da geografia. Os mapas demonstram que os chineses eram capazes de pensar grande, de "pensar em oceanos", como Needham tinha sido aconselhado a proceder tanto tempo antes.

Há um lugar no extremo oeste do país, no deserto, onde hoje, surpreendentemente, encontramos os chineses fazendo exatamente isso. É um lugar onde Needham esteve quando ia para as grutas de Dunhuang, dirigindo seu caminhão resfolegante pela velha Rota da Seda. Hoje em dia, quase toda a Rota da Seda é uma moderna rodovia de quatro pistas. Mas, depois de mais ou menos 1500 quilômetros, a Grande Muralha, que do lado norte corre paralela à estrada, começa a sumir aos poucos. A pista se estreita e logo se torna mais acidentada. O deserto de Gobi chega até a beira da estrada, literalmente, e nesse ponto, com as cordilheiras denteadas ao sul e o deserto vazio adiante, a Rota da Seda pode parecer, de repente, tão longe do mundo quanto no passado, quando era percorrida por cameleiros árabes e mercadores mediterrâneos a caminho de Medina, de Antioquia e do mundo em geral.

E então, duas horas depois da aldeia de Shandan, para onde Rewi Alley transferiu sua escola, chega-se a uma cidade que decididamente não pertence ao deserto nem à fronteira remota. Chama-se Jiuquan, e é conhecida popularmente como o lugar onde nasceu o primeiro pé de ruibarbo e também como a cidade onde um antigo explorador jesuíta, Bento de Góis, foi assaltado e morreu na miséria no começo do século xvii. Não existe atualmente em Jiuquan nenhuma comemoração histórica — não há uma placa referente ao ruibarbo, nem o túmulo do padre Góis —, mas existe uma cidade tão moderna e nova em folha quanto qualquer exemplo de abastado subúrbio americano. No ermo cinzento e arenoso do sul do deserto de Gobi surgem, de repente, dezenas de edifícios novos, cada um deles representando a contribuição ex-

349

perimental de um arquiteto jovem e imaginativo. Há ainda avenidas largas, viadutos enormes sobre vastas extensões de savana, guindastes ajudando a construir mais edifícios de apartamentos para uma população que, a julgar pela aparência fantasmagórica do lugar, ainda não chegou lá.

Jiuquan é um centro espacial — um dos três mais importantes centros chineses de lançamento de satélites, enterrado nas bordas planas e ensolaradas do deserto de Gobi. O lugar começou a ser ocupado em 1958 — apenas treze anos depois que Needham passou por ali.

Naqueles tempos ultrassecretos, foi ali que se fizeram os primeiros testes de mísseis superfície-superfície para as divisões de artilharia estratégica do Exército Popular de Libertação. O primeiro míssil capaz de transportar ogivas nucleares subiu à estratosfera, a partir de Jiuquan, em 1966. Hoje em dia, a plataforma de lançamentos, invisível da rodovia, põe em órbita satélites comerciais com um índice de sucesso de 100%, como se afirma. Em outubro de 2003, os técnicos de Jiuquan lançaram ao espaço o primeiro astronauta chinês, Yang Lingwei, que se tornou herói nacional. Durante o primeiro meio século de existência de Jiuquan, o acesso era vedado a todos, exceto os profissionais que ali trabalhavam e as autoridades do partido; agora, depois das catorze órbitas bem-sucedidas de Yang, a cidade e o centro espacial acham-se abertos a turistas. Mas esses turistas são apenas chineses. Estrangeiros não entram ali. Ainda não.

Joseph Needham teria gostado de passar algum tempo em Jiuquan, nem que fosse só para ver o cartaz afixado num gigantesco pórtico na entrada da cidade. Escrito com enormes caracteres vermelhos, e em letras colossais, em chinês e inglês, o cartaz proclama um sentimento que Needham prontamente subscreveu, desde o momento, em 1948, em que começou a escrever seu livro. Talvez desde sua primeira viagem à China, em 1943. Ou talvez

350

quando conheceu Lu Gwei-djen e ela o apresentou à língua chinesa, em 1937.

O cartaz, de maneira simples e direta, afirma: SEM PRESSA. SEM MEDO. NÓS CONQUISTAMOS O MUNDO.

Depois de 5 mil anos de paciente espera, observação e aprendizado, chegou enfim a hora do encontro marcado da China.

E Joseph Needham não teria medo disso. Tampouco ficaria surpreso.

Apêndice I
Invenções e descobertas chinesas com a data da primeira menção

O simples fato de vê-las relacionadas dá uma ideia da assombrosa inventividade do povo chinês.

Joseph Needham, 1993, publicado em 2004
Science and civilisation in China, volume VII, parte 2

Ábaco	190 d. C.
Abaulamento de rodas de carruagens	
Aço, produção pelo método de cofusão	Século VI d. C.
Açúcar de malte, produção do	Primeiro milênio a. C.
Acupuntura	580 a. C.
Aiveca	Século II a. C.
Alambique (tipo chinês)	Século VII d. C.
Álcool de grãos obtido por processo especial de fermentação	Século XV a. C.
Algoritmo para a extração da raiz quadrada e da raiz cúbica	Século I d. C.

Altas temperaturas, cozedura de argila a	Segundo milênio a. C.
Alto-forno	Século III a. C.
Amálgamas metálicos para preenchimento da cárie	659 d. C.
Amianto, tecido de	Século III a. C.
Ampulhetas	1370 d. C
Análise indeterminada	Século IV d. C.
Anatomia	Século II d. C.
Âncora desencepada	Século I d. C.
Anemômetro	Século III d. C.
Arcubalista de múltiplas molas	Século V d. C.
Arcubalista de múltiplos dardos	320 a. C.
Arma de fogo manual	1128 d. C.
Arnês, coleira	477 d. C.
Arnês, correia de peitoral	250 a. C.
Balão, princípio do	Século II a. C.
Balestra	Século V a. C.
Balestra giratória	240 d. C.
Balestra, com pente de projéteis	Século XIII d. C.
Balestra, gatilhos de bronze para	300 a. C.
Balestra, mira reticulada para	Século I d. C.
Baralho	969 d. C.
Barcos e navios movidos a roda de pás	418 d. C.
Beribéri, identificação do	1330 d. C.
Bobinagem de fios	1313 d. C.
Bolina central e de sotavento	751 d. C.
Bomba de ferro fundido	1221 d. C.

Bomba, lançamento por catapulta	1161 d. C.
Bronze com alto teor de estranho para fabricação de espelhos	
Brotos para fins terapêuticos e nutricionais	Século II a. C.
Bússola (peixe flutuante indicador do sul)	1027 d. C.
Bússola de agulha magnética	1088 d. C.
Bússola magnética usada em navegação	1111 d. C.
Cadeia de transmissão	976 d. C.
Cadeiras dobráveis	Século III d. C.
Calibrador	9 d. C.
Câmara escura, explicação da	1086 d. C.
Carrinho de mão com velas	Século VI d. C.
Carrinho de mão de montagem central	30 a. C.
Carrinhos de mão	681 a. C.
Carruagem a vela	Século XVI d. C.
Carruagem indicadora do sul	120 d. C.
Carvão como combustível	Século I d. C.
Carvão, briquetes de pó de	Século I d. C.
Casa decimal, valor da	Século XIII a. C.
Catapulta (simples)	Século IV a. C.
Catavento meteorológico	120 a. C.
"Cavalo" para transplante de mudas	Século XI d. C.
Cereais, conservação de estoques de	Século I a. C.
Chá como bebida	Século II a. C.
Chuva e neve, aparelhos para medição de	1247 d. C.
Ciência do solo (ecologia)	Século V a. C.
Cítara *qin* e *se*	
Cobre negro *wu tong*	Século XV d. C.

Cobre, recuperação a partir de águas de minas	Século XI d. C.
Cometas, observação da direção das caudas de	635 d. C.
Comportas	Século III a. C.
Comportas de canal	984 d. C.
Conservação de cadáveres	166 a. C.
Conversão recíproca do movimento retilíneo e circular	31 d. C.
Coordenadas polares e equatoriais	Século I a. C.
Correia de transmissão	Século V a. C.
Corrente de ar descendente	Século I a. C.
Cortina de fumaça	178 d. C.
Culturas, rotação de	Século VI a. C.
Cunhagem de moedas	Século IX a. C.
Datação de árvores pelo número de anéis dendríticos	Século XII d. C.
Descaroçadora movida a manivela e pedal	Século XVII d. C.
Diabetes, associação com alimentos doces e gordurosos	Século I a. C.
Diques e pôlderes contra inundações	Século I a. C.
Disco giratório para corte de jade	Século XII d. C.
Dobrador e torcedor de seda	Século X d. C.
Doença, ritmos diurnos em	Século II a. C.
Doenças carenciais	Século III d. C.
Dominós	1120 d. C.
Drogas contra a malária	Século III a. C.
Eclusas com dispositivos de retenção de areias auríferas	Século XI d. C.
Efedrina	Século II d. C.

355

Engrenagens com dentes em V	50 d. C.
Enxertia	806 d. C.
Equações de ordem superior, resolução de	Século XIII d. C.
Equilíbrio, teoria do	Século IV a. C.
Erosão e deposição de sedimentos, conhecimentos sobre	1070 d. C.
Escadas extensíveis	Século IV a. C.
Escala musical temperada, formulação matemática da	1584 d. C.
Escapo para relógio de Yi Xing e Liang Lingzan	725 d. C.
Escova de dentes	Século IX d. C.
Espelho com superfície translúcida	Século XI a. C.
Espelhos mágicos	Século V d. C.
Estalactites e estalagmites, registros de	Século IV a. C.
Estante de livros de eixo vertical	544 d. C.
Esterilização pelo vapor	980 d. C.
Esteroides urinários	1025 d. C.
Estrelas, movimento das	725 d. C.
Estribo	300 d. C.
Ferro fundido	Século V a. C.
Ferro fundido maleável	Século IV a. C.
Fertilizantes	Século II a. C.
Flechas impelidas por foguete	Século XIII d. C.
Flechas impelidas por foguete e aladas	1360 d. C.
Flechas impelidas por foguete, lançadores de	1367 d. C.
Flocos de neve, estrutura cristalina hexagonal dos	135 a. C.

Fogos de artifício	290 d. C.
Foguetes de dois estágios	1360 d. C.
Fole de ação dupla com êmbolo, de bronze	Século VI a. C.
Forno de cerâmica	Século II d. C.
Forno reverberatório	Século I a. C.
Fósforos	577 d. C.
Fumigação	Século VII a. C.
Gabião antierosivo	Século III a. C.
Glúten do trigo	530 d. C.
Grande Muralha da China	Século III a. C.
Gravimetria	712 d. C.
Guan xien, sistema	240 a. C.
Guarda-chuva e dobrável e outros artigos análogos	Século V a. C.
Harmônicas de boca	Século IX a. C.
Helicóptero, rotor de	320 d. C.
Higrômetro	120 a. C.
Hodômetro	110 a. C.
Ímã, colher indicadora do sul	83 d. C.
Impressão com blocos de madeira	Século VII d. C.
Impressão com tipos de bronze	1403 d. C.
Impressão em cores	Século XII d. C.
Impressão em papel com tipos móveis de cerâmica	Século XI d. C.
Instrumentos musicais de cordas	Século IX a. C.
Janelas basculantes	Século V a. C.
Joeiradora	Século I a. C.

Lampiões a óleo econômicos	Século IX d. C.
Lança arremessada por carga de pólvora	950 d. C.
Lança-chamas (bomba de ação dupla para líquidos)	919 d. C.
Laqueação	Século XIII a. C.
Leme axial	Século I d. C.
Livro científico impresso	847 d. C.
Livro impresso, o primeiro a que se pôde atribuir data	868 d. C.
Macarrão, inclusive pão	100 d. C.
Magnética, declinação (observação da)	1040 d. C.
Magnética, termorremanência e indução	1044 d. C.
Magnética, variação (observação da)	1436 d. C.
Magnetismo, usado em medicina	970 d. C.
Manganela (tipo de catapulta militar)	Século IV a. C.
Manivela para acionar dispositivos mecânicos	Século I a. C.
Mapas em relevo	1086 d. C.
Mapas topográficos	Século III a. C.
Mastros múltiplos	Século III d. C.
Composição melódica	475 d. C.
Mercúrio, destilação do	Século III a. C.
Metais, densidade dos	Século III d. C.
Metais, oxidação de	Século V a. C.
Mineração, esquadros para	Século V a. C.
Mineração, ventilação por diferencial de pressão	Século V a. C.
Moinho de mós duplas	200 a. C.
Moinho de mós duplas movidas a água	Século IV d. C.

Moinho móvel em carroça	340 d. C.
Moinhos de água, com engrenagem	Século III d. C.
Moldes para fundição do bronze	Segundo milênio a. C.
Molhes	80 d. C.
Molinete de vara de pescar	Século III d. C.
Monjolo	Século II a. C.
Monjolo a pedal ou queda de água no cocho	1145 d. C.
Monjolo múltiplo de roda-d'água	20 d. C.
Montagem polar e equatorial para instrumentos astronômicos	1270 d. C.
Montagens verticais e horizontais	Século I d. C.
Movimento esculentista (plantas comestíveis para época de fome)	1406 d. C.
Moxibustão	Século III a. C.
Navios movidos a rodas	Século V d. C.
Navios, princípio construtivo de	Século I a. C.
Nora de baldes	186 d. C.
Notação algébrica *tian yuan*	1248 d. C.
Notação posicional, sistema numérico por	Século XIII a. C.
Nova (estrela), observação registrada de uma	Século XIII a. C.
Números negativos, operações com	Século I d. C.
Ostras perlíferas, tanques de criação de	Século II d. C.
Ouro com lustre púrpura	200 a. C.
Paktong (cuproníquel)	230 d. C.
Palheta livre	1000 a. C.
Palitos (para comer)	600 a. C.
Panelas de cozinha, economia de calor em	Terceiro milênio a. C.

Pão assado no vapor	
Papel de embrulho	Século II a. C.
Papel de parede	Século XVI d. C.
Papel higiênico	589 d. C.
Papel, invenção do	300 a. C.
Papel-moeda	Século IX d. C.
Paraquedas, princípio do	Século VIII d. C.
Pasteurização do vinho	1117 d. C.
Perfuração profunda e uso de gás natural como combustível	Século II a. C.
Pérolas em ostras, indução artificial de	1086 d. C.
Pi, cálculo bastante aproximado do número	Século III d. C.
Pipa (papagaio, pandorga)	Século IV a. C.
Placenta como fonte de estrogênio	725 d. C.
Planisférios	940 d. C.
Plantas, proteção biológica de	304 d. C.
Plantio em fileiras	Século III a. C.
Pólvora, departamento do governo e monopólio da	Século XIV d. C.
Pólvora, fórmula da	Século IX d. C.
Pólvora, pirotecnia e fogos de artifício	Século XII d. C.
Pólvora, uso em mineração	Ming
Ponteiro e mostrador	Século III d. C.
Pontes móveis	Século IV a. C.
Pontes pênseis, suspensas por correntes de ferro	Século VI d. C.
Pontes de arco segmentar de Li Chhun	610 d. C.
Porcelana	Século III a. C.

Potássio, identificação pelo teste de chama	Século III d. C.
Pressão diferencial	
Prospecção biogeoquímica	Século VI d. C.
Prospecção geológica	Século IV a. C.
Purificação de cânfora (*teng* arco-íris de bronze)	Século I a. C.
Quadrados mágicos	190 d. C.
Quadrículas, método das (aplicado à cartografia)	130 d. C.
Rastelos rolantes	880 d. C.
Recipientes para cozedura a vapor (cerâmica)	Quinto milênio a. C.
Recuperação de cargas marítimas submersas	1064 d. C.
Refração	Século IV a. C.
Registro de hemisférios solares, paraélios, arcos de Lowitz	635 d. C.
Relógio astronômico, máquina de	120 d. C.
Relógios de Su Sung	1088 d. C.
Repelente contra traças	
Roca de fusos múltiplos	Século XI d. C.
Roca operada a pedal	Século I d. C.
Roda-d'água horizontal	31 d. C.
Roda de fusos	Século V a. C.
Rolamento de esferas	Século II a. C.
Sangue, distinção entre o arterial e o venoso	Século II a. C.
Sangue, teoria da circulação do	Século II a. C.
Sarilho para poço	120 a. C.

Seda, bobinadeira para a	1090 d. C.
Seda, fiação primitiva da	2850 a. C.
Semeadeira de tubos múltiplos	155 d. C.
Sementes, tratamento de	Século I a. C.
Sinos de cerâmica	Terceiro milênio a. C.
Sinos tubulares de pedra	Século IX a. C.
Sismógrafo	132 d. C.
Sistema de silos de nível constante	9 d. C.
Soja fermentada	200 a. C.
Suspensão cardan	140 a. C.
Talabarte para tambor	110 a. C.
Tear para tecidos estampados	Século I d. C.
Teste de chama	
Teste do "risco a quente" para amostras de hematita	1596 d. C.
Tireoide, tratamento da	Século I a. C.
Tofu	100 d. C.
Torcedor de seda de fusos múltiplos	1313 d. C.
Triângulo de "Pascal"	1100 d. C.
Varíola, imunização contra a	Século X d. C.
Vaso de bronze lançador de jatos de água	Século III a. C.
Vasos de aconselhamento	Século III a. C.
Velas de esteira e talas	Século I d. C.
Ventilador doméstico	180 d. C.
Ventilador giratório	Século I a. C.
Verrumas	584 d. C.

Vinagre	Século II a. C.
Xadrez	Século IV a. C.
Zinga (remo de popa) autoarticulável	100 d. C.
Zootrópio	180 d. C.

Apêndice II
Estados, reinos e dinastias da China *

	Reino Xia	2000-1520 a. C.
	Reino Shang	1520-1027 a. C.
	Zhou Ocidental	1027-771 a. C.
	Zhou Oriental	771-221 a. C.
PRIMEIRA UNIFICAÇÃO	QIN	221-201 a. C
	HAN OCIDENTAL	206 a. C.-9 d. C.
	Interregno Xin	9-25 d. C.
	HAN ORIENTAL	25-220 d. C.
Primeira partilha	Três Reinos	220-265 d. C.
SEGUNDA UNIFICAÇÃO	JIN OCIDENTAL	265-316 d. C.
	JIN ORIENTAL	317-420 d. C.

* Principais estados unificados em maiúsculas.

Segunda partilha	Song Meridional	420-478 d. C.
	Qi Meridional	479-501 d. C.
	Liang Meridional	502-556 d. C.
	Chen Meridional	557-588 d. C.
	Wei Setentrional	386-553 d. C.
	Wei Oriental	534-549 d. C.
	Wei Ocidental	535-557 d. C.
	Qi Setentrional	550-577 d. C.
	Zhou Setentrional	577-588 d. C.
TERCEIRA UNIFICAÇÃO	SUI	580-618 d. C.
	TANG	618-907 d. C.
Terceira partilha	Cinco Dinastias	907-960 d. C.
	Dez Reinos	907-979 d. C.
QUARTA UNIFICAÇÃO	SONG	960-1279 d. C.
	LIAO	916-1125 d. C.
	XIA OCIDENTAL	1038-1227 d. C.
	JIN (Tártaro)	1115-1234 d. C.
	YUAN (Mongol)	1279-1368 d. C.
	MING	1368-1644 d. C.
	QING	1644-1911 d. C.
	REPÚBLICA DA CHINA	1911-1949 d. C.
	REPÚBLICA POPULAR	1949-PRESENTE

Agradecimentos

Meu primeiro muito obrigado vai para Mike McCabe, de Salisbury, Connecticut, de quem comprei, em 1995, meu primeiro livro da série *Science and civilisation in China*. Era um exemplar de segunda mão do volume IV, parte 3, *Civil engineering and nautics*, e o fato de que sua livraria, a Lion's Head Books — já há tanto tempo extinta e ainda muito lembrada —, tivesse o livro em estoque, e a preço acessível, permitiu-me que o comprasse de um impulso, para lê-lo ali mesmo no estacionamento da loja e ficar de imediato maravilhado com a amplitude e a profundidade da mente que havia por trás dele — a mente extraordinária de Joseph Needham.

O Instituto de Pesquisas Needham em Cambridge — onde jazem as cinzas de Joseph, Dophi e Gwei-djen, misturadas pelo tempo, sob uma árvore dos jardins — é o que mantém acesa a chama. Devo meus mais profundos agradecimentos a seu diretor, o professor Christopher Cullen, que me recebeu tão bem e me permitiu pleno acesso a todos os papéis e objetos que por acaso não estivessem guardados junto à imensa coleção dos documentos de Needham na Grange Road, na biblioteca da universidade, em Cambridge. John Moffett, bibliotecário do Instituto, foi também um incansável colaborador; ele e o dr. Cullen leram a primeira versão dos originais e ambos fizeram muitas sugestões valiosas. Espero que o que se publica agora conte com a aprovação deles; se algum erro de fato ou de interpretação persistiu ou se infiltrou, terá sido apenas por lapso meu.

Desejo registrar também meus agradecimentos a Sue Bennett, administradora de longa data do Instituto, assim como à arquivista Joanne Meek; ao ex-diretor Ho Peng Yoke; a sir Geoffrey Lloyd, professor-residente e antigo chefe do Fundo para a História da Ciência no Leste da Ásia, que normalmente supervisiona o Instituto. Lady Pamela Youde, viúva do saudoso governador de Hong Kong sir Edward Youde, sucessor de sir Geoffrey na liderança do Fundo, foi também extremamente cooperativo.

Em Cambridge, desejo registrar meus agradecimentos ao decano do Caius College — e ex-embaixador britânico na China —, sir Christopher Hum; a Yao Ling, presidente da instituição; a Iain Macpherson, *fellow* do Caius, velho amigo de Needham e seu inventariante; aos destacados *fellows* Mikulas Teich, Anthony Edwards, John Robson e Jimmy Altham; ao historiador e arquivista Christopher Brooke; e ao bibliotecário do Caius, Mark Statham. Enquanto trabalhei em Cambridge, o decano do Darwin College, professor William Brown, pôs a minha disposição salas e dependências de pesquisa e alimentação, pelo que muito lhe agradeço.

Gostaria de agradecer a ajuda incansável da equipe da Sala de Documentos da Biblioteca da Universidade de Cambridge, onde fui assistido com a maior competência por Helen Scales, bióloga marinha especializada em cavalos-marinhos, que roubou tempo a seu próprio trabalho e tão gentilmente procurou papéis de Needham que me eram indispensáveis; e a meu filho Rupert, que me ajudou como sempre em meus livros, neste caso transcrevendo sem esmorecimento dezenas de páginas dos diários da China escritos por Needham.

A equipe dos escritórios do Conselho Britânico na China mostrou uma disposição espontânea de ajudar um visitante que pesquisava a vida e o trabalho de seu mais destacado predecessor, que acabou sendo o primeiro de todos os funcionários do conselho baseado no Império do Centro. Assim, fui assistido de modo geral por Michael O'Sullivan e Robin Rickard, em Beijing, e depois, muito particularmente, por David Foster e sua adorável esposa, Connie Lau, em Chongqing. O cônsul-geral britânico em Chongqing, Tim Summers, e sua esposa, Lucy Chan, foram os mais hospitaleiros dos guias. Peter Bloor, do escritório londrino do conselho, também pesquisou para mim valiosos materiais de arquivo.

O professor Gregory Blue, que leciona história geral na Universidade de Victoria, na Colúmbia Britânica, foi assistente pessoal de Joseph Needham em Cambridge durante a maior parte da década de 1980; as sugestões e a assistência que ele me ofereceu foram inestimáveis, assim como sua hospitalidade quando viajei a Victoria.

H. T. Huang, secretário e resignado companheiro de viagens de Needham durante a maior parte dos anos de guerra que ele passou na China, deu-me muita ajuda e sugestões em sua atual residência em Alexandria, Virgínia. Sua longa vida — com interlúdios na condição de fugitivo, refugiado e destacado intelectual e propositor de políticas científicas — poderia ela mesma ser tema de um livro apaixonante. Gostei muitíssimo de encontrá-lo em Washington e ouvir suas recordações.

Red Chan, que leciona no Centro de Estudos da Tradução na Universidade de Warwick, acompanhou-me em todas as minhas viagens pela China, atuando com a maior competência como tradutor e factótum. Tenho uma grande dívida para com ele.

Gostaria também de registrar minha gratidão às seguintes

pessoas, que têm conhecimentos sobre aspectos específicos da vida de Needham, ou sobre a China, e compartilharam com prazer seus conhecimentos e suas opiniões: Paul Aiello (Hong Kong), Robert Bickers (Bristol), Anne-Marie Brady (Canterbury, Nova Zelândia), Francesca Bray (Edimburgo), Tom Buchanan (Oxford), Daniel Burton-Rose (Berkeley), Eric Danielson (Shanghai), Alan Donald (Londres), Ryan Dunch (Alberta), Gisele Edwards (Londres), Stephen Endicott (Toronto), Daniel Fertig (Hong Kong), Stephen Forge (Oundle), Edward Hammond (Projeto Sunshine, Austin, Texas), May Holdsworth (Londres), Elisabeth Hsu (Oxford), John Israel (Kunming), Ron Knapp (New Paltz, NY), William Mackay (Hong Kong), Martin Merz (Hong Kong), George Ngu (Fuzhou), Peter Nolan (Cambridge), Michael Ravnitzky (Nova York), Priscilla Roberts (Hong Kong), Donald Saari (Irvine, Califórnia), Elinor Shaffer (Londres), Michael Sharp (Cambridge), Nathan Sivin (Filadélfia), Martha Smalley (Yale), Neil Smith (Dulwich School), Rob Stallard (Sacu), Michael Sullivan (Oxford), Tony Sweeting (Hong Kong), Michael Szonyi (Harvard), David Tang (Hong Kong), Robert Temple (Londres), Dan Waters (Hong Kong), Jocelyn Wilk (Universidade Columbia), George Wilson (Bloomington, Indiana), Frances Wood (Biblioteca Britânica) e Lilian Wu (Hong Kong).

Meus agentes — em especial Suzanne Gluck, da William Morris Agency, em Nova York, com a competente assistência de Georgia Cool e Sarah Ceglarski, e a ajuda de Eugenie Furniss, do escritório da William Morris em Londres — lutaram por este livro desde o momento em que o viram e fizeram tudo para me dar alento nos momentos difíceis do processo de escrita e edição. Sophie Purdy leu a primeira versão esboço do manuscrito, identificou as passagens verborrágicas mais flagrantes e defendeu energicamente sua supressão ou redução.

Henry Ferris, em quem tive a sorte de encontrar um dos

mais decididos e escrupulosos editores de Nova York, conseguiu resolver, empregando uma mistura equilibrada de amabilidade e firmeza, a delicada questão de emendar e ajustar o manuscrito original. Seu incansável assistente, o editor associado Peter Hubbard, ajudou também na tarefa de obter ilustrações e mapas: ambos transformaram o texto em algo infinitamente mais adequado à publicação. Mary Mount também deu a considerável contribuição de sua perspectiva de Londres e fez inúmeras sugestões para a melhora do texto, quase todas elas aceitas com prazer. O livro ganhou muito com o trabalho realizado por esse trio; minha gratidão a eles não tem limite.

S. W.

Sugestões de leitura

A maior parte dos documentos pessoais de Joseph Needham acha-se preservada na Biblioteca da Universidade, Cambridge, onde todos foram catalogados e a maioria pode ser consultada. Algumas pastas pessoais permanecem vedadas ao público, sob a guarda do bibliotecário, até 2045. Uns poucos documentos, relativos especificamente a assuntos do Caius College, acham-se nos arquivos do Gonville and Caius College. Os documentos referentes à participação de Needham na Guerra da Coreia são mantidos na biblioteca do Museu Imperial de Guerra, em Londres. O material referente à criação da série *Science and civilisation in China* encontra-se no Instituto Joseph Needham, em Cambridge. O trabalho de catalogação foi completado em julho de 2007. Os papéis pessoais de Dorothy Needham acham-se no Girton College, Cambridge.

Beaton, Cecil. *Far East*. Londres: Batsford, 1945.
Bergsten, C. Fred, et al. *China: The balance sheet: What the world needs to know now about the emerging superpower*. Center for Strategic and International Studies and Institute for International Economics. Nova York: PublicAffairs, 2006.

Brady, Anne-Marie. *Friend of China: The myth of Rewi Alley*. Londres: RoutledgeCurzon, 2003.

_____. *Making the foreign serve China: Managing foreigners in the People's Republic*. Lanham, Md.: Rowman and Littlefield, 2003.

Brooke, Christopher N. L. *A history of the University of Cambridge, vol. 4, 1870-1990*. Cambridge: Cambridge University Press, 1993.

Broomhall, A. J. *Strong tower*. Londres: China Inland Mission, 1947.

Brunero, Donna. *Britain's imperial cornerstone in China: The Chinese Maritime Customs Service, 1854-1949*. Londres: Routledge, 2006.

Bukharin, N. I., et al. *Science at the crossroads: Papers from the Second International Congress of Science and Technology 1931*. Prólogo, Joseph Needham. Londres: Frank Cass, 1971.

The Caian: The Annual Record of the Gonville and Caius College, Cambridge, 1 October 2003-30 September 2004. Cambridge: Gonville and Caius College, 2004.

Chambers, James. *The Devil's horsemen: The Mongol invasion of Europe*. Londres: Weidenfeld and Nicolson, 1979.

Ch'ang Chiang pilot, 3ª ed. Londres: Royal Navy Hydrographic Department, 1954.

Chang, Gordon G. *Nuclear showdown: North Korea takes on the world*. Nova York: Random House, 2006.

Chang, Iris. *Thread of the silkworm*. Nova York: Basic Books, 1995.

_____. *The rape of Nanking: The forgotten holocaust of World War II*. Nova York: Basic Books, 1997.

Chang, Jung. *Qian Zhongshu: Fortress besieged*. Londres: Penguin, 1979.

Chang, Jung, e Jon Halliday. *Mao: A história desconhecida*. São Paulo: Companhia das Letras, 2006.

Chang, Raymond, e Margaret Scrogin Chang. *Speaking of Chinese: A cultural history of the Chinese language*. Nova York: Norton, 1978.

Chen, Guidi, e Wu Chuntao. *Will the boat sink the water? The life of China's peasants*. Nova York: PublicAffairs, 2006.

Cheng, Pei-kai, et al. *The search for modern China: A documentary collection*. Nova York: Norton, 1999.

Chow, Tse-tung. *The May Fourth movement; intellectual revolution in modern China*. Stanford, Cal.: Stanford University Press, 1960.

Clegg, Arthur. *Aid China 1937-1949: A memoir of a forgotten campaign*. Beijing: New World, 1989.

Collis, Maurice. *Foreign mud: An account of the Opium War*. Londres: Faber and Faber, 1946.

_____. *The great within*. Freeport, NY: Books for Libraries, 1970.

Colquhoun, Archibald R. *China in transformation*. Nova York: Harper, 1898.

Cronin, Vincent. *The wise man from the West*. Londres: Rupert Hart-Davis, 1955.

Crow, Carl. *Handbook for China*. Hong Kong: Oxford University Press, 1984.

Cullen, Christopher. *The dragon's ascent: The civilisation the world forgot*. Hong Kong: PCCW IMS, 2001.

Dalley, Jan. *The black hole: Money, myth, and empire*. Londres: Penguin, 2006.

Dawson, Raymond. *The history of human society: Imperial China*, org. J. H. Plumb. Londres: Hutchison, 1972.

Dyer Ball, J. *Things Chinese*. Hong Kong: Oxford University Press, 1982.

Elcoat, Geoffrey. *A brief history of the vicars of Thaxted*. Thaxted, Reino Unido: Elcoat, 1999.

Elvin, Mark. *The retreat of the elephants: An environmental history of China*. New Haven, Conn.: Yale University Press, 2004.

Endicott, Stephen, and Edward Hagerman. *The United States and biological warfare: Secrets from the early cold war and Korea*. Bloomington: Indiana University Press, 1998.

Epstein, Israel. *From Opium War to liberation*. Beijing: New World, 1956.

Fairbank, John K., e Denis Twitchett, orgs. *The Cambridge history of China*, 15 vols. Cambridge: Cambridge University Press, 1986-.

Fei, Hsiao-tung. *China's gentry: Essays on rural-urban relations*, org. Margaret Park Redfield. Chicago, IL: University of Chicago Press, 1953.

Feifer, George. *Breaking open Japan: Commodore Perry, lord Abe, and American imperialism in 1853*. Nova York: Smithsonian Books e HarperCollins, 2006.

Fenby, Jonathan. *Generalissimo: Chiang Kai-shek and the China he lost*. Londres: Free Press, 2003.

Feuerwerker, Albert. *China's early industrialization: Sheng Hsuan-huai (1844-1916) and mandarin enterprise*. Nova York: Atheneum, 1970 (1958).

Fleming, Peter. *The siege at Peking*. Londres: Rupert Hart-Davis, 1959.

Friedel, Robert. *A culture of improvement: Technology and the western millennium*. Cambridge, Mass.: MIT Press, 2007.

Garret, Martin. *Cambridge: A cultural and literary history*. Oxford: Signal, 2004.

Girardot, Norman J. *The Victorian translation of China: James Legge's oriental pilgrimage*. Berkeley: University of California Press, 2002.

Goldsmith, Maurice. *Joseph Needham: Twentieth-Century Renaissance man*. Paris: UNESCO, 1995.

Goullart, Peter. *Princes of the Black Bone: Life in the Tibetan borderland*. Londres: John Murray, 1959.

Gribbin, John. *History of western science, 1543-2001*. Londres: Folio Society, 2006.

Guest, Captain Freddie. *Escape from the Bloodied Sun*. Londres: Jarrolds, 1956.

Habib, S. Irfan, e Dhruv Raina. *Situating the history of science: Dialogues with Joseph Needham*. Nova Delhi: Oxford University Press, 1999.

Hahn, Emily. *China to me*. Boston, Mass.: Beacon, 1944.

Han, Suyin. *Destination Chungking*. Londres: Mayflower, 1969.

Harman, Peter, e Simon Mitton, orgs. *Cambridge scientific minds*. Cambridge: Cambridge University Press, 2002.

Herzog, Maurice. *Annapurna: Conquest of the first 8000-metre peak*. Londres: Jonathan Cape e Book Society, 1952.

Hibbard, Peter. *The Bund: Shanghai*. Hong Kong: Odyssey Books and Guides, 2007.

Hinton, William. *Fanshen: A documentary of revolution in a Chinese village*. Berkeley: University of California Press, 1966.

Ho, Peng Yoke. *Reminiscence of a roving scholar: Science, humanities, and Joseph Needham*. Cingapura: World Scientific, 2005.

Hogg, George. *I see a new China*. Boston, Mass.: Little, Brown, 1944.

"Holorenshaw, Henry" (pseudônimo de Joseph Needham). *The Levellers and the English revolution*. Prólogo, Joseph Needham. Londres: Victor Gollancz, 1939.

Hook, Brian, org. *The Cambridge encyclopedia of China*. Cambridge: Cambridge University Press, 1982.

Hsiung, James C., e Steven I. Levine, orgs. *China's bitter victory: The war with Japan 1937-1945*. Armonk, NY: Sharpe, 1992.

Huang, Ray. *1587: A year of no significance — The Ming dynasty in decline*. New Haven, Conn.: Yale University Press, 1981.

_____. *China: A macro history*. Armonk, NY: Sharpe, 1997.

Ingram, Jay. *The velocity of honey: And more science of everyday life*. Nova York: Thunder's Mouth, 2003.

Israel, John. *Student nationalism in China, 1927-1937*. Stanford, Cal.: Stanford University Press, 1966.

_____. *Lianda: A Chinese university in war and revolution*. Stanford, Cal.: Stanford University Press, 1998.

Jinshi, Fan. *Dunhuang grottoes*. Beijing: China Travel and Tourism Press, 2004.

Johnson, Gordon. *University politics: F. M. Cornford's Cambridge and his advice to the young academic politician*. Cambridge: Cambridge University Press, 1994.

Kahn, E. J., Jr. *The China hands: America's foreign service officers and what befell them*. Nova York: Viking, 1975.

Keynes, Margaret. *A house by the river: Newnham Grange to Darwin College.* Cambridge: impressão privada, 1984.

Kynge, James. *China shakes the world: A titan's rise and troubled future — and the challenge for America.* Nova York: Houghton Mifflin, 2006.

Landes, David. *The wealth and poverty of nations.* Londres: Abacus, 1998.

Lee, Sherman E. *A history of Far Eastern art*, 5ª ed. Nova York: Abrams, 1994.

Legge, James. *The Chinese classics*, vol. 1. Hong Kong: Lane, Crawford, 1861.

Levathes, Louise. *When China ruled the seas: The treasure fleet of the Dragon Throne, 1405-1433.* Nova York: Oxford University Press, 1994.

Li, Guohao, et al. *Explorations in the history of science and technology in China: Compiled in honour of the eightieth birthday of dr. Joseph Needham.* Shanghai: Shanghai Chinese Classics, 1982.

Lifton, Robert Jay. *Thought reform and the psychology of totalism: A study of brainwashing in China.* Chapel Hill: University of North Carolina Press, 1989.

Lin, Yutang. *Moment in Peking: A novel of contemporary Chinese life.* Londres: William Heinemann, 1940.

Lindqvist, Cecilia. *China: Empire of living symbols.* Reading, Mass.: Addison-Wesley, 1989.

Low, Morris F., org. "Beyond Joseph Needham: Science, technology, and medicine in East and Southeast Asia." *Osiris*, vol. 13. Chicago, Il.: University of Chicago Press, 1998.

Lu, Gwei-djen e Joseph Needham. *Celestial lancets: A history and rationale of acupuncture and moxa.* Cambridge: Cambridge University Press, 1980.

Lyons, Thomas P. *China maritime customs and China's trade statistics 1859-1948.* Trumansburg, NY: Willow Creek, 2003.

Macartney, lord [George]. *An embassy to China: Being the journal kept by lord Macartney during his embassy to the emperor Ch'ien-lung 1793-1794*, org. J. L. Cranmer-Byng. Londres: Folio Society, 2004 (1962).

Macfarquhar, Roderick, e Michael Schoenhals. *Mao's last revolution.*Cambridge, Mass.: Belknap Press of Harvard University Press, 2006.

Maclure, Jan. *Escape to Chungking.* Londres: Oxford University Press, 1942.

Mateer, Rev. C. W. *A course of mandarin lessons, based on idiom.* Shanghai: Presbyterian Mission Press, 1922.

Mayor, Adrienne. *Greek fire, poison arrows, and scorpion bombs: Biological and chemical warfare in the ancient world.* Woodstock, NY: Overlook, 2003.

McAleavy, Henry. *The modern history of China.* Londres: Weidenfeld and Nicolson, 1967.

McCune, Shannon. *The Ryukyu islands.* Newton Abbot: David and Charles, 1975.

Mendelssohn, Kurt. *In China now*. Londres: Paul Hamlyn, 1969.

Miyazaki, Ichisada. *China's examination hell: The civil service examinations of imperial China*. Nova York: Weatherhill, 1976.

Mukherjee, Sushil Kumar, e Amitabha Ghosh, orgs. *The life and works of Joseph Needham*. Calcutá: Asiatic Society, 1997.

Needham, Joseph. *Time: The refreshing river (Essays and addresses, 1932-1942)*. Londres: George Allen and Unwin, 1943.

_____. *Science and civilisation in China*. 24 vols. Cambridge: Cambridge University Press, 1954-2004.

_____. *The grand titration: Science and society in East and West*. Londres: George Allen and Unwin, 1969.

_____. *Within the four seas: The dialogue of East and West*. Londres: George Allen and Unwin, 1969.

Needham, Joseph, and Dorothy Needham, orgs. *Science outpost: Papers of the Sino-British Science Co-Operation Office (British Council Scientific Office in China) 1942-1946*. Londres: Pilot, 1948.

Owen, Bernie, e Raynor Shaw. *Hong Kong landscapes: Along the MacLehose Trail*. Hong Kong: Geotrails Society, 2001.

Pan, Lynn. *China's sorrow: Journeys around the Yellow river*. Londres: Century, 1985.

Payne, Robert. *Chinese diaries 1941-1946*. Nova York: Weybright and Talley, 1945.

_____. *Chungking Diary*. Londres: William Heinemann, 1945.

Pomfret, John. *Chinese lessons: Five classmates and the story of a new China*. Nova York: Holt, 2006.

Powell, Timothy E., e Peter Harper, orgs. *Catalogues and supplementary catalogues of the papers and correspondence of Joseph Needham CH FRS (1900-1995)*. Bath: National Cataloguing Unit for the Archives of Contemporary Scientists, University of Bath, 1999.

Preston, Diana. *The Boxer rebellion: The dramatic story of China's war on foreigners that shook the world in the summer of 1900*. Nova York: Walker, 2000.

Price, Ruth. *The lives of Agnes Smedley*. Nova York: Oxford University Press, 2005.

Raverat, Gwen. *Period piece: The Cambridge childhood of Darwin's granddaughter*. Londres: Faber and Faber, 1952.

Redding, Gordon. *The spirit of Chinese capitalism*. Berlim: Walter de Gruyter, 1990.

Ronan, Colin A. *The shorter Science and Civilisation in China: An abridgement of Joseph Needham's original text.* Cambridge: Cambridge University Press, 1981.

The seige of the Peking embassy, 1900: Sir Claude MacDonald's report on the Boxer rebellion. Uncovered Editions series. Tim Coates, org da série. Londres: Stationery Office, 2000.

Serres, Michael, org. *A history of scientific thought.* Oxford: Blackwell, 1995.

Shaw, Raynor. *Three gorges of the Yangtze river: Chongqing to Wuhan.* Hong Kong: Odyssey Books and Guides, 2007.

Simon, W. *How to study and write Chinese characters.* Londres: Percy Lund, Humphries, 1959.

Snow, Edgar. *Red star over China.* Nova York: Random House, 1938.

_____. *The other side of the river: Red China today.* Londres: Victor Gollancz, 1963.

Spalding, Frances. *Gwen Raverat: Friends, family, and affections.* Londres: Pimlico, 2004.

Spence, Jonathan D. *To change China.* Nova York: Penguin, 1969.

_____. *The Gate of Heavenly Peace: The Chinese and their revolution, 1895-1980.* Londres: Faber and Faber, 1981.

_____. *The search for modern China.* Londres: Hutchinson, 1990.

_____. *The Chan's great continent: China in western minds.* Nova York: Norton, 1998.

_____. *Treason by the book.* Nova York: Viking, 2001.

Stilwell, Joseph W. *The Stilwell papers*, org. Theodore H. White. Nova York: William Sloane, 1948.

Sun, Shuyun. *The Long March: The true history of China's founding myth.* Nova York: Doubleday, 2006.

Temple, Robert. *The genius of China: 3,000 years of science, discovery, and invention.* Introdução de Joseph Needham. Londres: André Deutsch, 2007 (1986).

Tennien, Mark. *Chungking listening post.* Nova York: Creative Age, 1945.

Teresi, Dick. *Descobertas perdidas: As raízes antigas da ciência moderna, dos babilônios aos maias.* São Paulo: Companhia das Letras. 2008.

Thai, Vinh. *Ancestral voices.* Londres: Collins, 1956.

Tokayer, Marvin, e Mary Swartz. *The Fugu Plan: The untold story of the Japanese and the Jews during World War II.* Nova York: Paddington, 1979.

Tuchman, Barbara W. *Sand against the wind: Stilwell and the American experience in China, 1911-1945.* Londres: Macmillan, 1971.

Tyson Li, Laura. *Madame Chiang Kai-shek: China's eternal first lady.* Nova York: Atlantic Monthly Press, 2006.

Vincent, Irene Vongehr. *The sacred oasis: Caves of the thousand Buddhas Tun Huang*. Londres: Faber and Faber, 1953.

Waley, Arthur. *Three ways of thought in ancient China*. Stanford, Cal.: Stanford University Press, 1982 (1939).

_____. *The Opium War through Chinese eyes*. Londres: George Allen and Unwin, 1958.

Waley-Cohen, Joanna. *The sextants of Beijing: Global currents in Chinese history*. Nova York: Norton, 1999.

Walker, Annabel. *Aurel Stein: Pioneer of the Silk Road*. Londres: John Murray, 1995.

Watson, Peter. *A terrible beauty: The people and ideas that shaped the modern mind*. Londres: Phoenix, 2001.

Weber, Max. *The religion of China: Confucianism and Taoism*. Nova York: Free Press, 1951.

Webster, Donovan. *The Burma Road: The epic story of the China-Burma-India theater in World War II*. Nova York: HarperCollins, 2003.

Wei, Peh-T'i, Betty. *Shanghai: Crucible of modern China*. Hong Kong: Oxford University Press, 1987.

Wenley, A. G., e John A. Pope. *China: Smithsonian Institution War Background Studies*, nº 20. Washington, D. C.: Smithsonian Institution, 1944.

Werskey, Gary. *The visible college: The collective biography of British scientific socialists of the 1930s*. Nova York: Holt, Rinehart and Winston, 1978.

White, Theodore H., e Annalee Jacoby. *Thunder out of China*. Nova York: William Sloane, 1946.

Whitfield, Roderick, et al. *Cave temples of Dunhuang: Art and history on the Silk Road*. Londres: British Library, 2000.

Whitfield, Susan. *The Silk Road: Trade, travel, war, and faith*. Londres: British Library, 2004.

Whitfield, Susan, e Ursula Sims-Williams, orgs. *The Silk Road: Trade, travel, war, and faith*. Chicago, Il.: Serindia, 2004.

Wieger, dr. L., S. J. *Chinese characters: Their origin, etymology, history, classification, and signification — A thorough study from Chinese documents*. Ho-kien-fu: Catholic Mission Press, 1927.

Wilkinson, Endymion. *Chinese history: A manual*. Cambridge, Mass.: Harvard University Press, 2000.

Wilson, Dick. *The Long March 1935: The epic of Chinese communism's survival*. Nova York: Viking, 1971.

_____. *When tigers fight: The story of the Sino-Japanese War, 1937-1945*. Nova York: Penguin, 1982.

Wood, Frances. *A companion to China*. Londres: Weidenfeld and Nicolson, 1988.

_____. *No dogs and not many Chinese: Treaty Port Life in China 1843-1943*. Londres: John Murray, 1998.

_____. *The Silk Road: Two thousand years in the heart of Asia*. Londres: British Library, 2003.

Wright, Arthur F. *Buddhism in Chinese history*. Stanford, Cal.: Stanford University Press, 1959.

Índice remissivo

ábaco, 97, 99
Academia Britânica, eleição de Joseph
Needham para a, 315
Academia Chinesa de Ciências, 271
Academia de Peiping, 136
Academia Sinica, 126, 129, 233, 234
aerodinâmica e voo na China, 11
Agência Central de Informações
(CIA), Estados Unidos, 223, 282
agentes biológicos, acusações de uso
pelos Estados Unidos na Guerra
da Coreia, 265-287
em bombas chinesas, 265
papel de Joseph Needham na investigação sobre agentes biológicos na Coreia, 271-282
pesquisa pelos Estados Unidos e
decisão de prescrever, 269, 270
ratos silvestres como vetor de
doenças, 267-270
uso pelos chineses no passado,
265

uso pelos japoneses, 139
água e hidráulica na história da China, 144-150
Alley, Rewi, 152-158, 168, 170, 199,
349
Baillie School, 158, 160, 161, 173
homossexualidade de, 153, 159,
160
precariedade de sua situação na
China, 156
trabalho com indústrias de guerrilha na China, 154-157, 281
Amarelo, rio, 24, 136, 160, 161, 165,
166, 191
American Historical Review, 297
Anderson, Hugh, 33
Anyang, tumbas, 126-127
arado e aiveca, 245
arnês, correia peitoral, 246
Associação de Amizade Grã-Bretanha-China, 300, 310
Attlee, Clement, 50

383

Auden, W. H., 153
Aylward, Gladys, 161, 163

Bacon, Francis, 21
Baillie, Joseph, 158
Baillie Schools, 116, 158-161, 173
Balazs, Étienne, 346
Balkh, cidade lendária de, 182
Bao Pu Zi, 11
Bao, rio, 151
Barnes, E. W., 27, 28
Bauer, Peter, 303
Beijing, transliteração pinyin, 298
Belden, Jack, 84
Bell, Vanessa, 305
Beltz, Ed, 142, 144, 169
Beria, Lavrenty, 284-285
Bernal, J. D., 51
Bessemer, Henry, 247
Bevan, Nye, 50
Biochemistry and morphogenesis (J. Needham), 73
Bioquímica, Instituto de, Universidade de Cambridge, 37, 40, 53-54, 57
Birds of south China, The (Caldwell), 201
Birmânia, Rota da, 80, 111
Bish, Stanley, 331, 333
Bland-Sutton, John, 29-30
Blincoe, Alfred, 31, 32
boa terra, A (Buck), 58
Boston, Richard, 297
botânica chinesa, 88, 93-94, 209-210
Bray, Francesca, 308
    trabalho em *Science and civilisation in China*, 320-321, 323
British Peace Society, 301
Brook, Charles, 33
Brooke, Christopher, 241

Bryan, Derek, casamento com Liao Hongying, e militância em apoio à China, 192-193, 300
Buck, Pearl, 58
Budismo e budistas na China, 176-179
Burbidge, Peter, 261
bússola magnética chinesa, 134, 146, 245

cadeia de transmissão, 247
Caius College, Universidade de Cambridge, 33, 39, 44, 51, 66, 72, 73, 103, 165, 221, 232, 233, 234, 237, 238, 239, 260, 263, 278, 279, 286, 294, 297, 300, 303, 307, 308, 317, 318, 320, 324, 327, 333, 334
Caldwell, John, 201
Câmara de Jialing, 213
Camarilha dos Quatro, 312
Cambridge Review, 51, 289
camelos, 173
Campanha Patriótica de Higiene, China, 268
Campanha pelo Desarmamento Nuclear, 301
Campbell, Malcolm, 38
carrinho de mão, 249
"Caso Cícero", 71
Celestial lancets: A history of acupuncture, 257
cerâmica chinesa, 163
Chambers, Frank, 32
Chang Jiang, rio. Ver Yangzi, rio
Chang'an, China. Ver também Xi'an, China, 24, 174, 178, 179, 216
Chatley, Herbert, 262
Chemical embryology (J. Needham), 46, 240
Chen Lun, 99

Chengdu, província de Sichuan, visita de Needham, 113-115
Chi Chhoa-Ting, 262
Chiang Kai-shek (líder nacionalista chinês), 61, 70, 103, 110, 131, 132, 141, 157, 174, 190, 192, 263, 276
Chidzey, Blanche, 43
Childers, Erskine, 35
children of Huang Shi, The (filme), 161
Chin Chuan So Chi (Li Xinheng), 165-166
China. Ver também Governo Nacionalista, China; República Popular da China
  aspectos imutáveis, 341-347
  economia na época da Segunda Guerra Mundial, 131-133, 209
  estados, reinos e dinastias, 365-366
  expedição de Joseph Needham ao noroeste, 139-195
  expedição de Joseph Needham ao sudeste, 195-210
  expedição de Joseph Needham ao sudoeste, 210-212
  futuro científico e tecnológico, 347-351
  indústria na época da Segunda Guerra Mundial, 153-157
  invasão e ocupação japonesa, 19, 68-71, 75, 89, 109-110, 153, 154, 193, 194, mapas, 90-91, 140
  missão britânica junto a acadêmicos, 75-80
  mudanças desde a primeira visita de Joseph Needham, 335-339
  percepções e preconceitos ocidentais, 19-22, 295-297
  "pergunta de Needham" em rela-

ção à ciência e tecnologia chinesas, 57-58, 83, 211, 190, 295, 344-347
  realizações científicas e tecnológicas (ver também invenções chinesas), 20-22
  revolução de 1911, 19
China, defensores da
  Derek Bryan e Liao Hongying, 144, 192
  Joseph Needham, 71-72, 73, 131-133, 298-302, 309-314
China Inland Mission (Missão para o Interior da China), 151
China Monthly Review, 286
China National Aviation Corporation, 11, 191
China Travel Service, 146, 199
Chinês (língua)
  Beijing em pinyin, 298
  caligrafia, 66-67, 350
  estudo do idioma por Joseph Needham, 60-67
  máquina de escrever de Joseph Needham e transliteração, 239
  moderno, 341
  nomes, 61-62
  origem da expresão gung ho, 155
  transliteração, 63
Chinês, povo
  água e hidráulica na história da China, 144-150
  atitudes, 342, 343
  burocracia e atitudes em relação ao governo, 121-122
  "características", 180, 181
  cientistas, 271, 275-276, 285-286
  criatividade, 119, 120
  modernos, 341, 342

opinião sobre os japoneses, 107-108

Chongqing, China, 70
  ataques japoneses na Segunda Guerra Mundial, 15-16, 107-108
  capital da China na época da Segunda Guerra Mundial, 106-108
  chegada de Joseph Needham na Segunda Guerra Mundial, 11-17, 22-23, 100-106
  contemporânea, 335-341
  descrição por Joseph Needham, 112
  ratos, 113

Chun Qiu Fan Lu (Dong Zhongshu), 226

Chungking, 13, 335. Ver também Chongqing, China.

Churchill, Winston, 79, 100, 135

Clark-Kerr, Archibald, 154

coleção completa de ilustrações e textos dos tempos antigos e modernos, A (enciclopédia imperial chinesa), 236

combustíveis usados nas expedições de Joseph Needham na China, 142

Comissão Internacional de Ciências, 271

Conferência Fisiológica Internacional (1954), 289

Confúcio e confucionismo, 174, 210, 211, 255

Congresso Internacional de Dança Folclórica (1935), 49

Conselho Britânico, 77, 79, 80, 84, 111, 216, 220

Conselho de Guerra do Extremo Oriente, 78

Conselho de, 304

eleição de Joseph Needham como presidente dos *fellows* (1959), 304-306

retrato a óleo de Joseph Needham, 319

salas de Joseph Needham, 59, 226-228

tradição ligada a portas antigas, 321

Conselho Mundial da Paz, 271, 283

Conselho Nacional das Liberdades Civis, 50

Cook, Stanley, 293

Cooperativa Industrial Chinesa (CIC), 154

Coreia, acusações de uso de agentes biológicos pelos Estados Unidos na Guerra da, 266-282
  dano à reputação de Joseph Needham devido à investigação, 278-279
  Joseph Needham torna-se membro da equipe de inspeção, 272-276
  papel dos soviéticos, 271, 282-285
  recepção hostil da imprensa e autoridades dos Estados Unidos a Joseph Needham, 277-281
  relatório final (1952) sobre as acusações, 276-277

Cornford, John, 52

Corpo de Emissários, 100

Corpo de voluntários da Marinha, 32

Cort, J. H., 301

Crick, Francis, 318

Cristãos e cristianismo na China, 151

Crook, David, 84

Crowther, J. G., 77, 78, 79, 82, 111, 220

386

Cruz Vermelha Internacional, 271
Cullen, Christopher, 333

Dadu, rio, 119, 248
Daily Worker, 83, 259
danças *morris*, interesse de Joseph
    Needham, 48-49, 159
Daquan, rio, 175
Darwinismo, 27
Deng Xiaoping (líder comunista chi-
    nês), 314
Departamento de Guerra (Estados
    Unidos), 81
Departamento de Pesquisa de Infor-
    mações, Foreign Office, 278
Departamento de Prevenção de Epi-
    demias, China, 166
Dicionário filosófico (Voltaire), 335
Dictionary of national biography
    (DNB), 305
Diebold, John, 329
dinossauro (*Lufengosaurus*), 210
DNA (ácido desoxiribonucleico), mo-
    delo da hélice dupla do, 318
Dong Zhongshu, 226
Driberg, Tom, 309
Dujiangyan, projeto de irrigação, 148,
    149
Dunhuang, oásis e cavernas, 139, 140,
    144, 174-179, 181-185, 188

Eden, Anthony, 82
Eggleston, Frederick, 121
elementos chineses, cinco, 225
Elers, Peter, 309
Ellis, Havelock, 50
Emblica officinalis, 209
enciclopédia imperial chinesa, 236
Escritório Sino-Britânico de Coope-

ração Científica (SBSCO), 79, 104,
    111, 116, 141, 164
Estados guerreiros, período dos, 148
Estados Unidos
    acusações de uso de agentes bio-
        lógicos na Guerra da Coréia, 265-
        287
    Agência Central de Informações
        (CIA), Estados Unidos, 223, 282
    Guerra do Vietnã, 306
    negação de visto de entrada a
        Joseph Needham, 220
    neutralidade inicial e entrada na
        Segunda Guerra Mundial, 77,
        78
    oposição ao envolvimento de
        Joseph Needham com a Unesco,
        224
    pesquisas sobre guerra biológica,
        273
    reação à fundação da Repúlica
        Popular da China, 299
Exército Popular de Libertação (EPL),
    350
explorações oceânicas chinesas, 249,
    258, 259
extraterritorialidade como conceito
    jurídico, 102

Far Eastern Survey, 303
ferro fundido e forjado na China,
    246
Fessel, Klaus, 261
Fisher, Ronald, 240
Fitch, James, 261
Foot, Dingle, 50
Foreign Office, 77, 81, 84, 85, 192,
    193, 218, 262, 278, 284
Forster, E. M., 50

Fort Detrick, Maryland, centro de pesquisa de guerra química, 270

Foster (Snow), Helen, 154, 155

Foster, Dorothy, 36

Fox, Munro, 293

Franklin, Rosalind, 318

Franklin, Sidney, 58

Fundo Cornford-McLaurin, 52, 54

Fundo para a História da Ciência no Leste da Ásia, 322

Fuzhou, província de Fujian,
expedição de Joseph Needham, 194-208
incidente na ponte do rio Xiang, Hengyang, 204-208
mapa, *195*
perigo imposto pela aproximação de forças japonesas, 194-197, 201, 204-208

Gao, Kimmie, 113

Gaselee, Stephen, 84

Gauss, Clarence, 137

Ge Hong, 11

George VI, rei da Inglaterra, 103, 263

gimnosofia, interesse de Joseph Needham pela, 38

Glukhov, agente da KGB, 283

Gobi, deserto de, 166, 171, 174, 349

Góis, Bento de, 349

Gollancz, Victor, 50, 72

Gonville and Caius College, Universidade de Cambridge, 33, 226, 303, 320

Grã-Bretanha
"batalha da Quadra de Tênis contra os japoneses", 209
embaixada em Chongqing duran-te a Segunda Guerra Mundial, 100-108
reação à fundação da Repúlica Popular da China, 299

Grande Canal, 246

grande cânone da era do imperador Yongle, O (*Yongle dadien*), 236

Grande Muralha, 171-172, 173

Grande Salto Adiante (plano econômico), 310

great astronomical clocks of mediaeval China, The, 257

gripe espanhola, 33

Grupo de Moonella, 38

Guan Zi, 66

Guang Wei (motorista de Joseph Needham), 141

Guangdong, província de, 193, 213

Guangzhou, China, 75

Guanyin (deusa budista), 210

guarda-chuva, 249

Guerra Civil da Espanha (1936), 52, 54

Guerra do Vietnã, 306

Guilda de São Lucas, 34

Gujin tushu jicheng, 236

Gung Ho, cooperativas, 156, 157, 281

gung ho, origem da expressão, 155

Guo Moruo (cientista), papel na acusação aos Estados Unidos de guerra biológica, 271, 272

Gutenberg, Johannes, 289

Gwynne-Vaughan, Helen, 200

Haldane, J. B. S., 36

Haloun, Gustav, 65, 66

Han, dinastia, 249, 251

Hanzhong, China, 150

Hardy, G. H, 96

Hardy, William Bate, 34, 35, 44, 227, 293
Harrisson, Tom, 51
Hay, John, 20
Hedin, Sven, 103
Herbert, A. P., 50
Hexi, corredor, 171
hidráulica na China, 144-150
Hill, A. V., crítica a Joseph Needham por seu relatório sobre guerra biológica, 279
Hinshelwood, Cyril, 297
HMS Amethist, incidente do, 193
Hogg, George, 103
  comentário sobre Rewi Alley, 160
  viagem com crianças chinesas deslocadas de guerra, 161, 173
Holorenshaw, Henry (pseudônimo de Joseph Needham), 72, 73
Holst, Gustav, 47
homossexuais, direitos civis, apoio de Joseph Needham, 301, 309
Hong Kong, 193, 202
hookah, de Joseph Needham, 308
Hoover, Herbert, 228
Hopkins, Barbara, 36
Hopkins, Frederick Gowland ("Hoppy"), 36, 37, 40, 54, 57
horticultura na China, 93-94
Hua, dr., 96
Huainanzi, enciclopédia, 247
Huang Hsing-tsung "H.T.", 115-122
  comentário sobre a expedição ao noroeste da China com Joseph Needham, 142, 151, 170, 190-191
  comentário sobre a expedição ao sudeste da China com Joseph Ne-

edham, 194, 195, 196, 199, 203-206
  comentário sobre a viagem pelo rio Sichuan, 118-128
  excertos de textos de, 117, 118
Huang, Lettice, 113
Huangpu, rio, 69
Hummel, Arthur, 297
Huxley, Julian, 50, 84, 240
  formação da Unesco e papel de Huxley, 218, 221, 223

Ignatiev, Semen, 283
Indochina francesa, 110, 210
Indusco, 154-156
indústria na época da Segunda Guerra Mundial, 153-157
inn of the sixth happiness, The (Aylward), 161, 163
Instituição Carnegie, 282
Instituto de História, Lizhuang, 126
Instituto de Pesquisas Needham, inauguração (1987), 236, 259, 322, 323
Instituto de Pesquisas Radioativas da Universidade de Chinghua, 136
invenções chinesas, 352-363
  ábaco, 97, 99
  arado e aiveca, 245
  arnês, correia peitoral, 246
  bússola magnética, 134, 146, 245
  cadeia de transmissão, 247
  carrinho de mão, 249
  cerâmica, 163
  estribo, 250
  ferro fundido e forjado, 246-247
  guarda-chuva, 249
  índice de, 251
  leme preso ao cadaste, 123, 242, 249

389

mapas estelares, 187, 348
marcas de tipografia, 251-252
matemática, 96-99
molinete de pesca, 249
nora de baldes, 247
papel higiênico perfumado, 250
pipa, 249
pluviômetro, 242
pólvora, 127
pontes, 24, 165-166, 248
pudlagem, técnica siderúrgica da, 247
roca, 249
suspensão cardan, 249
tipos móveis, 236
xadrez (jogo), *xiangqi*, 250
irrigação, projetos de, 145, 148-150
Isherwood, Christopher, 153
Islã na China, 162

Japão, 70-72, 78
ataques a Chongqing, 15-16, 107-108
batalha da Quadra de Tênis contra a Grã-Bretanha, 209
expedição de Joseph Needham a Fuzhou e aproximação de tropas japonesas, 194, 197, 201, 204-208
experimentos biológicos feitos em prisioneiros chineses, 269, 286
invasão e ocupação da China, 19, 68-71, 75, 89, 109-110, 153, 154, 193, 194, 209
Jialing, rio, 106
Jiang Jie, 124
Jiangxi, China, 213
Jiao Yu, 265
Jiayuguan, China, 172, 173
Jogos Olímpicos (1936), 50, 52

Johnson, Lyndon, 306
Johnston, Reginald, preceptor de Pu Yi, último imperador chinês, 330
Jordan-Lloyd, Dorothy, 36

Kaczynski, Ted ("Unabomber") assiste à palestra de Joseph Needham (1978), 315-316
Kelly, William, 247
Kennedy, Robert "Bobby", 287, 306
Khrushchev, Nikita, 283, 284, 285
Kim Il-Sung, 284
King, Gordon, 116, 117
King, Martin Luther, Jr., 306
Knatchbull-Hugessen, Hughe Montgomery, 71
Koo, Wellington, 84
Kühnert, Franz, comentário sobre astrologia chinesa, 348
Kunming, província de Yunnan, visita de Joseph Needham, 89-99

Lago da Lua Crescente, 175
Lam, Mary, 323
Lansbury, George, 50
Lanzhou, província de Gansu, 165, 166, 167, 169, 170, 171, 190, 191
Lascelles, Alan, 263
Laski, Harold, 50
Lattimore, Owen, 189
Lawrence da Arábia (T. E. Lawrence), 156
Ledo, Rota de, 111
Left Book Club, 72
Lei de Liberdade de Informação, Estados Unidos, 282
leme preso ao cadaste, 123, 242, 249
Lendrum-Vesey, W. T., 33
Leonardo da Vinci, 290

Levellers (movimento político), 72
Li Bing, 145, 148
Li Jun (engenheiro), 248
Li Xinheng, 165
Li Yue-se (nome chinês de Joseph
  Needham), 61
Liao Hongying, 144, 169
  casamento com Derek Bryan e
  militância em apoio à China, 192-
  193, 300
Lieber, Alfred, 261
Lin Sen, 146
Lin Yutang, 68
Livro das mutações, 255
*livro do mestre da penetração de mis-
  térios, O*, 256
*livros completos dos repositórios do
  quarto império, Os* (Siku Quanshu),
  236
livros e manuscritos chineses
  coleção reunida por Joseph
  Needham, 203, 234-237, 259-260,
  321, 328-329
  primeiro livro chinês (*Sutra do
  diamante*), 139-140, 175, *178*, 187
Lizhuang, China, 126
Longa Marcha, 135
Lop, deserto de, 176
Loushan, China, 119, 125
Low, David, 50
Lu Gwei-djen (cientista, segunda mulher de Joseph Needham), 53-59,
  325
  "aliança da concubinagem" com
  Dorothy Needham, 317
  biblioteca pessoal, 321
  casamento com Joseph Needham
  (1989), 327
  colaboração em *Science and civilisation in China*, 258, 260

correspondência com Joseph
  Needham, 92, 189, 212, 290-291
disposição do espólio após a morte, 328-329
família e educação, 53-54
fotografias, *55*, *326*
primeiro encontro com Joseph
  Needham e atração mútua, 18, 57-
  58
problemas de saúde e morte
  (1991), 325-327
queixa de L. Picken sobre o relacionamento com Joseph Needham, 215-217
relacionamento com Joseph
  Needham, 18, 57-59, 73-84, 212-
  217, 302, 317
trabalho e carreira, 74, 289, 294
visita a Chongqing (1982), 340
Lu Shih-kuo (pai de Lu Gwei-djen),
  327
Luce, Henry, 70
Luding, ponte, rio Dadu, província de
  Sichuan, 248
Luo Zhongshu, 74-76
Luo, família, Chengdu, 117
Luoyang, China, 177

Ma Jun (engenheiro chinês), 249
Macartney, lorde, emissário britânico
  à China (1792), 163, 243, 332,
  343
MacDonald, Ramsay, 228
Machina carnis (D. Needham), 40,
  324
MacLehose, Murray, 201-204
Malenkov, Georgy, 284, 285
Manchester Guardian, 297
Manual do dragão de fogo, 265
Mao Zedong (líder comunista chi-

nês), 38, 61, 83, 84, 110, 130, 132,
192, 236
Campanha Patriótica de Higiene,
268, 270
conversa com Joseph Needham
sobre carros e bicicletas na China,
313-314
criação da República Popular,
295, 299, 300
foto com Zhou Enlai e Joseph
Needham, 278
políticas, 300, 312-314
Martin, Kingsley, 50
matemática na China, 96-99
McCarthy, Joe, senador americano,
280, 281
McLaurin, Campbell, 52
Mead, Margaret, 89, 92
Milne, A. A., 50
Min, rio
na província de Fujian, 200
na província de Sichuan, 119, 124
projeto de irrigação da era Qing,
145-150
Ming, dinastia, 171, 172, 173, 236,
251
Ministério da Cultura, China, 234
Mogao, ribanceiras e cavernas de,
139, 176, 177, 178
molinete de pesca, 249
Montes Cinábrio, 172
Monumento da Libertação, Chong-
qing, 336
Morros das Areias Cantantes, 175
Movimento Vida Nova, 174
Moyle, Dorothy "Mary". Ver também
Needham, Dorothy Moyle "Do-
phi"
Muçulmanos na China, 162
Mulheres

atitudes tradicionais de Joseph
Needham, 308
prática chinesa de atar pés femi-
ninos, 162-163
relacionamentos de Joseph
Needham, 39, 42-43, 113-114,
120, 196, 317
Murray, James, 304
Museu Britânico, expedição de Aurel
Stein, 183-190

Nacionalista, governo. Ver também
Chiang Kai-shek (líder nacionalista chinês), 109, 132, 236
em Taiwan, 298
Nan Shan (serra de Richthofen),
171
Nanjing, China, 69, 74
Nankai, Universidade de, 75
Nature, 312
Needham, Alicia Adelaide Montgomery (mãe de Joseph Needham),
25
Needham, Arthur (tio de Joseph
Needham), 37
Needham, Dorothy Moyle "Dophi"
"Li Dafei" (cientista, primeira
mulher de Joseph), 40-45
"aliança da concubinagem" com
Lu Gwei-djen, 317
aceitação de Lu Gwei-djen, 18, 58,
65, 73, 214, 237, 317
casamento com Joseph Needham
(1924), 40-43
família e educação, 40
livro Machina carnis, 40, 324
morte (1987), 324, 325
realizações acadêmicas, 46
trabalho e carreira, 40

viagem à França com Joseph Needham (1954), 289-291

visitas à China, 212, 219

Needham, Joseph (pai de Joseph Needham), 25, 28

Needham, Noël Joseph Terrence Montgomery "Joseph"

apoio inabalável à República Popular da China, 298-302

aposentadoria, 318

carros que possuiu, 37, 313

cartas e documentos relativos à investigação sobre guerra biológica, 273

casamento com Dorothy Moyle, 40-43

casamento com Lu Gwei-djen, 327

coleção pessoal de livros e manuscritos sobre cultura e ciência chinesas, 203, 234-237, 259-260, 321, 328-329

começa a estudar a língua e a cultura chinesas, 59-67

começa a questionar as políticas de Mao na China, 310-312

como professor na Universidade de Cambridge, 46-48, 223-232

como aluno na Universidade de Cambridge, 15, 32-44

correspondência com Lu Gwei--djen, 92, 189, 212, 290-291

dano à reputação devido ao relatório sobre guerra biológica, 285-287

educação na infância, 31

eleição como presidente dos *fellows* do Caius College (1959), 304-306

excertos de cartas e diários, 92,

105, 106, 112, 114, 115, 119, 120, 122, 126, 127, 136, 146, 147, 151, 152, 162, 97, 206, 207, 208, 245, 309

excentricidades, 198-200

fascinação pela China, 18, 19, 66, 212-213, 298

fotografias de, *27, 64, 98, 239, 278, 311*

hookah, 308

ideias religiosas, 26, 30-32, 308-310

ideias socialistas e ativismo político, 27, 28-30, 47, 49-52, 71-72, 131-133, 298-302, 306-307

infância, 25-31

interesse pelas danças *morris*, 48-49, 159

interesse pelo nudismo, 38-39

interesse por trens e barcos, 31-32

livros e atividade acadêmica [ver também *Science and civilisation in China*], 22, 44, 73, 241, 280

método de transliteração devido a defeito de sua máquina de escrever, 239

militância em apoio à China, 71-72, 73, 129-133, 298-302, 310-312

missão diplomática à China [ver Needham, Joseph, sua missão diplomática britânica à China (1942-6)]

nomes chineses, 60, *61*, 167, 313

novas viagens à China (1964, 1972), 310-315

opiniões de pessoas a seu respeito, 51-52

pais, 25

papel na investigação do uso de agentes biológicos pelos Estados Unidos na Coréia, 271-282
poesia, 35-36
prêmios e honrarias, 46, 262, 315-318, 330, 331
problemas de saúde e morte, 318-320, 330-334
queixa de L. Picken sobre seu relacionamento com Lu Gwei-djen
relacionamento com Lu Gwei-djen, 18, 57-59, 73-84, 212-217, 302, 317
relacionamento com mulheres, 39, 42-43, 113-114, 120, 196, 317
retrato a óleo, 319
solidão após a morte de Lu Gwei-djen, 329-330
sonhos, 167-168
status prejudicado na Universidade de Cambridge (década de 1950), 292-297
status recuperado na Universidade de Cambridge (década de 1960 e depois), 302-308
trabalho na Unesco, 217-223
tradicionalismo, 307-308
veículos automotores, 37-38, 42, 313
vestuário, 97, 98
viagem à França com Joseph Needham (1954), 289-291
visita a Chongqing (1982), 340
Needham, Joseph, sua missão diplomática britânica à China (1942-6), 13, 18, 19, 73-87, 88-133
apoio do governo britânico, 77-79

chegada a Chongqing (1943), 11-18, 22-23, 100-108
colaboração com Huang Hsing-tsun "H. T." (ver também Huang Hsing-tsun "H. T."), 115-118
Escritório Sino-Britânico de Cooperação Científica [ver também Escritório Sino-Britânico de Cooperação Científica (SBSCO)], 79, 104, 111
expedição ao noroeste da China, 139-195
expedição ao sudeste da China, 195-210
expedição ao sudoeste da China, 210-212
objetivos das expedições, 134-179
preparativos para a primeira viagem à China, 78-87
tarefas da missão, 78, 108-111, 118-133, 134-137
visita a Chengdu, província de Sichuan, 113-127
visita a Kunming, província de Yunnan, 88-100
Neijiang, China, 146
New Left Review Club, 301
New Scientist, 297
New York Times, 279, 297, 339
Nixon, Richard, decisão de prescrever o uso de armas biológicas, 270
Noel, Conrad Le Despenser Roden, 47-48, 309
nora de baldes, 247
nudismo, interesse de Joseph Needham pelo, 38-39

O'Toole, Peter, 330
Observação da Massa, 51

Observer, The, 297
"Ode aos laboratórios de química de Cambridge" (Joseph Needham), 35
Ogden, Alwyn, 89, 208
Oratório do Bom Pastor, 40
Ordem da Estrela Brilhante, Grã-Cruz da, concedida a Joseph Needham, 262-263, 316, 327
Ordem dos Companheiros de Honra, concedida a Joseph Needham, 330
Organização das Nações Unidas, 218
ingresso da República Popular da China, 299, 300
ossos oraculares, dinastia Shang, 126
Oundle, internato de, 30-34, 36
Oxford English dictionary, 231, 304

papel higiênico perfumado, 250
Partido Comunista Britânico, 52
Partido Trabalhista Britânico, 50
Pascal, Blaise, 99
Passo de Areia do Corvo Negro, 172
Partido Comunista da China e governo da China. Ver também Mao Zedong (líder comunista chinês); República Popular da China, 132, 137, 236, 263, 295
Patey, Antoinette, 36
Pauling, Linus, apoio de Joseph Needham, 301
Payne, Robert, 107, 144
Pequim (Beijing), 174, 298
"Pergunta de Needham" em relação à ciência e tecnologia chinesas, 57-58, 83, 211, 190, 295, 344-347
pés atados, prática de, 162-163

Philby, Kim, 51
Picken, Laurence
queixa sobre Joseph Needham e Lu Gwei-djen, 215- 217
crítica positiva à *Science and civilisation in China*, 297
pipa, 249
Pirie, Bill, 279
plantas medicinais chinesas, 210-211
pluviômetro, 242
poesia chinesa, 114
Polo, Marco, 19, 24, 134, 179
poluição na China, 338, 339-341
pólvora, 127
pontes chinesas, 24, 165-166, 248
Popper, Karl, 315
população na China, 338
Porta das Aflições, 174
Postan, Michael, 330
Potteries Trade Research Association, 105
Powell, John, 286, 287
Powell, Sylvia, 286
Power, Eileen, 330
Pratt, emissário do Rei, 13, 14, 89, 100
prêmios e homenagens concedidos a Joseph Needham, 46, 262, 315, 316, 317, 318, 330, 331, 332
pre-natal history of the steam engine, The, 257
Priestley, J. B., 50
"Primavera de Praga", 306
Primeira Guerra Mundial, 30, 85, 173
programa espacial chinês, 350
Progressive League, 301
Projeto de História Internacional da

Guerra Fria, Instituição Carnegie, 282

Pu Yi, imperador chinês, 330

pudlagem, técnica siderúrgica chinesa, 247

punnet, 293

Punnett, Reginald, 293

Putterill, Jack, 309

Qianlong, imperador da China, 243-244, 343

Qin, dinastia, 145, 148

Qing, dinastia, 127, 236, 297, 347

Questões importantes da câmara de jade, 256

Ratos silvestres como vetor de doenças, acusações de guerra biológica com, 267-270

Revolução Cultural (1966-76), 61, 306, 310, 311, 312

República Popular da China, 132, 137, 236, 263, 295. Ver também China

acusações aos Estados Unidos por guerra biológica na Coreia por autoridades chinesas, 265-287

Grande Salto Adiante (plano econômico), 310

Joseph Needham começa a questionar as políticas de Mao na China, 310-312

Joseph Needham observa mudanças após a criação da República Popular da China, 335-339

reação à fundação da Repúlica Popular da China, 299

Revolução Cultural 61, 306, 310, 312

Taiwan como parte da República Popular da China, 299

Revolução Cultural (1966-76), 61, 306, 310, 311, 312

nomes dados a crianças durante a, 61

Revolução Russa de 1917, 32

Richthofen, Ferdinand, 171

riddle of the sands, The (Childers), 35

Robinson College, Universidade de Cambridge, 322, 330

Robinson, David, 322-323

Robinson, Kenneth, 288

roca chinesa, 249

Roosevelt, Franklin, 52, 70

Rosenberg, Julius e Ethel, campanha de Joseph Needham em favor de, 301

Roxby, Percy, 217

Royal Society, 46-47, 79, 121, 126, 279, 281, 315, 331

Eleição de Joseph Needham (1941), 46

Sanctae Trinitatis Confraternitas, 34

Sanderson, F. W., 30, 31

Sansom, George, 78, 79

Schlegel, Friedrich, 29

Schumacher, E. F., 155

Schuman, Julian, 286

Schwartz, Berthold, 127

Science and civilisation in China, 225-264, 320-321, 323

aerodinâmica e voo, 11

agentes biológicos em bombas, 265

bússola magnética 134

"características" chinesas, 181

colaboração de Wang Ling, 233, 238-240, 244, 252, 258

coleção de livros e manuscritos de

Joseph Needham, 203, 234-237, 259-260, 321, 328-329
contribuição de Francesca Bray, 320-321, 323
críticas, 302, 317-319
decisão da editora de continuar a publicar a série
fontes da reputação de Joseph Needham, 294-295
fundamentos científicos (cinco elementos) na China, 225
homenagens a Joseph Needham pela obra, 264
invenções chinesas documenta-das, 243-252
Joseph Needham começa a pes-quisar e escrever, 225-252
laranjas, botânica e horticultura, 93-94
monografias derivadas, 257
origem da ideia, 56-57, 81-82
organização da série, 252-263
página de rosto do primeiro vo-lume, *291*
palavras finais, 288-289
pontes 24, 165-166
proposta da obra à Cambridge University Press, 228, 229, 230, 231
observações de Joseph Needham como primeiras pesquisas para a obra, 93-97
publicação do primeiro volume (1954), 289-291
publicação do quarto volume (1975), 317
publicação do segundo volume (1956), 302
publicação do terceiro volume (1959), 303-305

Vol. I (Introdução), 252, 253, 255-257, *291*
Vol. II, 252, 253, 255-257, 302
Vol. III, 252, 253, 302, 303-305
Vol. IV, 252-253
Vol. IV, parte 3, *Civil engineering and nautics*, 257-258, 317
Vol. V, 253, 256-257
Vol. VI, 253
Vol. VI, parte 1, *Botany*, 94
Vol. VII, 253-254
Science outpost (J. Needham), 202, 280
Scott-Moncrieff, Rose, 36
Seda, Rota da, 138, 139, 142, *143*, 150, 152, 165, 166, 170, 172, 178, 179, 349
Segunda Guerra Mundial, 67, 68, 130, 222, 269, 277, 280
Chongqing como capital da Chi-na, 11-18, 22-23
Seymour, Horace, 102, 218
Shaffer, Elinor, 333
Shandan (provincial de Gansu), 161, 173, 349
Shaw, George Bernard, 32
Shen Gua (geógrafo chinês), 245
Shen Shizhang, 56
Sheng Rongzhi (nome chinês de Joseph Needham), 167
Shi Xin Dao Ren (um dos nomes chi-neses de Joseph Needham), 167
Shi, professor e botânico, 119, 122, 123, 125
Shih, H. Y., paixão de Joseph Needham por, 317, 329
Shu Jing, 88
Shuangshipu, 152, 157, 160, 173
Siddeley, John, 50
Siku Quanshu (Os livros completos

dos repositórios do quarto império), 236
Smith, Sydney, 216, 217
Snow, Edgar, 154, 155, 156
Sociedade Gimnosofista Inglesa, 38
Sociedade para o Entendimento Anglo-Chinês (SACU), 193, 310
Sociedade Socialista Universitária, 51
soldados de terracota, província de Shaanxi, 138
Song, dinastia, 127, 163, 245, 345, 347
Spalding, H. N., 75
Stálin, Joseph, 283, 284, 285, 310
Stephen, Leslie, 305
Stephenson, Marjory, 36
Stratton, Frederick "Chubby", 294
Sun Yat-sen, 336
suspensão cardan, 249
Sutra do diamante, 139-140, 175, 178, 187
Swaffer, Hannen, 50
Swann, Michael, 303

Tang, dinastia, 187, 215, 341, 347
Taoísmo, 255
Tawney Society, 301
Tawney, R. H., 51
Tchecoslováquia, "Primavera de Praga" (1968), 306
textos eróticos taoístas, 255, 256
Thatcher, Margaret, 303
Tianjin, 75, 155
Times Literary Supplement, 303
Tipos móveis, 236
livros antigos impressos com, 127, 140
Tots and Quots, clube (Cambridge, Inglaterra), 51
Toynbee, Arnold, 297

trabalhadores migrantes, 338
Tribe, Keith, 203, 204
Truman, Harry, presidente dos Estados Unidos, 223
Tsien, T. H., 320
Turquestão chinês (Xinjiang), expedição de Joseph Needham, 138-195

último imperador, O (filme), 330
Unabomber, 316
Unesco (Organização das Nações Unidas para a Educação, a Ciência e a Cultura), trabalho de Joseph Needham, 218-224, 281
União Soviética, papel nas acusações aos Estados Unidos de usar agentes biológicos na Guerra da Coreia, 282-284
Unidade 731 Campo de Purificação de Água, experimentos realizados pelos japoneses, 269, 286
Universidade Columbia, 81, 280, 306
Universidade de Cambridge. Ver também Caius College, Universidade de Cambridge
Joseph Needham como estudante, 15, 32-46
movimentos sociais estudantis de 1968, 307
prêmio Blue, 103
situação de Joseph Needham, 225-231, 292-297, 302-308
volta de Joseph Needham a Cambridge após missão diplomática na China, 223-224
Universidade de Wuhan, 119
Universidade Northwestern, Illinois, palestras de Joseph Needham (1978), 315, 316

Van Gulik, Robert, 104
Vandenberg, Hoyt, 223
vitamina C, fontes vegetais de, 209
Voltaire, 335

Waley, Arthur, 84
Wang Ling, 127, 233, 323
    colaboração para *Science and civilization in China*, 233, 238-240,
    244, 252, 258
Wang Yinglai, 56
Wang Yuanlu, 185, 186
Warner, Langdon, 188
Watson, James, 318
Wells, H. G., 30, 32, 51, 89, 208
Weltfish, Gene, 280
West, Rebecca, 51
Wheldale, Muriel, 36
Williams, Sanuel Wells, 94
Williams-Ellis, Amabel, 51
Williams-Ellis, Clough, 51, 261
Winant, John, 84
Woolf, Virginia, 305
Worcester, G. R. G., 259, 261
worm ouroboros, The (Eddison), 147
Wuguanhe, China, 151

xadrez (jogo), *xiangqi*, 250
Xi'an, China, 138, 161, 174, 178. Ver
    também Chang'an, China
Xiang, Joseph Needham e incidente
    na ponte do rio, 204-207
Xinjiang (Turquestão chinês), expedição de Needham, 138-193
Xuan Zang, 179

Yang Lingwei, astronauta chinês, 350
Yangzi, rio, 11, 13, 16, 56, 69, 100, 101,
    102, 103, 106, 122, 123, 124, 125,
    127, 128, 154, 205, 233, 254, 336
Ye, P., cartas para Joseph Needham,
    256
Yibin, 120, 122, 124
Yongle dadien (*O grande cânone da
    era do imperador Yongle*) *O*, 236
Yongqiang, China, 146-147
Younghusband, Francis, 103
Yuan, dinastia, 134, 242
Yunnan, província de, 210

Zhao Baoling, 196
Zhejiang, Universidade de, 235
Zheng He, explorador chinês, 259
Zhongguo. Ver também China, 298
Zhou Enlai (líder comunista chinês),
    61, 84, 110, 236
    amizade com Joseph Needham,
    130, 132, 137, 268, 310, *311*
    campanha de higiene da China e
    acusações contra os Estados Unidos pelo uso de agentes biológicos
    na Coreia, 268-271, 276
    fotografias, *278, 311*
Zhou do norte, dinastia, 184
Zhu Jingying, 114-115
Zhu Kezhen, doação de livros e manuscritos a Joseph Needam 235-
    237
Zhuangzi, 220
Zuckerman, Solly, 51
Zunyi, China, 235

ESTA OBRA FOI COMPOSTA EM MINION PELO ESTÚDIO O.L.M. E IMPRESSA
EM OFSETE PELA RR DONNELLEY SOBRE PAPEL PÓLEN SOFT DA SUZANO PAPEL
E CELULOSE PARA A EDITORA SCHWARCZ EM OUTUBRO DE 2009